민족지도자 안재홍 연보 4

민족지도자 안재홍 연보 4

초판 1쇄 발행 2024년 6월 30일

편　 자 | 황우갑
펴낸이 | 윤관백
펴낸곳 | 선인

등　 록 | 제5-77호(1998.11.4)
주　 소 | 서울시 양천구 남부순환로 48길 1
전　 화 | 02)718-6252 / 6257
팩　 스 | 02)718-6253
E-mail | suninbook@naver.com

정　 가　 26,000원

ISBN 979-11-6068-916-7　94900
ISBN 979-11-6068-431-5　(세트)

· 잘못된 책은 바꿔 드립니다.

※ 이 책은 평택시의 후원으로 제작하였습니다.

민족지도자 안재홍 연보 4

황우갑 엮음

(사)민세안재홍선생기념사업회 기획

선인

당신은 독자적으로 행동해야 하며
과거에 그렇게 한 행적이 지금의 당신을 판단할 근거가 된다.
- 랄프 왈도 에머슨 -

발 간 사

　이번에 발간하는 『안재홍 연보 4』는 1930년 1월에서 6월까지 민세의 활동과 글을 묶은 것이다. 당초 1930년 1년간 민세의 활동과 글 등을 묶어 연보 4권으로 내려했다. 그러나 자료를 다시 정리하는 과정에서 민세가 1930년에 상당히 많은 글을 썼음을 알게 되었다. 이 시기 민세는 자신이 부사장으로 재직하고 있던 조선일보에 1월 29일부터 4월 5일까지 「조선상고사 관견」이라는 제목으로 한국고대사 관련한 자신의 생각을 정리해서 57회라는 긴 글을 연재했다. 이 연재는 해방 후에 나온 『조선상고사감』의 모체가 되는 글이다. 이 기고의 마지막은 「조선사 구명의 가치」라는 소제목으로 자신의 집필 의도를 분명히 하고 있다.

　　이로써 가장 명백하여진 것은 성모시대(聖母時代)의 존재, 단군시대(檀君時代)의 확고한 과학적 단정(斷定)은 은기자동래교화설(殷箕子東來敎化說)의 파괴(破壞)요, 해씨조선(解氏朝鮮)의 출현과 그 활동은 조선특수문화의 창성과정(創成過程)으로써 가장 민족 고유적(固有的) 색채(色彩)와 정취(情趣)와 그 본질을 표하는 것으로 조선의 문화와 그 역사를 발생 초기부터 그 전생명(全生命)에 관하여 대부(大部)를 지나문화(支那文化)에 부용(附庸)시키려는 절대적 오류를 파쇄(破碎)하고 도리어 조선 선민이 동방문화의 창성(創成)과 발육의 도정에 매우 존귀한 기여가 있는 것을 천명(闡明)하게 되는 것이다(『조선일보』, 1930년 4월 5일, 4면).

안재홍의 삶에서 1930년은 중요한 지적 변화를 겪는 시기였다. 그리고 그 중심에는 「조선상고사 관견」이 자리잡고 있다. 이 글을 통해 민세는 당시 일본과 조선은 같은 조상이라는 일선동조론(日鮮同祖論)에 맞서 동아시아 고대문화의 주류로써의 조선을 발견하고 단군부정론을 비판했다. 또한 기자조선에 대한 새로운 해석으로 우리말 해석에 바탕을 둔 기, 지, 치 이론을 전개했다. 현재의 관점에서 보면 논리전개의 많은 무리가 따르는 점도 있다. 그러나 긴 연재 속에 민세가 찾고자 했던 조선다움의 재발견과 재해석에 담긴 창의성과 진정성은 여전히 소중한 문제의식으로 평가할 수 있다.

그리고 이후 다양한 민세의 글에서는 「조선상고사 관견」에서 주장한 한국 고대사에 대한 인식이 지속적으로 강조되고 있다. 아쉬운 것은 다양한 분야의 민세 연구 축적에도 불구하고 「조선상고사 관견」에서 시작된 민세의 고대사 관련 문제의식에 대한 학술 연구가 매우 빈약하다는 점이다. 그래서 이번 연보4는 「조선상고사 관견」을 중심으로 1930년 1월부터 6월까지 민세의 글과 활동을 정리해 보았다. 자료를 정리하면서 기회가 되면 「조선상고사 관견」의 현대어 번역작업도 필요하다는 생각을 했다. 이번 연보 4도 2020년 조선일보 창간 100년 기획으로 나온 '조선뉴스 라이브러리 100'의 큰 도움을 받아 전문을 가능한 많이 실으려고 노력했다. 그리고 가능한 원문의 뜻은 살리되 현대어로 풀었다.

또한 이번 4권 작업도 역시 2015년 한국학중앙연구원 지원으로 나온 '안재홍 전집DB' 작업이 큰 도움이 되었다. 자료 정리에 힘써 주신 정윤재·김인식·이진한 교수님과 윤대식 교수님을 비롯한 민세 연구자들께는 늘 감사드린다.

이 『안재홍 연보 4』는 안재홍기념사업회 강지원 회장님 서경덕·

김향순 부회장님과 여러 이사님들, 민세 선생 유가족과 종친 여러분, 묵묵히 응원해주는 민세아카데미 회원과 고마운 지인들의 꾸준한 격려가 있어 나올 수 있었다. 4권 표지 작품 사진 사용을 허락해 주신 이수연 사진작가님께도 감사드린다. 그리고 이 책은 평택시의 지속적인 후원으로 출판이 가능했다. 정장선 평택시장님과 보훈 업무 실무를 맡아 함께 도와주신 홍성녀 복지정책과장님, 이은희 보훈팀장, 최윤업 주무관님께도 감사 드린다. 부족한 원고를 편집해서 한 권의 소중한 책으로 만들어 주신 도서출판 선인 윤관백 사장님과 편집자님께도 고마움의 뜻을 전한다.

이번 『안재홍 연보 4』는 특히 안재홍 이해에 매우 중요한 자료인 「조선상고사 관견」을 열심히 읽어보는 작업이었으나 엮은이의 역량이 부족함도 많이 느꼈다. 다만 민세를 더 많이 알고 널리 홍보하겠다는 마음으로 마무리 할 수 있었다. 민세 연보 완간까지 건강을 잘 관리하며 무사히 이 작업을 마칠 수 있기를 기도한다.

> 2024년 4월 1일
> 1924년 4월 시대일보 논설기자, 9월 조선일보 주필로
> 언론계에 첫발을 내디딘 민세선생
> 항일언론운동 100주년을 기념하며
> 엮은이 황 우 갑 씀

목 차

발간사 / 7

제1장
민족지도자 안재홍 1930년 전반기 이야기 ································· 13

제2장
1930년 전반기 ·· 17

『민족지도자 안재홍 연보 4』 요약 ·· 277

참고문헌 / 278
찾아보기 / 282

제1장
민족지도자 안재홍
1930년 전반기 이야기

■ 민족지도자 안재홍 1930년 전반기 이야기

　민세는 일제 강점기 국내 독립운동을 이끈 핵심 인물이다. 1919년 3·1운동 직후 대한민국청년외교단 사건으로 1차 옥고를 치른 이래 조선일보 필화, 신간회운동, 군관학교 사건, 조선어학회 사건 등으로 9차례 걸쳐 7년 3개월 동안 옥고를 치렀다. 또한 민세는 1924년 시대일보 논설기자를 시작으로 조선일보 주필·부사장·사장을 지냈고 해방 후 한성일보 사장을 역임하며 언론을 통해 민족의식 고취에 힘쓰며 다수의 논설과 시평을 발표했다. 민세는 1930년대 이후 일제의 식민사학에 맞서 한국 고대사와 단군연구에도 힘썼다. 1934년 9월 위당 정인보와 함께 다산 정약용 선생의 문집『여유당전서』전 76권을 교열·간행하며 조선학운동을 실천했다. 해방 후에 민세는 건국준비위원회 부위원장, 국민당 당수, 좌우합작 위원, 미군정 민정장관, 2대 국회의원 등으로 활동하며 통일민족국가수립에 힘썼고『신민족주의와 신민주주의』,『한민족의 기본진로』등을 집필하며 대한민국 건국의 이념적 기초를 제공한 정치가이자 정치사상가였다.

　『안재홍 연보 4』는 1930년 1월~6월까지 민세의 주요 활동과 쓴 글을 정리한 것이다. 민세는 이해 1월 1일에 조선일보에「수도병진의 신일년」을 기고했고, 1월 2일부터는「국제정세대관」을 10회 연재했다. 이 시기 가장 중요한 활동은 조선일보에 1월 29일부터 4월 5일까지「조선상고사 관견」이라는 제목으로 한국고대사 관련한 자신의 생각을 정리해서 57회라는 긴 글을 연재한 것이다. 3월에는 조선일보에「현실세계와 관념세계」,「결사구속의 산물」을 기고했다. 4월에 근우회 전국대회에 역사분야 강연을 했으며 조선일보에 이선근이

지은 『조선 최근세사』의 권두사와 「언론집회는 완화되지 않는가」를 썼다. 5월에는 어린이날 행사 고문을 맡았으며 조선일보에 「세가지 큰 병통」을 기고했다. 또한 평안도 정주 남강 이승훈 선생 동상 제막을 겸해 정주기행을 다녀왔고 조선일보에 「정주기행」이라는 기행문을 썼다. 그리고 얼마 후 급서한 남강 선생 조사를 조선일보에 기고했으며 장의위원도 맡았다. 6월에는 조선일보에 「오늘의 비판: 관용, 진지, 침용」을 썼으며 잡지 『농민』에 「현하 농촌구제의 3대 긴급책」 관련 인터뷰를 했다. 또한 조선일보 주최 여자정구대회와 2회 전조선여자농구대회에 참석해서 축사도 했다.

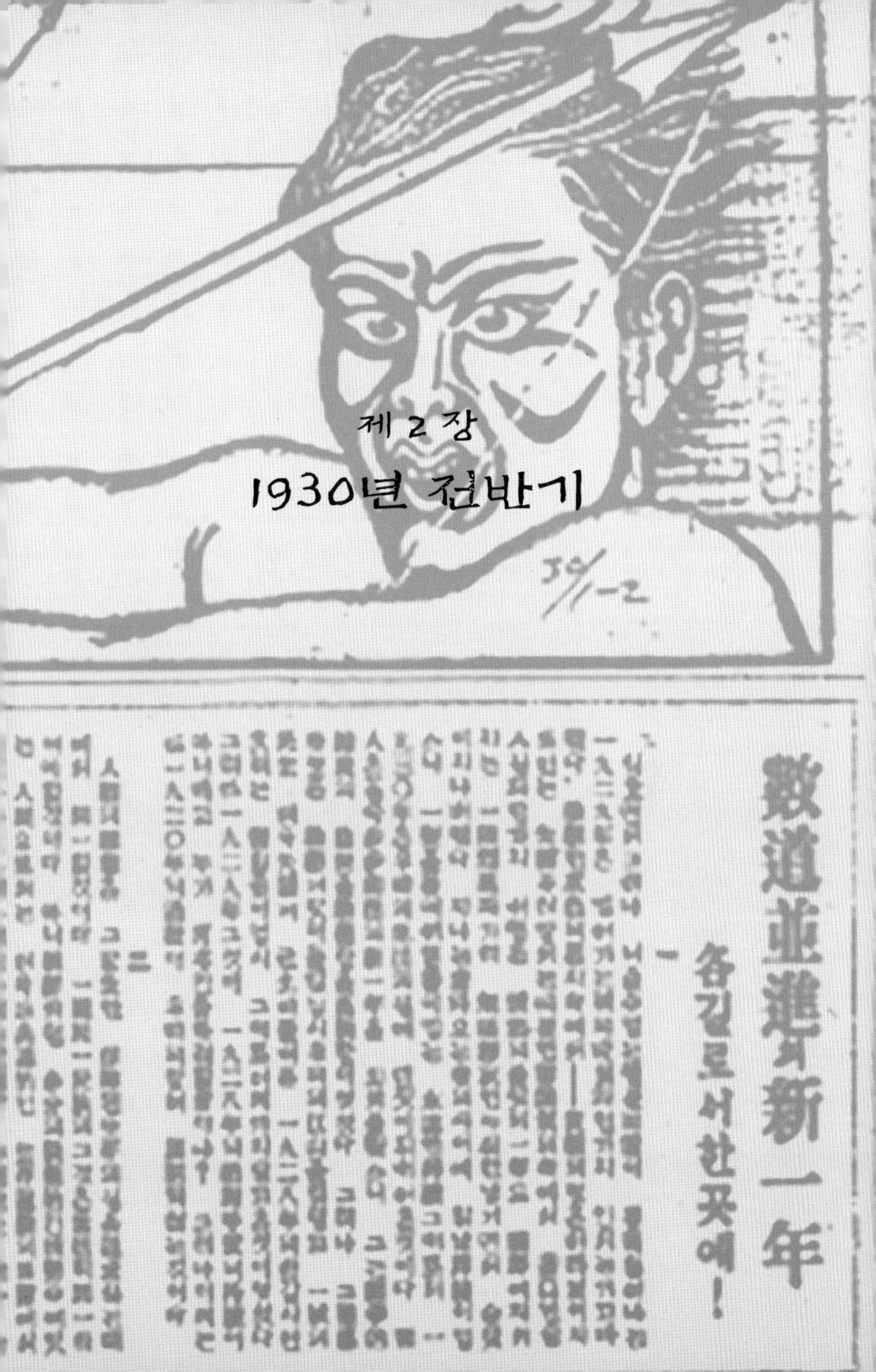

제 2 장
1930년 전반기

■ 1930년

○ 1930년 1월 1일 수도병진(數道竝進)의 新一年

『조선일보』에 신년을 맞아 「수도병진(數道竝進)¹⁾의 新一年 각길로서 한곳에!」라는 제목으로 사설을 썼다. 생각의 차이를 극복하고 상호존중속에 민족유일당 운동의 지속이 필요함을 강조했다.

〈사진 1〉 수도병진의 신1년 (『조선일보』 1930. 1. 1)

싫으면서 그러나 잊을 수 없는 떫은 기억이 듬뿍 일어나는 1929년은 넘어가는 해의 바퀴와 한가지 이제는 가고 말았다. 움울한 회색의 먼지속에서 관철(貫徹)의 빛은 바라보이지도 않는 실망부터 앞서는 따분한 분위기 속에서 창백(蒼白)한 숨질과 한가지 내뿜던 정열의 불꽃의 1년도 광야(曠野)에 잦아지는 일진(一陣) 열풍과 같이 무한정적(無限靜寂)한 자취만 남기면서 슬

---

1) 여러 갈래의 길로 함께 나아가는.

며시 지나버렸다. 지나는 자와 오는 자의 사이에 워낙 계선(界線)이 없으니 일발(一髮)을 들여 끼일 틈이 없는 영원한 지속 그대로의 1930년은 우리의 진출의 길에 넌지시 뒤대어 온 것이다. 오인은 일찍이 보보전진(步步前進)의 신일년(新一年)을 외쳐 불렀으니 그는 투쟁적 결속의 도정(途程)을 준비함을 고조함이었다. 그러나 그 예감하였던 음울(陰鬱)의 빛이 틀림없이 우리의 강산을 휘덮고 일역(一域)의 민생 더욱 실망의 군소리를 내던 1929년의 반갑지 않은 해는 변할 줄이 없이 그대로 어제까지 달고온 것이었다. 그렇다. 1929년! 그것이 1929년의 절대등질(絕對等質)의 지속이 아니라고 누가 재고인들하려 할 자이냐? 그러나 이제는 또 1930년의 과정이 우리 앞에 전개되려는 것이다.

인류의 이상은 그 안전한 보장된 생존의 길을 추구하는데서 동일할 것이다. 아니 조선처럼 다분히 후진적인 정세에 있는 인민으로서는 더욱 그 공통적인 생존운동의 목표에서 언제나 일치하지 아니할 수 없는 것이다. 그런고로 유일(唯一)·합일(合一)·단일적(單一的) 욕구가 세련된 시대의식으로 꾸준하게 민중을 합체시키는 태도가 되고 유대(紐帶)로 되려고 고조되고 선양되는 것이다. 그러한 목표를 높이 걸고 거기로 약진을 책려(策勵)[2] 하는 점에서 유일한 방향으로 전적인 역량을 집중하면서 보보전진(步步前進)의 의욕과 책전(策戰)이 당연 결정적인 표치(標幟)[3]로 되는 것이다. 그러나 그 기동(機動)하는 전면적 과정에 있어서 각층 각방면의 그 처지와 의식을 소이(小異)로 한 사람들이 각각 자기들의 처지에서 출발한 최선·최강대한 타개의 의지로 동일한 목표를 겨누고 나아가는 몇 줄기의 각길에서 동지적·정략적 호응과 협동의 진출을 할 것을 승인하고 구현하지 아니하면 아니될 것이다. 그 질로서 분열적이고 피상적인 단일(單一)이 때로는 동작역량(動作力量)을 마비감손(痲痺減損)하는 해악이

---

2) 채찍질하고 격려함.
3) 다른 것과 구별해서 알게 해 주는 표시나 특징.

되는 것을 경계해야 할 것처럼 통제적인 각층의 협동(協同)의 그리하여 수도병진(數道竝進)의 운동이 그 필요하고 일정한 과정에서 얼마이고 그 전적(戰績)을 나타낼 수 있는 것을 예기(預期)할 수 있는 것이다. 수도병진이 정전(征戰)은 자연생장적으로도 언제나 있을 수 있는 일이지만 의식적으로 그것을 파악하고 구현시키는데 따로 그 의의와 가치가 있는 것이다.

수도병진의 책전(策戰)! 그것은 당연히 대중각계의 당면한 이해와 감격의 문제를 대상 삼아 부분적·전체적 동작을 순간적이고 일상적인 파악운용(把握運用)으로 해야 하는 것이다. 평면적인 전개에 있어서 각방면의 부분적인 일상 이익의 옹호와 신장, 그 취득이 조달적(條達的)인 집중과정을 형성하여 가대적(加大的)인 통일로 촉성(促成)하는 것이다. 입체적인 고양에 있어서 각층의 단계적인 일상분투가 점층적인 양, 실상은 가속적인 비약의 날을 기획적으로 자기들의 앞에 촉래(促來)[4]하게 할 수 있는 것이다.

오인(吾人)은 되풀이 하여 말한다. 관망·단념·무관심만이 대중을 침체·고정·부패하게 하는 것이요, 의식적·기획적인 부단한 동작은 부분적이거나 더욱이 전면적인 경우에서 결코 대중을 우경타락(右傾墮落)[5]의 골목에 몰아넣고 마는 것이 아니다. 이는 동시에 혁정(革正)[6]이 개량과 병행하는 것을 방책상으로 시인하게 되는 것이요, 세련된 전위적인 의식분자가 그 후위를 튼튼히 결성하고서 동지적 또는 정략적 협동의 부대가 평면적인 최전선에서 그 순간적·잠행적 당면동작을 하는 것을 성의와 우의로써 승인·성원·지지해야 할 것이다.

전면에서 혹은 측면에서 병진하는 부대가 미지근한 개량적 형태일지라도 그것으로 국면을 전환하고 후로(進路)를 개척하는

---

4) 재촉하여 오는.
5) 일제에 대한 타협적 태도를 말함.
6) 바르게 고침.

데 시의(時宜)⁷⁾한 일이 된다 하면 거기에서 일정한 직임(職任)을 시킬 수 있는 것이니 그 주력적인 후위부(後衛部)에서의 기획은 얼마든지 그 방향을 바꿀 수 있는 까닭이다. 때로는 차라리 다난(多難)한 정세에서 일정한 기간을 역습해야할 날이 있을 것을 각오하면서 당면한 과정을 과정대로 넘어서는 정치적 견식(見識)과 담량(膽量)이 있어야 할 것이다. 문제는 기본역량이 될 주력적이어야 할 후위(後衛)를 결성할 부대가 어떻게 그 확고한 지보(地步)⁸⁾를 만드느냐의 일이다.

또 일시적 불리에 빠질 그것으로서 어떻게 급속한 시간에 그 기본적 역량을 만회(挽回)하느냐의 일이니 쉽게 말하면 어떻게 모든 것을 종속시키느냐와 어떻게 협동과 별동(別動)의 전선을 통제하느냐의 문제다. 다만 방지금제(防止禁制)로 순리적인 유일의 진영만을 고집하여 병생적(竝生的)·방생적(傍生的)·당면적(當面的)인 모든 역량을 포기·봉쇄하는 것은 선(善)의 선(善)한 방책이 아닐 것이다. 무릇 후진적인 국민 혹은 민족이 그 기본역량을 파지(把持)하는 유일한 진영을 최후까지 고수함이 필요한 것은 옹설(冗說)⁹⁾을 요하지 않는다. 그로나 일보를 나아가서 병진적인 부단의 동작으로 신전야(新戰野)의 개척을 실현하는 것은 더욱 긴절하다. 이에 오늘날에 필요한 표어로써 '각 길로 한곳에'를 걷기에 타당함을 믿는다(『조선일보』, 1930년 1월 1일, 1면 3단).

○ 1930년 1월 1일 과거 십 년에 한 일, 장래 십 년에 할 일

잡지『삼천리』4호에 「과거 십 년에 한 일, 장래 십 년에 할 일」이

---

7) 그 당시의 사정에 맞음.
8) 자기가 처해있는 입장과 처지.
9) 쓸데없는 말.

라는 설문에 답을 했다. 자신과 민족과 인생에 성의를 가지고 살아가는 사람을 존경하며 자살과 정사(情死)는 없을 것이라고 강조하고 있다.

조선일보사 안재홍

1. 과거 십 년에 한 일, 장래 십 년에 할 일
 과거 십 년간에 이렇다 할 일을 한 바가 없습니다. 시간으로 보아 40개월을 넘어 영어(囹圄)중에, 15월을 넘어 향중에 유폐한 생활을 하였고 그 다음이 현재하고 있는 신문생활입니다. 제7년을 맞이하는 기자생활을 근거로 한 생활이 아무 전환될 바 없어 보입니다. 장래 10년 간은 알수 없는 그때까지 이 생활을 할 것은 어김이 없을 것이요 기자로서 수확이 있어야 할 일, 즉 독서연구로써 침전물 건더기를 남기어야 할 일이 하나요, 그 외의 것은 말부터 앞세우는 과오를 나는 아니 범하겠습니다.

2. 내가 좋아하는 인물은?(성격상, 사상상으로)
 이 대답은 어렵습니다. 자아에, 민족에 그리고 인생에 성의를 가지고 살아나아가는 이가 제일 좋습니다. 즉 현하 조선의 역사적 과정에서 가장 견실한 현실에 입각하여 엄정한 방책을 탐구, 수립, 고조하면서 광구(匡救)[10]의 업을 최대한까지 해보려는 책임감, 날카롭고 견식이 높은 인물이 제일 좋습니다. 완전하지 못하면 근사한 이라도 좋습니다. 재간(才幹)이 부족하거든 성의만이라도 있는 이가 좋습니다.

3. 나의 죽을 길 예상(와석종신, 정사, 자살, 아사, 형사 등)
 자살은 절대로 없습니다. 정사(情死)도 없을 것을 보장하지요.

---

10) 잘못된 것을 바로 잡음.

그 외에는 전혀 운명에 부쳐둡시다.

4. 노벨상이 조선에 온다면 누가 받을까?
노벨상금이 어느 분에게로 갈는지는 좀 고려를 요하는데 이제 조금도 그 고려할 틈이 없습니다.

5. 다시 소년(少年)이 되어 백만장자와 절세가인과의 연애가 만일 된다면? 어느 것을 택할까?
요대십만전(腰帶十萬錢)하고 승학(乘鶴),[11] 하양주(下揚州)하는 욕심꾸러기 노릇을 하려면 다시 소년이 된 위에 백만장자가 되어가지고 절세미인과 연애를 하는 것이 꼭 소원이겠는데 그리 한다면 염라왕이 왕위를 내던지고 그것을 대신 차지하려고 나를 박해할 것이니 일단 백만장자가 되기로 하지요. 주의의 관철은 즉 인격의 완성, 인격의 완성은 즉 자금의 운용인 까닭입니다 (『삼천리』 4호, 1930년 1월, 2권 1호).

○ 1930년 1월 1일 아호의 유래

잡지 『삼천리』 2호에 「아호의 유래」라는 제목으로 기고했다. 스물한 살이 되던 해에 민중의 세상이라는 의미로 호를 민세(民世)라고 정했다.

내가 스물 한 살이 되던 해-그때의 나의 가슴속엔 소년혈기의 관계인지 심히 장대한 의기와 포부가 있었다. 그것을 표현시킴에는 아무래도 민세(民世) 이 두 자 밖에 없었다. 그래서 그때부터 스스로 민세라고 호를 하였으니 그 진의는 뒷날 말할 기회가 있

---

11) 신선이 됨.

기로 생략하고 우선 민중의 세상이라는 뜻으로 오늘은 해석하더라도 무방할 것입니다(『삼천리』 4호, 1930년 1월, 2권 1호).

○ 1930년 1월 1일 인재순례

잡지 『삼천리』 4호에 「인재순례」라는 제목으로 안재홍에 대해 소개했다.

더욱 조선일보사에 거액의 투자를 한 분중 한사람 부사장 안재홍씨는 호를 민세라 하며 경기 진위인(振威人)으로 1891년생이다. 1914년 조대(早大) 정치경제과를 마친 뒤 경성 중앙학교 학감과 신간회 총무를 역임하였고 3·1 당시에는 김마리아 등과 ××부인회 사건으로 활약하였고 철창생활도 수차례 치른 이다. 사의 사시(社是)는 씨가 대부분 결정·집필하고 있다.
(『삼천리』 4호, 1930년 1월, 2권 1호).

○ 1930년 1월 1일 조선일보 원탁회의

『조선일보』 주최 신년 맞이 원탁회의에 참석 사회를 봤다. 신문사에서는 한기악, 장지영, 염상섭, 심대섭(심훈) 등이 함께 했으며 외부 인사로는 홍병선, 방정환, 김억, 김기진 등이 참석했다.

〈사진 2〉 원탁회의 (『조선일보』 1930. 1. 1)

○ 출석인(無順)
천도교회 이종린   신간회본부 김병로   보성전문학교장 박승빈
보성고보통학교장 정대현   경신학교장 쿤 쓰   이화학교교유 김창제
천도교청년당수 김기전   조선농민사이사장 이성환   기독청년회농촌부 홍병선
한성병원장 김탁원   홍제의원장 유홍종
천도교소년연합회 방정환   조선소년총연맹 정홍교
프롤레타리아 예술연맹 김기진   극작가 윤백남
동아일보 학예부장 이익상   중외일보 학예부 최상덕
시인 김억   평론가 정노풍   소설가 최학송
근우회 정종오   여자고보교회 손정규   산파 한신광 여의 길정희
한은상무 취체역 유치형   한일은행 지배인 니콜라옙스크종
상은동대문지점 이종국   대창무역회사장 백낙원   경성상회주 김윤수
홍일사 지배인 이현재

○ 본사측 안재홍 한기악 장지영 유광렬 배성룡 염상섭 안석주

이선근 박팔양 정수일 김동환 심대섭 박윤석 윤성상

　1930년을 맞이하는 새해 첫 봄을 당하여 우리는 우리의 앞에 놓인 모든 중대 문제에 대하여 그 진지한 연구와 용감한 전망으로 이 해결책을 강구하지 않으면 안 된다. 조선 사람의 앞에 놓인 일반문제, 경제문제, 교육·종교문제, 사회문제, 노동운동, 농민운동, 청년운동, 소년운동, 민중보건, 여성문제, 문예운동 등 모든 문제와 그 장래를 주제로 하여금 가장 엄숙하고 공정한 태도로 과거에 지낸 쓰라린 환경에서 얻은 체험과 장래에 대한 연구한 바 의견을 교환할 의미 깊은 원탁회의를 28일 밤에 본사 주최로 식도원에서 열고 정치, 경제, 교육, 종교, 각계 명사와 실제 운동가와 문사, 여성운동계 명사 제씨를 망라하여 각계가 나누어 원탁 분과회의를 열고 우리의 앞길을 광범하게 대담하게 공개 토의하였다.

○안재홍: 올해 1929년도 이미 저물어서 내일 모레면 다시 새해를 맞이하게 되었습니다. 이러한 연말 바쁘신 때임에 불계하시고 이만큼 많이 출석하여 주시니 참으로 감사하고도 미안합니다. 못 오신 분도 적지 않으시나 바쁘신 때이니 어찌할 수 없습니다. 실상은 별 일이 있는 것이 아니고, 묵은 해 보내고 새해를 맞이하는데 여러분을 모시고 일 년 동안 지내신 회고와 오는 해를 전망하는 말씀을 듣고자 하는 것입니다.
조선의 문제는 복잡하고도 어려워서 전문가들이 조용히 토의를 하더라도 여간 그 해결의 길을 찾기 어려운 것인데 이렇게 모여서 좌담으로 큰 기대를 할 수 없는 것이지만 사회생활의 여러 방면을 대표하실 많은 여러분으로서는 평소에 각각 그 방면에 대하여 체험하시고 생각한 바도 계실터이오니 무슨 일을 서너 번이나 생각하고 비로소 말하느니보담도 본대로 느낀 대로 죽죽 말씀해 보시는데에 겸하여 도리어 핍진(逼眞)한 뜻이 있을 수도 있는 것이니까 이제부터 모든 문제에 대한 여러분의 말씀을 들으면 좋겠습니다. 우선 금년에 지내신 일을 중심 삼아 일반적으로 기억에 남은 말씀을 하였으면 어떨까 생각합니다. 일반적으로 과거의 회고와 장래에 대한 감상을 듣고 습니다.

○박승빈: 때가 연말의 다망한 중에 이와 같은 좋은 기회를 얻게 하는 조선일보사에 대하여 먼저 감사의 뜻을 표하는 바이외다. 우리는 언제든지 무슨 일이든지 좌담회 같은 것을 하자 하나 뜻같지 못하는 금일 이와 같이 좌석을 베풀어 주심에 또 한번 감사의 뜻을 표하여 답사를 대신합니다. 내가 지금 말하고자 하는 것이 주최자 측에 맡든 아니 맡든 나 개인으로서 소견과 주장 그대로 간단히 여러분에게 말하고자 합니다. 과거 일 년 동안에 나는 조선어만 전문으로 연구하였을 뿐으로 기타 시사에 대하여는 생각한 바이 없습니다. 그럼으로 고금이 일반 같아서 나 자신부터 화석된 듯한 감상도 적지 않습니다. 그 다음 우리는 조선의 금일 민중의 생활 문제에 대하여 나는 무엇보다 인격적 생활을 주장하고 싶습니다. 우리 민중이 전체적으로 수양의 부족함을 간절히 느끼는 바입니다. 조선의 금일 교육 문제와 이 중대한 인격적 수양 부족의 비율(比率)이 어떠한 추세를 보이고 있는가? 그를 통계 숫자로 종종 신문지상에 표시하는 것도 매우 적지 않은 흥미를 같게하는 바입니다. 요컨대 모두 과학적 해결을 얻자는 것으로 모든 질문에 대한 답안은 모두 ×입니다. 그러므로 우리는 얼마나 한심한 생활을 하고 있는가?
무슨 일에든지 호담스럽게 용맹하게 그리하여 모든 역사적 사실을 초과학적으로 연구하고 비판하여야 될 것입니다. 우리가 역사를 볼 때에 누가 백 년 후 일을 꼭 이루어지기를 기대하였으랴? 유럽 대전쟁이 있기 전에 전쟁 전의 독일을 보고 누가 저와 같은 처지가 될 줄이야 예기하였으랴? 그에서 우리는 초과학적 사실이 있는 것을 발견할 수 있으므로 인격 수양이 가장 필요하다고 생각합니다. 우리는 교육가이므로 더욱 그에 절실히 느끼는 바가 있습니다. 그 다음에 소비절약을 하자는 것입니다. 모든 방면에 결함이 많고 경제적 파멸에 빠진 조선 사람의 생활에 더욱 생활상 실제 해결의 일상 소비를 절약하여야 할 것입니다. 그리고 이 문제는 조선의 언론계를 대표한 조선일보사에 대하여 특히 부탁하고 싶은 것이 있습니다. 과거 빈구(濱口) 내각의 감봉안에 대하여는 어찌하여 신문으로써 그 안을 좀 더 구체적 비판을 하여 주지 않는가? 하는 불평이 있었습니다. 금일 조선에서 종사하는 일본 관리와 조선 관공리의 봉급적 차별을 철저히 조사하여 즉 전조선 인민에 대한 이해 문제를 토구(討究)하는 것도 오늘 신문의 한 사명 일 줄로 생각합니다(『조선일보』, 1930년 1월 1일, 6면).

○ 1930년 1월 1일 조선일보 원탁회의

『조선일보』 주최 신년 맞이 원탁회의에 참석 사회를 봤다. 맹휴문제, 졸업후 문제, 지식과 신체활동의 편중과 제도결함, 여자교육 문제, 일본미국식 교육과 덴마크식 교육문제 등에 대해 논의했다.

○ 출석자
 사회: 안재홍 토의: 정대현, 쿤쓰, 김창제, 금탁원 외 제씨
○ 토의안
 맹휴 문제, 졸업 후 문제, 지육(智育) 편중과 제도 결함, 여자교육 문제, 일본·미국식과 덴마크식 교육문제

○사회자(안재홍): 교육계의 당면 문제는 여러가지로 중요한

문제가 많겠지만 특히 학생이 졸업 후의 장래를 생각하는 전제로 보통교육(普通敎育)을 마치고 중학교로 오는 학생이라든가 또는 중등 정도의 학교를 마치게 되는 학생들의 일반 기풍이 어떠한 방면으로 흘러가며 또 어떻게나 변동이 되는지 다년의 경험에 비춰 말씀 좀 해 주심이 어떠하십니까?

○정대현: 목하의 학생 기풍 여하를 말하자면 당면의 중심 문제가 될 것은 물론이요 학생맹휴사건(學生盟休事件)을 구명하는데 있을 것입니다. 맹휴사건은 그 성질에 있어서 두 가지로 분류할 수 있는데 제일은 학교에 대한 조건 즉 선생에 대한 불평불만이라든가 시설의 불충분으로 인하여 일어나는 성질의 것과 제이는 학교와는 하등 관계가 없이 일반 사회 문제의 영향과 그 자극으로 일어나는 성질의 것의 두 가지인데 둘째 조목은 여러분에게 맡기고 나는 다만 첫째 조목만을 말씀하겠습니다. 학교에 대한 불평으로 일어나는 맹휴사건은 대개가 설명을 배척하는 것으로 그의 진정한 원인을 찾자면 우선 종래로 조선 사람의 교육은 제자가 선생의 지도를 절대로 복종하는데 있었는데 현재의 교육제도에는 가장 중요하여야 할 초등교육을 시키는 보통학교 선생이 대부분 일본인으로 아이들이 학교에서 배운 일에 의심을 품고 집에 돌아가 혹 부형에게 물어보면 대개 일부 선생이 가르친 바를 부인하고 반박하는 경우가 많음으로 어렸을 때부터 선생에 대한 신뢰와 복종성이 적어지는 것입니다. 이런 의미에 있어서 초등교육부터 전부 일본인이 맡아보는 한도에는 언제까지나 현하 학생 문제의 해결은 퍽 곤란할 줄로 알고 있습니다. 두 번째는 졸업 후에 대한 문제이니 현하 일반 학생의 머리 속에는 졸업후엔 무엇을 할 것이냐? 전문학교까지 애써 마친 대야 무슨 큰 희망이 있겠느냐? 또 무엇을 하겠느냐? 하는 점에 도무지 낙관적인 그 무엇이 없으므로

모든 일에 되는 대로 되리라는 심리가 대세를 지배하는 모양입니다.
그러므로 이상과 같은 원인을 어떻게 제거할까 함은 난사(難事)의 난사라 한마디로 어떻게 하였으면 좋겠다고 당장 말할 수는 없으나 우선 급한 것은 첫째 초등교육을 일본인에게만 맡기는 것은 무엇보다도 좋지 않은 일이라고 생각합니다(『조선일보』, 1930년 1월 1일, 6면).

○ 1930년 1월 2일 영국의 번민

『조선일보』에 「국제정세대관」이라는 제목으로 1월 11일까지 총 10편을 연재했다. 영국의 고민, 특히 미국의 발전에 따른 영국 국력의 약화 등에 대해 언급했다.

보수당과 더욱이 그의 완강파에 의하여 파열시켰던 영러의 국교는 회복되었다. 불국과 협조하여 미합중국을 견제 혹은 대항하는 것은 보수당에 의하여 대표되는 영제국의 국책이었었는데 그러나 영러의 국교를 회복하는 노동당 정부는 맥도날드 수상 자신이 전례를 깨뜨리는 미국 방문으로 전체에 대한 간담회를 겸하여 해군 군축을 협정하였다. 현하 최대한 제국주의 국가로써 미국만이 대러시아 국교를 단절한 채로 있으니 노동당의 영제국은 중간에 서서 그 양극과의 친선을 꾀하는 것같다. 무슨 까닭일가? 여기에 영제국이 안고 있는 최대한 번민이 있다.
석탄과 강철의 우승적인 생산 각종 제조공업의 선진성 금융자본의 우월과 그 세계적 통제력, 식민지·반식지로부터의 수출무역에 의한 풍부한 이윤 등은 영제국이 의존하는 경제적 기반이었고 그러한 잉여 이윤은 노동계급의 사람들에게까지 신사적인 할애를 함으로 인하여 모범적인 노자(勞資)협조를 실천하여 오던 것이요 이 모든 것의 수호신으로서 이 대해군국 표준의 초강대한 해군력이 절대 필요하던 것이었다.

그러한대 전란 후의 미합중국의 비약적인 자본적 제국주의는 바다 건너의 사촌인 정의를 아랑곳할 바없이 영국의 제국주의를 침식한다. 즉 미국의 제국주의적 비약성은 영제국의 존립을 중대하게 위협하는 것이다. 석탄업의 쇠퇴, 강철업의 상대적 저열화는 미국은 커녕 독불제국의 로렌주와 싸르하 유역의 거대한 생산을 쥐고 있는 석탄업과 강철 트러스트에 대항하기에 힘이 부치고 독불제국과 미합중국의 신편제에 의한 능률이 증진된 각종 경공업의 발전과 캐나다·호주·남아 또는 인도까지를 합한 제식민지의 공업화 등은 영제국의 공업으로 일층의 위축을 당하게 된다. 1926년 탄갱부의 대파업과 동정적인 일반적 총파업은 이러한 경제적 쇠퇴에 가속적인 위험을 재촉한 것이 되었다. 가뜩이나 그러한데 대미 전채 백억 원의 부담은 지금까지의 금융자본국이던 영제국의 지위가 전연 전도(顚倒)된 것이다. 뿐 아니라 1920년 이래 국가방위법의 성립으로 3백만의 장정이 언제든지 전장에 나설 만큼 준비되었고 일절의 힘을 국가방위에라고 조직화한 미합중국이 1921년 화부회의 이래 5:5:3의 비율로 영미 같은 규모의 해군을 가지게 된 것은 영제국으로서의 온갖 점에서 열약화 함을 의미함이다.

그러나 영제국이 이제 다시 미합중국을 제2의 독일쯤으로 따지고 제2의 대전란을 예비하기에는 피로한 비분(悲憤)적인 헐떡임을 면치 못하게 되었다. 포앙카레의 불국을 연결하여 미합중국을 견제·대항하여야 할 완강파가 영도하는 보수당의 영국은 또다시 뒷걸음으로 해매게 되었다. 그들은 미국과 정면 충돌을 생장시킬 수 없음에서 필경은 다시 그와 협조하기를 꾀한 것이다. 그는 즉 대영 제국주의의 번민할 방황으로 노동당 집정의 서막이다.

그리고 노국(露國)인의 소비에트 정권이 동방 제민족을 충등

해 그의 제국적 존립을 위태하게 만들었음에 격노하여 아코스 하우스 침입 이래 국교 단절을 계속하고 있던 그들은 항상 25만 이상의 실업군을 놓아두고 세계 1/7의 영토를 차지할 농업적인 러시아에 대하여 전란 이전 자국의 상품의 막대한 수요지이던 일만을 감상적으로 회고하게 되던 것이다. 그리하여 소비에트 러시아의 정복이 이미 불가능하고 자국의 경제적 결손이 심상치 아니한 데에 불안을 품은 영국의 다수의 선거민들은 다시 대 노국 친화를 가져올 진보적인 노동당에게 그 확신없는 위탁의 투표를 한 것이다. 그러나 반아세아적인 야만적이던 러시아의 소비에트 치하의 공업화의 기획·경제적 시설은 반혁명세력이 증대하여 진다는 소식을 뒤집어 엎는 듯이 영제국의 공산품을 무한정으로 수입하리라는 기대를 하고 있다. 영·미협조를 오게 하려는 군축회의가 성하거나 패하거나 영제국의 번민상을 말함인 것처럼 영로 국교의 회복도 또한 번민의 한 연쇄인 것을 이야기한다. 노동당 내각의 출현은 의심없이 진보적 기운을 가져왔다. 그러나 그것은 필경 이 번민의 행진곡의 가붓한 한 서막임을 부인할 수 없다(『조선일보』, 1930년 1월 2일, 1면).

○ 1930년 1월 3일 각국의 군사력 비교

『조선일보』에 「국제정세대관」이라는 제목으로 1월 11일까지 총 10편을 연재했다. 프랑스, 영국, 미국, 이탈리아, 미국 등의 육군과 공군 등의 군사력에 대해 소개하고 있다.

영국의 노동당은 노동귀족의 나무람을 들을 만큼 점진적이다. 그들에게는 급격한 혁명성을 찾아 보기 어렵다. 1924년 총선거에 적서사건(赤書事件)에 의하여 떫은 경상(景狀)을 맛본 그들이 공산분자와 절연으로 자기들의 처지를 선명히 한 것 같은 것은 그 적당한 예이다. 그러나 보수당과 자유당의 대립한 양대당의 수령들이 읍양(揖讓)12)의 사이에 점잖게 그 정권을 주고받던 것에 비하여 노동당의 집정이 적지 않게 경이의 느낌을 일으킴은 당연하다. 그는 몰락되는 자유당을 비켜두고 보수 노동의 양당이 힐항(詰抗)하는 것은 노동당의 진보적인 정책이 조만에 파탄될 때 완강파의 보수당과 혁명적인 신흥노동계급의 세력이 또다시 권권상마(拳拳相磨)13)하는 날이 가까워 올 것을 인식하는 까닭이다. 이것은 작년도의 제2차 노동당 내각의 출현과 대미협조와 대러시아 친화가 결국은 몰락의 과정에서 헐떡이는 영제국의 변민상의 서막인 것을 부인할 수 없는 이유가 되는 것이다.

그러나 이제 영국과 러시아 관계는 어제 쓴 것으로 일단락을 짓고 부전조약(不戰條約)과 군축 등 관계를 중심으로 군사상으로 본 여러 나라 사정을 잠깐 살펴 보기로 한다. 이제 먼저 6개국의 육군병액과 그 예산액을 보건대 독일의 군비제한으로 불국(佛國)은 80만이 넘든 육군을 축소 하였으나 그 예산액은 전전과 동일하고 후단에 보임과 같이 약 4천 대의 비행기, 3천4백 대의 전차와 10만의 장기지원병을 신설하고 수보담도 무장 설비 등으로 우월한 영국병은 연화력(然火力), 장갑, 기동의 3요소로 그 신위력을 구비하기에 노력했다. 이탈리아는 무솔리니씨가 5백만의 육군 건설이란 광란적인 계획을 한 바있고 20만의 지원 호민군을 가졌다. 미국은 작술한 300만 장정을 그의 군관구에 의하여 소집 훈련과 출전하게 할 수 있는 조직으로 하고 오히려 □□ 8만 □□ □□을 보게 되었다. 폴란드, 체코슬로바키아, 유고슬라비아 등 신흥제국외 지역도 모두 그 육군을 확장하였고 어느 정도의 독재정치로 그 군국적 활동을 준비하고 있다. 러시아는 130만의 적위군을 가졌다고 하고 내란의 중병에 곯고 있는 중국은 230만의 군대를 먹이고 있다 한다. 수개 사단을 정리한

---

12) 겸손한 태도를 가짐.
13) 정성스럽게 서로 연마함.

일본으로서도 그 전투력에 있어서 더욱 강대와 정예를 가하려는 것은 명백하다.

후버 씨가 갈파한 것처럼 여러 나라의 현역 예비 2,000만의 육군 병액을 작금 지니고 있는 것은 명백하다. 이 무장적 평화가 이미 다분의 화란(禍亂)성을 가진 것이다. 육해군의 군축을 전후하여 응의(凝議)를 단행키로하되 일찍 일지(一指)를 건드리지 않는 군사상의 신위력인 열국 항공세력을 일별하건대 불국은 대독과 대영 등 제관계에 의하여 1922년 이래 대확장의 결과 비행대 280대(정찰 76, 구축 80, 경폭 40, 중폭 12), 외기구대(外氣球隊) 18중대로 아직 완전 실현되지 않았으나 1928년도에 공군성을 특설하였고 영국은 전후 합계 87중대반의 계획으로 대형중폭격기를 중심으로 하여금 영본국으로부터 해외 각지에 배치할 계획이다.

이탈리아는 1925년~1929년에 뻗쳐 공군성의 앙장(鞅掌)[14] 밑에 비행기 182중대, 기구 8중대 항공선 6대를 계획중이다. 미국은 1926년~1930년 연외지 육군항공 60중대(비행기 1,800대, 항공선과 기구 약간대)의 실현중이요, 일본 측은 육군항공구 16중대(1,500기) 기구 22중대를 상비할 예정까지 하였는 바이다.

독일은 극단의 군비 제한의 밑에 민간항공은 극도로 달하여 항공기술이 열강을 능가하는 것은 일반이 숙지하는 바이다. 러시아 또한 100중대의 공군으로 동서를 비예(睥睨)[15]할 쯤이라 한다. 이에 대하여 일본은 자못 열세이나 또한 예의(銳意) 건설 도중에 있다. 이에 해군 함대세력을 목표로 금년 1월 21일로부터 영국 수도에서 그 군축회의의 막이 열리는 것이다(『조선일보』, 1930년 1월 3일, 1면).

---

14) 일에 분주하게 움직이다.
15) 눈을 흘겨봄.

○ 1930년 1월 5일 군비경쟁

『조선일보』에 「국제정세대관」이라는 제목으로 1월 11일까지 총 10편을 연재했다. 군비 경쟁을 둘러싼 각국의 경쟁에 대해 비판적으로 분석하고 있다.

더글라스. 페어방스와 그의 아내인 메리 빅포드가 상해로부터 일본에 와서 이르는 곳 마다 몰려드는 군중에게 숨이 막힐지경의 환영을 받고 있는 한편 약규(若槻)와 재부(財部) 일본의 두 전권(全權)은 태평양 안에서 대서양에 배타고 떠나기까지 융성한 국빈의 대우를 받았다. 그러나 일본의 순양함대의 미국 7할 요구문제는 결국 아무 수확이 없이 지나갔다. 뻐즈네스, 이스뻬츠네스의 관례는 영낙없이 표현되었다. 한편으로 방래(訪來)한 후에 롯시마쓰의 향리에서 소침한 의기로 피한(避寒)하고 있다는 맥도날드 영국 수상은 일본 전권의 방문을 슬며시 회피할 쯤이다. 군축회의는 첫째 영미의 힐항(詰抗)[16]이며 둘째 일본의 각축이고, 그 다음 영불의 암투요, 맨끝으로 프랑스와 이탈리아 시새움이다. 요컨내 영미 양국의 쟁패의 서막에서 일본, 프랑스, 이탈리아 삼국은 그 반행자(伴行者)됨에 지나지 않는 것이다.

"영국은 마땅히 해군력을 미국과 동등하게 깎아 내려라." 평화를 사랑하는 미국상원외교위원장 뽈라씨의 소리이다. "미국은 제국주의 경향에 끌리어 마치 1914년의 비극의 전의 독일과 비슷하다." 영제국의 해군 원수로 뻿손 씨는 분개하고 있다. "7할 요구에 양보할 터이면 애당초 출석할 필요가 없다." 일본 전권, 해군대신 재부(財部)씨의 언명이다. 국제 절충을 앞에두고 일정한 에누리에 헛대포를 놓는 것이라고 낙관하여서는 아니된다. 군축의 앞길은 비관 재료가 퍽은 많다. 이제 1921년~1922년 화부회

---

16) 서로 맞서 겨룸.

의(華府會議) 당시의 주력함 비율을 보건대 이것이 소위 5:3 비율로 일본의 대미 6할을 규정한 것이다.

그런데 금년 1월 1일 현재 삼국 주력함과 동일 제한(制限) 중 주력함에 있어서 일미 양국은 아직도 최대한에 달하지 아니하였기에 모두 축소나 함선건조의 연기 등을 논의하고 있다. 그러나 이는 그만 장제(長提)하지 말기로 한다.

그는 주력함은 어찌 되었든 기정사실이니 우선 평온(平穩)하리라고 보고 이에 문제되는 보조함의 화부회의 이래의 경과를 일별하건대 화부회의 당시 미국은 전란의 피폐가 심한 영국을 끌어서 주력함에 대하여 미국과 균등의 세력에까지 양보하지 아니할 수 없이 하고 바르포아 씨로 하여금 종래 미국 안에서 시의(猜疑)와 비난(非難)이 목표였다고 일영동맹까지 폐기하게 하였다.

그러나 전세계에 대부의 영토를 늘어놓고 있는 영국이 매일 3,000톤 이상의 상선 1,400척이 해상에 항행하고 같은 수의 상선이 세계의 항만에서 화물을 토탄하고 있는 영국 1년간의 국내산물 50일 이상을 더 지탱치 못하는 영국의 제국주의정책의 수호신이어야할 대해군에 있어 미합중국이 균등의 세력으로써 압박하여 온다는 것은 당연 중대한 불안과 분노가 없을수 없다. 그러므로 화부회의 이후 8인치포(八吋砲) 순양함 이외 구축함과 잠수함 등에 있어 영국은 급속한 확장을 실행하여왔다. 미국은 또한 이에 대항하여 대대적인 건함계획을 세워 왔으니 이것은 필연으로 1927년의 제네바 회의의 파열의 막으로 되지 아니할 수 없는 까닭이다.

화부회의 당시 불국은 피폐의 극으로 어찌할 수 없었으나 영미일의 협정을 쳐다만보고 그 아류에서 부득이한 분만을 품어 왔고 이탈리아도 또 그와 비슷하였다. 그러나 제네바 회의에는 프랑스와 이탈리와는 출석을 거절하여 그 여분을 풀려 하였다. 영국은 필경 보수당 정부의 본색에 의한 완강한 정면충돌로 용이히 양보할 기색이 없었을 뿐 아니라 영본국의 국론도 쉽게 타협치 아니할 기세였다. 그는 영제국은 그의 불독의 개가 어디까지든지 짓고 물고 덤비는 그것처럼 이판에 있어서 구차하게 전세계적 제국주의 정책의 기본을 자기 손으로 무너뜨려 가면서 슬며시 물러앉아 냉루(冷淚)를 지고 있기에는 너무 그 이해가 절대적이고 관계가 비상하기 때문이었다. 여기에 소위 포만의 절정에서 그 쇠미와 붕괴의 필연의 비탈로 쏠려 넘어가려는 웅대한 비극이 담기어 있는 것이다(『조선일보』, 1930년 1월 5일, 1면).

○ 1930년 1월 6일 군축회의 전망

『조선일보』에 「국제정세대관」이라는 제목으로 1월 11일까지 총 10편을 연재했다. 군축회의의 전망과 장래 정세를 분석하며 영국의 소형 군함 중시경향과 미국 대형군함 중시 입장의 타협이 쉽지 않을 것으로 예상하고 있다.

1914년의 세계전란은 어느 의미로는 영독양국의 각축이었다. 그러나 이제 영미 양국은 전세계적으로 최대한 전란을 예비하기에 눈이 빨개졌다. 휴전 10년 비로소 약간의 안정에 있는 열강의 세계에는 다시 10년에 그 전비가 더욱 굳어지고 갈등이 일층 첨예할 것이다. 다시 10년 1950년 경에는 제2차의 전란 후의 개조문제가 영미일 등 제국의 운명을 척도(尺度)하면서의 일이 될 것이다. 그러나 그는 치기만만한 논법이라고 접어두고 제네바 이래의 형세로 10일 후에 다가오는 군축회의의 전망과 그 장래의 형세를 검토할 필요가 있다.

보수당의 영제국은 제네바에서 미국과의 정면충돌을 사양하지 않았고 영불협정은 일시 동맹의 전제인 것같이도 생각되었다. 그리하여 영불협정이 발효된 후 1928년~1929년에 걸쳐서 미국의회에는 순양함 15척안을 비켜두고 일거 71척의 해군원안이라 자가 제출되려 하였다. 이는 즉 영미갈등의 노골화의 기세를 말함이다. 이제 영미일 등 제국의 보조함정 세력표를 일별하건데 현재 있는 세력으로 미국의 순양함이 얼마나 열세인 것과 그 막대한 부력(富力)에 의하여 얼마큼이나 급속한 군비확장을 하려는가 짐작될 것이다.

기타 8인치함(八吋艦) 이외의 세력을 보건대 오직 구축함에 있어서는 미국이 자래로 최대한 세력을 가졌으나 그 전투적 위력은 너무 미약하다 한다. 각표에 의하여 영국 해군이 의연 우세인 것은 일목요연하고 미국의 발흥하는 조함열(造艦熱)만이 매우 강대함을 볼 것이다. 그러면 노동당의 영제국은 어느 정도까지 미국에 대하여 양보할 것인가. 노동당의 스노떤 장상은 작년 여름 헤이그(海牙)에서 배상회의 당시 영제국의 권익옹호를 위하여 불미 양국을 각각 상대로 맹렬한 쟁의를 일으켜 결코 퇴보할 기세를 보이지 않았다. 금번 미국의 도전에 의한 해군 군축회의에 있어 맥도날드 수상 이하의 여러 사람들이 상응한 항쟁을 보여서 결코 평순한 양보가 없을 것은 너무 명백하다. 그러므로 제네바 회의 당시와 같이 영국의 역습에 의하여 완전한 결렬이되리라고 함은 애오라지 조계(早計)이나 기정한 주력함 문제를 제한 외에 순양함 문제에 대하여 영국의 소위 소순라함주의(小巡邏艦主義)주의와 미국의 대순다함주의(大巡多艦主義)의 완전한 타협은 우선 용이치 않을 것이다. 영제국과 같이 전 세계의 영토중에 무수한 기항지를 가진 국가로서는 소형다함(小型多艦)으로 오히려 족하지만 그와 전연 반대인 미국은 당연 원양항해에 필요한 대형다함을 절대로 필요하는 것이다.

그러나 그와는 또 정반대로 영국은 전세계에 널브려져 있는 제국적(帝國的) 신봉(信封)을 수호하기에 해군력의 분할을 필연으로 면치 못하는데 파나마의 운하로 대서양과 태평양에 집중이동을 여의케 할 수 있는 미국의 지리적 형승으로서는 대영균등의 함대로서도 오히려 다대 우월한 위력을 발휘할 수 있는 것이다. 여기에서 영국으로서의 감내하기 어려운 위협이 이 균등문제의 평화적 회의로부터 그들에게 덤벼드는 것이다(『조선일보』, 1930년 1월 6일, 1면).

○ 1930년 1월 7일 군축의 전망과 장래

영국 경제의 쇠퇴와 미국 경제의 발전, 프랑스와 이탈리아의 사정, 일본의 경제 사정 등에 대해 언급하고 있다.

선진제국에 있어서의 피압박계급의 반항운동의 발전과 피예속적인 약소 씨족운동의 비상화는 소위 세계개조 인류해방의 중요한 2대 역량이라고 누구나 알고 있다. 그러나 자본주의 안정의 소리에 마주쳐서 이 운동은 적지 않게 억압되고 있다. 이것이 한 현하정세이다. 세계 최대 다수의 피예속 씨족을 누르고 있는 것은 영제국이다. 그런데 이 영제국은 자연적인 쇠미 붕괴의 비탈을 쏠려 내려가고 있다. 이것 또한 현하의 정세이다.

그러나 영제국은 과연 허무한 쇠미의 비탈을 멈춤 없이 술렁술렁 운정(運程)하고 있는가? 아니 그들은 전후 3~4세기의 육운(陸運)과 100년 이래의 패업의 타성을 디디고 전세계에 펼쳐 있는 모든 식민지·반식민지로부터 최후적인 흡취(吸取)의 기능을 바탕으로 앵글로색슨 제국의 본색을 발휘하려고 최후적인 공격력과 전투력을 준비하고 있다.

그러면 영제국의 최후적 공격력의 준비는 세계의 압박받는 인민에게 매우 한심(寒心)할 절대적의 정세로 되는가? 아니 영제국의 온화한 쇠미경향에 대응은 세계 정국에 얼마큼 변화 되고 미합중국의 세계 제일의 정책은 온갖 방면에서 그 찬탈한 제왕의 권위는 독천(獨擅)하게[17] 될 수 있을 것이다. 그러면 휴전 10년 호된 번민의 도정을 지나온 영제국은 그의 의존하는 경제적 기구에서 어떻게 동향하고 있는가? 인제 또 영미일 삼국의 만근(輓近)[18] 수년 자산과 결산의 표를 살펴보건데 전후 피폐한 영제국이 1926년 탄항부이 대파업에 의한 대난관을 지난 후에 일약 10억원을 돌파하였고 1928년에는 거의 15억에 달하여 전란 이전 1913년의 18억에 접근하려는 기세이다.

만일 미국과 같은데는 1929년도의 무역액 200억 원에 달하여 결산잔고가 1911년 이래의 최고액이라고 하며 공업회사와 철도회사의 1년간의 이익배당도 55억 원에 달하며 전란 이전 영독제국의 독천장(獨擅場) 이던 남미제국에 대하여 투자액이 25억원 이상에 넘어간 지도 벌써 수삼 년을 산(算)하게 되었다. 여기에 있어 긴축 일관하려는 일본의 3억에 꺽인 지불 초과가 있던것도 매우 주목되는 바어거니와 화부회의 당시 주력함의 비율에 있어 미국의 주장에 굴종하던 영제국이 1927년 제네바 회의에서와 작금에 있어 다시 완강한 정면의 항쟁으로 그 최후적인 전투력의 준비를 위하여 발악적인 대노력을 하는 일면의 소식을 엿볼 것이다.

스림소, 맥드날드 양씨의 작랍(昨臘)[19]의 성명은 해양 자유를 운운하게 하였으나 비율문제에 관한 구체 문제의 한 편린(片鱗)도 건드리지 아니하였다. 미의 8인치포 대형순양함 다수안에 대하여 영제국은 어떻게 양보할 수 있을까? 같은 양의 해군으로서도 상대적으로 열약한 전투력밖에 가지지 못할 영제국의 국정은 이미 어제 쓴 바이다. 일본은 이찌하여 보조함 대미 7할 요구와 미잠수함 전폐(全廢) 반대의 주장을 양보코자할 것인가? 화부회의 당시 영미의 5에 비하여 일본보담도 훨씬 열약한 비율로써

---

17) 제 마음대로 행동함.
18) 근래.
19) 작년 12월.

얼굴에 흙칠한 감을 가지고 이내 해군재건에 부심하고 있는 불국이 영불협정도 슬어지고 이탈리아에 대한 지중해 제해권의 장악까지 별르고 있는 이즘에 어떻게 온순히 영미 양국의 의사에 따라갈 것인가 잠수함 폐지를 중심으로 일본과 프랑스의 의제가 될 기미조차 만일의 경우에는 예상일수 있다.

후버는 평화주의적인 정치가이라 한다. 그에게는 맷킨레, 루스벨트 등의 패기는 없을지 모른다. 그러나 그 대신 중공업과 석유업과 기타 독점적인 세계적 진출을 열망하게 되는 의연한 황금의 홍수 중에 있는 금융통제의 왕국의 지배자들에 대하여 어떻게 그 영웅적인 억제의 거완(巨腕)을 들러리라고 예기할 것인가? 회의 불성공의 경우에 후버 씨는 금고와 동력기가 느런 혀로 금융왕국의 명령에 의하여 그 사무가적인 치밀과 냉정한 실천의 걸음을 급격히 그러나 정온하게 내어 디디고 있을 것이다.

일본은 그의 자못 거대한 지불초과의 정세를 불계하고 오히려 대미 7할의 철칙에 의하여 미국 겁날 것 없다의 준비를 급작이고 있을 것이다. 프랑스와 이탈리아 양국은 어떠한 형식으로이고 북아프리카와 소아시아와 발칸 방면의 권익 옹제(擁擠)를 위하여 그 최대한의 군사준비 신전쟁의 위협을 생장시키고 있을 것이다. 독일과 노농 러시아국과 미합중국과 불국과 일본까지 급격하게 또 백열하게 연구하며 제작하고 있는 화학전의 무기는 전연 무제한으로 있는 항공군의 확장과 한가지 그야말로 신전쟁만을 생장시키고 있는 것이다. 군축의 전망은 결국 이 신전쟁의 생장으로 그 개괄적인 단락을 지으려 하는 것이다(『조선일보』, 1930년 1월 7일, 1면).

○ 1930년 1월 8일 동방의 반역

영국 등 제국주의 각국의 사정을 언급한 후 이들 열강에 대한 이

집트 등 약소민족의 반항적 동향을 소개하고 있다.

동방의 반역! 이것은 구주 백색인에 대한 동방 유색인의 불평이라는 막연한 종족적 감정은 아니요 실상은 구미의 제국주의 열국의 지배에 대한 다수한 식민지·반식민지의 인민들의 견확(堅確)한 반항 그것이다. 그러므로 동방의 반역은 결코 서양에 대한 대지방적 문제가 아니요, 모든 제국주의 국가에 대한 민족적·계급적의 반항을 의미함이다. 제국주의 열국의 상호모순에 의하여 새로이 생장되고 있는 신전쟁의 위협에 대하여 가히 우리는 이제 동방적인 약소민족의 반항적 동향에 관하여 응분의 일별을 요할 책무가 남았다. 다만 이보담 먼저 국제정국의 기타의 정세를 한번 더 논의할 필요가 있다.

보수당의 패퇴, 노동당의 집정이 세계정국에 어쨌든 일맥 진보적 기풍을 일으킨 것은 명료하다. 독재적인 포앙카레의 하야와 다르디외 내각의 출현한 불국과 독재적인 스트레제마의 우연한 서거로서 그루튜쓰 외교의 미확립과 그에 인한 영국안 반대의 일반투표까지 간 독일, 무솔리니 독재에 대한 반파시스트 당의 대두, 백이의(白耳義)[20] 황녀(皇女)와 결혼하는 그의 황태자에까지 비상한 수단으로 나오게 된 이탈리아의 정정(政情) 등은 모두 독재의 파괴 완화 혹은 그 저주를 받는 경향으로 되었다.

이러한 백색독재의 동요 경향은 그들이 일정한 계단에까지 성취된 것을 의미하는 동시 그 억압의 제기구의 이완됨을 이야기함이다. 그러나 그는 결국 자본주의 안정의 도가 우선 그들로서의 소강적인 안심을 얻게 하였다고 보아야 할 바이다. 영국안 반대의 일반투표를 시작한 독일의 국권당적인 일부 국민이 냉정한 이지적인 자가(自家)의 지위 간찰(看察)로 불리한 대세에서 승산 없는 경거(輕擧)를 폐기하기에 유의한 다수 국민의 의사를 번복

---

20) 벨기에.

하지 못하였다. 일시 430만의 유권자가 영안 반대의 서명을 한 것만은 전패 후 10년에 와신상담 오히려 그 울발(鬱勃)한 불만을 꺾지 못해 하는 기개를 보기에 충분하다.

헝가리, 체코슬로바키아와 오스트리아까지 모두 독재 혹은 독재적이었고, 오스트리아와 같은 자는 작금에 있어서 새로이 그 독재를 합법화한 자이다. 폴란드는 육상(陸相) 필스도스키 일파를 옹(擁)하여 더욱 독재화하려는 자이니 이 몇개 국민은 혹은 패여(敗餘)의 빈위(瀕危)상태에서 겨우 신흥한 아직도 고위(孤危)한 상태에서 더욱 그 집권과 합치로 그 이단적인 세력을 배제하고 그 기민한 군국적 동작에 편의(便宜)케 하자 함에 인함이다. 오스트리와와 헝가리를 제외한 크고 작은 여러 국가에는 영불 양국이 각각 그 일정한 후견적 노릇을 하고 있는 것을 간과하여서는 아니 될 것이다. 그러나 프랑스와 독일을 제외한 대소 제 국민은 여러 가지 의미로 중간적·종속적의 지위를 벗지 못하는 것이다. 그리고 군축문제와 그 반영의 외에 정상적으로 보아 구미의 정국 그 자신은 대체 평온한 금년 1년을 가질 것이 예단되는데 오직 문제될 것은 전동방의 반역적인 제민족의 운동 그것이다.

이집트인의 반영적 민족운동이 작금에 와서는 다시 평온한 과정에 들어있는 것이 사실이다. 그러나 그의 자신이 어떻든 한 국가의 형태를 보유하여 완급(緩急)을 기해 따라갈 여유가 있다. 그러나 영제국이 전연 의존의 자원으로 우러르는 인도에의 통로에 있어 영제국의 최후의 발악적인 전투력의 준비가 급속하게 준비되는 오늘날에 맹목적인 독자적의 돌진의 운동은 기할 수 없음을 시인할 바이다. 그러다 작년 세말에 있어 전남아연방 트란스발 요하네스부르, 나달, 오렌지등 각지에서의 100만의 흑인이 결사적이고 단호한 반항운동에 나온 것은 그들의 세력이 결정적인 위력으로 되기 어려움을 생각할지라도 오히려 반역과정에 있는 약소민족을 위하여 천장(千丈)의 기도(氣熖)[21]를 토하여 줌을 알겠다.

여기에 있어 탄압자의 편으로는 예에 의한 적화(赤化) 혹은 배후의 세력의 사주 등의 구실로 열강 자본주의 세력 앞에 그 기만적인 정책을 발휘하였다. 그의 후보는 묘연하여 그 진상을 얻어들을 길 없거니와 아주(亞洲)의 형세 이러한 때에 있어 3억 2천만인을 포옹한 인도인의 배영운동은 1929년 미국과 일본이 그의 시정기(施政期)라는 부득이한 과도가 종료된 후 필경 거대한 반항의 횃불을 잡히게 될 것이다. 여러분이여 기억하는가? 케이프타운으로 카이로로 그리고 캘커타에까지의 유유(悠悠) 1만 5천리에 뻗치는 3C 철도의 실현과 함께 어디까지든지 만회하려는 앵글로색슨 씨의 대영제국주의 정책의 최후적인 대맹심(大猛心)을?(『조선일보』, 1930년 1월 8일, 1면).

○ 1930년 1월 9일 인도의 국민운동

영국에 맞서 간디와 네루 등이 주도하고 있는 인도 독립운동의 상황과 팔레스타나의 유태인 운동에 대해 언급하고 있다.

자유의 애(愛)의 불멸의 영화(靈火)라고 외치면서 인민 피의 최후의 한 방울까지라고 맹세하고 일어난 보아 사람의 혈전도 영맹(獰猛)한[22] 제국주의 정책의 비위에 거슬리는 바에는 필경은 무자비한 참패로 끝맺고 말았다. 이렇게 1902년에 정복된 남아(南阿)는 1909년에 카·반라만의 영정부에 의하여 자치령됨을 결정하였다. 화란계인 백인의 자손이 인종적 편견을 버리기에 편의한 점이 하나요, 많은 전쟁에 이주한 영란인(英蘭人)으로 그

---

21) 뜨거운 불꽃.
22) 모질고 사나운.

정권의 장악이 장래의 충성을 신뢰할 수 있다함이 그 둘이었을 것이다. 그러나 전란 이후 경제적으로 생장하여가는 자유식민지의 예와같이 남아연방도 대부로 독립화하고 말았다.

그러면 병탄된 지 전후 3세기에 비상 신랄한 경험을 겪어온 인도 3억 2천만의 인민은 어찌하여 영제국의 지배자들에게 안온하게 자치령의 지위를 부여하도록 하게 될 것인가? 1919년 인도통치법 즉 영국인의 인도 자치를 부여하려는 헌법제정안에 의하여 사이몬위원회는 수차의 조사연구를 지내 이제는 영제국의 상하 양원의 연합위원회에 인도로부터 파견하는 대표를 더하여 인도인과 협동한 인도헌법의 합작으로 인도문제의 해결을 기하게 되었다. 그러나 영제국의 식민지 관계 역사에 있어 이 전례가 없던 문제가 그의 가장 중대한 이해관계를 가진 인도에 대하여 심상평역(尋常平易)[23]한 조건으로 그것이 잘 되리라고는 믿을 수 없다.

그러므로 10월 하순 인도총독 어윈 씨가 인도자치안 토의를 위한 전인도회의소집을 성명하였을때 영국의 인도 대신으로 그는 사이몬 위원회를 알지 못하는 바라고 진술하게 되었다. 이와 같이 영제국의 지배자들의 모호하고 음험한 태도가 차차 그 본색을 드러내는 한편 7월 27일 전인도위원회에서 스와라지당의 총수인 간디씨가 영국 정부의 불신을 공격하고 동년 12월 말일 이후 즉시 비협동운동을 개시할 것을 주장하여 벌써부터 다소 동요의 기색을 돋구던 것인데 12월 23일 어윈 총독이 기차에서 폭탄의 위하(威嚇)[24] 치른 다음날인 24일로부터 간디와 야와하라, 네루 등 스와라지 당의 수령들은 라홀에서 회의를 열어 영제국의 불신에 대한 규탄과 아울러 인도인으로서는 최후의 일각까지 단연 항쟁할 것을 결의하고 비장한 맹서와 함께 인도 국기를 달게 되었다. 그리고 스와라지 그것이 곧 독립을 의미하는 것인 새 해석을 내리게 되었다. 대전란 중 영제국의 승리를 위하

---

23) 보통의 평이한.
24) 위협(威脅).

여 인도병의 출전을 지지하던 다분의 타협 경향을 가진 자치파로 오늘날까지 운동하여 온 간디 씨와 그 동지들은 작금에 있어서는 독립으로에 일단의 앙양(昂揚)을 한 자요 이와 동시에 좌익적인 인도의 혁명운동자도 모두 그와 협동합류함을 아끼지 않게 되었다. 그야말로 전인도적의 최대 역량을 집중하려는 금년 1년 그들의 운동은 동방 제민족을 위하여 얼마큼 중대한 위력이 될는지 깊은 흥미를 꾀수는 비이다.

작년 1년간 그의 조종 아래에 있는 팔레스티나의 유태인의 운동이 아라비아인과의 대충돌로 되어 필경 실패하였고 그의 지지로 인하여 일어나든 바자사코왕의 아프가니스탄의 내란도 결국 실패로 되었다. 그리하여 아주의 남단으로부터 인도의 심장부에까지 꿰뚫는 3C 정책의 대맹심도 어떠한지 계속 경중을 물리치게되는데 인도로부터 히말라야의 동안을 거쳐 양자강의 유역에 통하려는 당년의 심사가 아직도 남아 있어 서장인(西藏人)의 배한자립(排漢自立)의 운동에 반갑지 아니한 책동을 하고 있다. 이 몇몇은 동방민족의 운동으로 각각 다소의 반동성을 띄운 자이나 오직 영제국의 번민을 감춘 최후적인 공세의 한 편린(片鱗)인 점에서는 동일하다. 다만 노동당 집정의 영제국이 한편으로 대미 해군비율의 문제에서 그 제국주의 상호간의 충돌하고 대인도 통치문제에 있어서 그의 의존하는 식민지와의 충돌을 하는 데에 무한한 역사적 흥미를 가지게 된다는 것이다. 이에 다시 혁명운동 돈좌(頓挫)[25]의 소리 중에 한갓 내란의 법석을 하며 작년 1년을 지낸 중국의 정세를 일별하고 이 붓을 던진다(『조선일보』, 1930년 1월 9일, 1면).

---

25) 갑자기 꺾이거나 틀어짐.

○ 1930년 1월 10일 중국의 국민혁명 운동

중국 국민혁명운동의 진행 과정과 일본의 정치 상황에 대해 소개하고 있다.

제국주의 세력에 있어 지도적 역량을 가진 자는 영제국이다. 이에 대하여 대전란 후 약진적으로 진출하는 미합중국이 있어 영제국에 대한 절대한 위협을 주고있다. 이는 제국주의 상호간의 문제이다. 신흥한 파양세력(破壤勢力)에 있어 소비에트 러시아 이 또한 그의 지도적인 지위에 있다. 영·러시아 국교파열과 함께 양 세력의 대립관계는 일층 첨예화하였으나 그의 국교회복과 함께 완화되었다. 아시아에 있어서 반동세력의 지지자가 있으니 그는 일본의 제국주의정책이다. 이것은 정우(政友)의 전중(田中)내각이거나 민정(民政)의 빈구(濱口)내각이거나 본질로서 호리(毫厘)[26]의 차이를 기하기 어려운 자이다.

일본에 있어서 매훈(賣勳), 매관(賣官), 수뢰(收賄), 독직(瀆職)의 사건이 퍽은 많이 발로되어 천하의 이목이 현란케 하는 바 있으니 난숙(爛熟) 부패하는 기성층-봉건벌과 자본벌의 사람들이 어느 방면으로 걸어가고 있는가는 너무 명백한 일이다. 더욱이 그의 식민지 방면에 관한 상태는 마치 이베리아인이 그의 해외 영지에서 실패하든 경로를 밟는 것 같다. 그러므로 일본의 기성세력층이 권위와 신망의 실추라는 점은 역사가적 견지로서도 퍽은 유의되는 점일 것이다. 의회의 해산, 당파적 소장(消長)쯤은 이즘에 있어 소소한 문제이다. 민정이 승리하고 무산당이 진출하는 것쯤으로 그 견해를 그쳐두어 부족을 느끼지 않는다.

약소민족운동에 있어서 2대 역량이 있으니 하나는 중국의 국민혁명운동이요 두번째는 인도인의 배영적인 국민운동이다. 후

---

26) 매우 적은 분량.

자에 관하여 이미 각각 논술한 분이 있었고 작술한 바는 그 경개를 일별하므로 족하다는 믿음이 었다. 중국정세에 관하여 평소 이미 논역한 바 있었으니 이제 장제(長提)하고자 아니한다. 중국 국민운동의 국제혁명적 역량이 중요하고 거대한 것은 논자가 논의를 다한 바이니 덧붙일 바가 아니다. 1927년 3월 남경사건을 분수령으로 좌우가 분열되고 민족적 자본벌에 의하여 지지되며 장악된 중간적인 장제스과 그 일파의 남경 국민정부는 작년 1년간 속출하는 내란속에 한갓 분규(紛糾)한[27] 국면을 지나와서 군사상으로는 대체로 성공하였으나 정치적으로는 다분히 성가와 위신이 떨어진 것이 부인할 수없이 되었다.

1927년 3월 좌익과 합작하는 대중적으로 발전되던 중국의 혁명적인 국민운동은 실로 중대한 위기에 적면하였으니 그는 좌익적인 노농층에 기본역량을 두고 전세계 제국주의 열국을 한꺼번에 적대하는 국민적 결사의 길을 밟을까? 그렇지 아니하면 좌익과의 절연을 혈행하고 제국주의 열국과 부분적 혹은 시간적 타협으로 그 전체적인 정면의 충돌을 회피하여야 할까의 기로에 닥친 것이다. 그리하여 그들 민족적 자본벌에 지지되는 장씨를 수뇌로 한 현 남경 국민정부파는 결국 후자를 선택한 것이었다. 그들은 왕왕히 제국주의 국가와의 심밀(深密)한 타협경향에까지 가나 그들로서는 상응한 이유를 가질 것이다. 더욱이 그의 불평등조약의 폐기, 이권회수 운동은 대부의 기득권을 가진 일본과 영국 등 제국주의 국가에게는 의연히 중대한 위협이 되고 소비에트 러시아와 같은 자도 동철(東鐵)을 중심으로 북만주 방면에 중대한 이해관계가 있으니 만큼 중국이 완전한 통일의 세력으로 된다면 좌에 서서 일본과 영국 등 몇 개국과 그 각개적 항쟁이 될 수 있고 그에서 소비에트 러시아에게도 국권 회수의 불집[28]을 일으킬 수 있는 정세로 된 것이었다.

---

27) 말썽 많고 시끄러운.
28) 말썽을 일으키거나 위험한 요소.

그러나 노동당 내각의 영제국과 산동출병 실패 이래의 일제국은 작년에 있어 적이 근신 관망하는 태도를 가지되 더욱이 영국은 일보를 나아가 친근책을 가져서 조계의 환부, 치외법권 철회에 동정하는 기색을 보이며 일본은 동철문제로 인한 러시아·중국 충돌이 전개된 이래 소극으로 유리한 지위에 있었으나 중국에 있어서 반장개석 운동이 있을 때마다 그의 낙역(絡繹)되어[29] 있는 통신망은 항상 과대 혹은 허장적 보도를 보내어 마치 그 분열과 조장을 표하는 것 같은 생각이 있었다. 중국의 현상이 왕왕히 그 정곡을 잃은 소식으로 보도되는 것은 이 까닭이다. 무릇 이간적인 정책의 이면을 고려치 않고서는 솔이(率爾)히 그 선전을 고지 듣지 못할 것이 약소민족에 관련되는 저편의 보도이다.

(『조선일보』, 1930년 1월 10일, 1면).

○ 1930년 1월 11일 중국의 국민혁명운동

중국국민당의 상황, 장개석파와 왕조명의 개조파 사정, 러시아와 중국의 충돌, 장개석과 군벌 염석산의 대립 상황 등에 대해 언급하고 있다.

중국인은 피압박 국민의 하나이다. 그러나 그것은 의연한 큰 국가의 기구를 가지고 제국주의 열국에게 일정한 국가적 항쟁을 할 수 있다는 것을 누구나 간과할 수 없다. 그들의 민족적 자본벌(資本閥)의 생장되는 과정에 평행·의존하는 중간적인 국민당의 일파는 화평통일로 내정의 개혁을 실현하고 제국주의 열국에 대한 각개적 항쟁으로 불평등 조약의 폐기, 이권의 회수(관세 자주권 수립·치외법권철폐·조계회수·교통기관의 회수·열국의 중

---

29) 끊어진.

국에 대한 세력 범위와 특수권익의 배격 등이 그 중요 조항)를 실현하려고 노력하고 있다. 여기에 있어 중국에서 다분으로 기득한 세력범위 혹은 특수권익을 가지고 있는 제국주의 국가, 더욱이 특수권익을 가진 국가로써는 비상한 공포로 쉴 새 없이 그들의 분열 경향을 조장하고 선전하고 있다.

뿐 아니라 봉건적 구군벌의 잔재인 잡색군이 각지에 할거하여 화평통일의 선결조건인 편조(編造)[30]에 반대 하고 그와 대립하는 신분인 군벌인 광서파(廣西派), 산서파(山西派), 동북파(東北派) 등이 음으로 양으로 반중앙적 기세를 발로하고 있다. 게다가 자기들의 야심을 은폐하기 위하여 각각 일정한 구실을 만들게 되니 이는 작년 1년간 장개석에 반대하는 운동이란 자가 꽁지를 맞물고 일어났던 이유였다. 그러나 그 본질로 보아서 갑을(甲乙) 간에 무슨 큰 우열을 가릴수 없는 것이 그들의 일이다.

다수의 잡색군과 더욱이 염석산(閻錫山)과 같은 보다 더 북양적인 봉건적 소질을 가진 자들에 비하여 장개석 측은 차라리 부르조아적 민주주의파로 일단계의 진보적인 것을 시인하지 아니할 수 없다. 만일 그 최좌익인 노농운동측에 있어서는 도시에 있어서도 의식적인 노동자와 인텔리겐티아를 합하여 룸펜적인 무산노동자, 대부(大部)가 가족주의적 의식에 살고 있는 무자각한 노동자에 비하여 대체 2할 이상의 비율이 넘지 못하고 지방농민운동에 있어서는 더구나 절대 다수인 룸펜적인 무자각한 농민력에 대하여 그 침투력이 매우 박약한 바 있다. 생장되는 자본벌의 지지로 병(兵)과 정(政)의 권(權)을 잡고 있는 부르주아적 민주주의에 대하여 목하(目下)[31] 매우 불리한 지위에 있는 것은 면치 못할 정세이다.

이러한 최좌익은 그렇다 하고 스스로 공산당을 비방하는 소부르주아적인 왕조명(汪兆銘) 일파의 개조파(改組派)의 사람들도

---

30) 엮어서 만듦.
31) 지금. 이때.

이와 같이 혼란한 과정기의 중국에서 무력을 장악하지 아니하고 어떻게 다만 장씨 이상으로 북양 군벌적인 대립된 군벌, 특히 반복무상한 그들과 타협하고 조종하고 이용함으로써 용이히 그 목적을 달할 수 있을까? 이는 작년 1년간 수없이 일어났든 반장운동의 경과를 잘 말해주는 바이다.

다만 제국주의 국가에 대한 각개 반항적 정책은 왕왕 그들에게 큰 모순을 가져오게 되니 그는 제국주의 이용이 도리어 그에게 이용되고 마는 경향 그것이다. 그리고 작년 1년간 동철(東鐵)의 무력 회수문제를 기축으로 시종(始終)되는 러시아와 중국의 충돌은 현하 전환되는 중국으로서의 당면된 여실한 현실의 모순이다. 선하거나 악하거나 러시아는 그의 극동진출의 심장부로 동철을 고수하여야 하게 되고 중국 측의 국민운동의 현하과정은 또 그 국권회수에 관하여 무차별한 의욕을 가지게 되는 것인 까닭이다. 이 충돌이 있는 동안 미국을 제외한 기득권의 대부분을 점유한 일본과 영국 양국은 조금도 적화방지의 신성동맹적인 도의감(道義感)을 느껴보지 아니한 것은 그 사건의 현실적인 모순성을 명백하게 외침이다.

그리고 목하 장염(蔣閻)의 대치는 어떻게 귀결될까? 최대한으로 장씨의 정략적 정권양여와 염씨 약점을 포착하는 즉시 장염대전으로 그 승패를 결정하려는 국면을 예상할 수 있다. 염씨로서 잡색군을 모두 포용하고 그리고 장염대전의 결과 어떻게고 일단락이 된다면 군벌청산을 위하여는 편의한 수단으로 되겠다.

요컨대 칼·리북과 로사와 아이스 네르와 베라·쿤이 아울러 넘어가고 무솔리니와 채임벌린과 포앙카레와 스트레제만과 기타 대소의 독재적인 세력이 모든 구주(歐洲)를 지배하고 미합중국과 일제국이 각각 반동 세력의 지지자로 되는 동안 아니 진보적인 구주의 정세가 영·독·불 제국을 필두로 적이 개선된 바 있다 할지라도 자본주의 안정의 시조가 아직 전 세계를 지배하며 극동 제민족의 처지도 저절로 그 정세에 끌리게 되는 것이다. 동방 제민족의 반항운동이 오히려 제국주의 열국의 그 누구든지 간에 큰 균열을 생기게 할 것인가? 그렇다할지라도 제국주의 열국 사이에 생장되는 신전쟁의 위협이 도리어 중대한 역사적 발전계단을 만들 것인가? 세계의 장래는 아직도 십수년의 세월을 보아 그 정체가 판단될 것이다(『조선일보』, 1930년 1월 11일, 1면).

○ 1930년 1월 19일 조선통치의 중대성

조선쌀의 이입 통제 문제에 대해 언급하며 일본 위정 당국의 조선에 대한 몰이해와 미봉책을 비판하고 있으며 이로 인해 조선에는 광명이 없다고 주장하고 있다.

조선미(朝鮮米) 이입 통제 문제에 관한 미곡조사위원회 특별위원회가 16일 동경 수상 관저에서 열렸다. 위원장 전전제정자(前田制定子)와 상산만지진(上山滿之進) 등 수씨로부터 조선미 이입 제한문제에 관한 명확한 취지 성명이 있기를 요구한데 대하여 척무성(拓務省) 측에서는 "이러한 요구는 조선통치의 중대성을 무시하고 아리주의(我利主義)[32]를 말하는 것이므로 이론상으로나 실제상으로나 유해한 것이다"라고 변박(辨駁)[33]하였다. 그리고 "현재 조선 각지에서 학생소요가 빈발하는 이때 이와 같은 식민지를 무시하는 일본 본위의 언동을 하는 것은 불근신한 것이다"라고 단언하였다 한다. 조선미 이입 제한문제에 관하여서도 우리는 수차 논급한 바 있었고 더욱이 광명이 없는 조선에 관하여서는 전후에 다난하고 또 거북한 논평을 하여본 바 여럿이었다.

---

32) 자기중심주의.
33) 옳고 그름을 가려서 논박함.

일본의 정치가·학자·논객·일반 인민들은 조선을 아는지 모르는지 이것은 풍자도 아무것도 아니요 실로 의혹되는 바가 많다. 조선통치의 중대성이라고 단편적으로 가끔 듣는 말이나 필경 어떠한 구체적인 의의를 품은 것인지 그것도 때로 막연하다. 산미증식정책에서 조선미 이입 제한에로 거의 급각도적인 정책의 변경을 보는 것 같은 것도 그 일례이지마는 조선에 관하여 면밀하고 확고한 견해를 가졌는지가 한 의문이요 정책에 관하여 일정한 정안(定案)[34]이 있는지도 또 큰 의문이다. 조선의 처한 바 지리상의 위치가 필연적으로 거듭하여 닥쳐 오는 국제적 화란에 왕왕히 유례가 드물게 수난을 치러온 점에는 자못 피상적인 거리의 아이와 같은 냉조(冷嘲)로만 하면서 그러한 경악할 역사적 참극 속에서 견인한 탄력성을 잠축(潛蓄)하고 왔다는 조선 민족성의 중요한 일면에는 항상 그 학구적 인식을 그릇 치고 있다. 소위 해도묘망(海島杳茫)한 안온한 땅에서 대륙풍진을 소문으로만 듣고 수천년간 생장한 그늘에 오늘날의 행운을 가져온 일본인으로서 이러한 국제적 참화사 속에서 자라난 조선인에게 피상적 관찰로만 만족하는 것은 금물일 것이다.

일본의 정치가들은 유물사관적인 현대의 사상은 극력 배제하면서 자신들은 퍽은 유물론적인 사회관찰에만 치우치는 것같다. 그들은 조선인의 피폐하여 가는 시가를 보고 왜소한 농촌가옥을 보고 무직한 청년들을 보고 유랑하는 빈농들을 보면서 이러한 인과의 관계가 어디에 있는지 또는 그 장래가 무엇을 말하는 것인지 통찰할 현명이 결하였다. 겸제(箝制)[35]와 진압이라는 힘의 요소만 점검하고 갑과 을의 대비가 가장 차이가 있는데에서만 안심의 길을 찾는다.

광명이 없는 실망적인 조선인의 전도가 어찌하여 중대한 고려의 조건이 아니 될까? 오직 책임 면제를 위한 미봉적인 태도가

---

34) 정해진 안이나 의견.
35) 자유롭지 못하게 억누름.

그들에게 일관하지는 않는가? 책임 면제만을 꾀하는 곳에 이에서 매거(枚擧)[36]함을 허치 않는 상하대소의 실책이 생긴다. 조선 문제에 관하여 일차의 명확한 의견을 표시한 정치가도 없이 오직 조선에 거주한지 수십 년에 고정된 통찰력이 소마(消磨)된 선입주적(先入主的)인 하급리료(下級吏僚)들의 헌책(獻策)에만 의지하여 다분(多分)으로 좌우된다 하면 조선의 문제는 언제나 광명이 없을 것이다.

오인은 이제에 있어 논평의 자유를 가지지 못한 것이 유감이다. 더욱이 구체적 규정적으로 나갈수 없는 것이 안타깝다. 그러나 이러한 막연한 말은 부쳐둘수 있다. 즉 오늘날의 조선인은 실패한 민족이다. 이것은 부인할 바 못 된다. 그러나 전 동방의 제 인민의 속에서 고래로 일정한 문명으로 동일한 수준에서 생활하여 오던 인민인 것을 생각하여야 할 것이다. 더욱이 목하의 형세를 결정적으로 만든 것은 반세기 남짓한 최근의 일이었고 그 이전에 있어서는 전연히 그 사정을 달리하였던 것을 간과하면 안 될 것이다. 일본인은 너무 조선을 그릇 인식하고 모든 과소평가를 위하여 노력하는 것도 같다. 그러면 조선통치의 중대성은 과연 어느 정도의 정곡(正鵠)한 인식을 가졌는가?(『조선일보』, 1930년 1월 19일, 1면 1단).

○ 1930년 1월 29일 조선상고사 관견 서(序)

조선일보에 「조선상고사 관견」을 연재하며 이 글을 쓰는 취지를 밝히고 있다. 옥중에서 조선사에 관심을 가졌으며 세계사적 보편성 속에서 민족사의 특수 경향을 살펴보기 위한 연구 논점도 제시했다.

---

36) 낱낱이 들어 말함.

〈사진 3〉 조선상고사 관견 서
(『조선일보』 1930. 1. 29)

소서(小序)

나는 학도일 셈이면서 학도되지 아니한 자이다. 더욱이 조선사의 학도라고 자임할 만한 포부를 가진 자도 못 된다. 오직 조선 일에 관심하는 한 사람으로 우연과 같이 그 역사에 대하여서도 다소 유의(留意)하는 자일쯤이다. 소년시기에 민멸(泯滅)[37]된 조선사업(朝鮮史業)을 위하여 "그의 수집과 자작(自作)으로 그 소임을 삼겠다"는 상망(想望)만은 가져본 적도 있지만 나의 생애는 이를 허락하지 않았다. 왕년 기미년 직전 향촌에 만거(蠻居)하던 시대에 사서를 섭렵하던 일이 있었고 이어서 누설(縲絏)[38]의 중에서 또 그를 탐독하던 바도 있었으나 나와서는 문득 놓았다.

그 뒤에는 공총(倥傯)한[39] 속무의 속에 이것을 관심할 겨를조차 거의 없었다. 작년 여름 필화로 다시 입옥하게 될때 일편의 마음이 조선민족에 관한 무엇이고 더 한번 탐색을 추구해서 장래 문제에 무슨 새로운 암시라도 얻고자 조선사에 관한 제문헌을 고쳐서 섭렵키로 하였다. 이때에는 민족성의 특수한 경향을 믿는 점과 또 그의 처한 바 지리상의 위치가 역대에 거푸 오는

---

37) 자취나 흔적이 아주 없어짐.
38) 감옥 생활.
39) 바쁜.

무수한 민족적 수난을 겪어오게 하였음에 대하여 일단의 통심(痛心)이 있었을 뿐이었으니 요컨대 결국은 이렇다 할 수확을 가져오지 못하고 마친 것이었다.

그러나 최종으로 사회과학을 연구하는 입문의 일방 편으로 겨우 허여된 『고대사회』(루이스 모오건 지음. 高畠素之 譯) 열독하기 시작하여 전혀 우연한 암시를 받은 것이 원인으로 영쇄산일(零碎散逸)[40]한 조선의 고문헌에 대하여 언어·토속·종교 등 학(學)에 의거한 고대사회학적 고찰을 가하기로 되었었다. 그 연구가 어느 경지에까지 진보된 후에는 그 본래의 목적보담도 단순한 타성으로 연구하기 위한 연구자의 태도로 전환되어 결국은 침식을 잊을 만큼 된 때가 있었다. 그 결과는 원시시대로부터 야만·미개 문명의 각시기를 통하여 진보·발전되어 온 조선인의 문화의 자취가 전세계 인류사 즉, 동서 각민족의 발전되어온 그것과 부절(符節)[41]을 합한 것 같고 도리어 그 윤곽과 형태가 또렷하고 한결같은 점이 있을 뿐 아니라 조선 고문헌 위에 있어 각각 의문으로 부친 바도 따라서 천명되는 바 있음을 깨닫고 매우 얕지 아니한 흥미를 가지게 되었다. 이것이 이제 여기에 집필하게 된 경위였다.

조선사는 상고 각시대를 통하여 원래 용이하게 단안을 내리기 어려운 자 많다. 더욱이 인위적 수난이 금고(今古)를 통하여 심상치 않은 혼란과 착종(錯綜)[42]을 오게한 까닭에 그 대신 쉽게 손을 댈 바가 못 되고 나로서는 이제 이 방면에 주력할 시간도 가지지 못하였다. 그러나 발표하는 부분에 관하여는 얼만큼의 단정적인 확신을 가지는 자도 있고 혹은 중요한 제시로 될 자도 있으며 줄잡아서 상응한 흥미를 조선사에 관심하는 인사에게 줄 자신이 있다. 이것이 여기에 집필하는 한 이유이요, 또는 내

---

40) 산만하게 흩어짐.
41) 꼭 들어맞음.
42) 여러 가지가 섞여 엉클어짐.

가 이제부터 좀더 시하(時下)⁴³⁾에 유용한 학술과 문헌을 뒤적거려 읽고 생각하여 보려함에 당하여 어찌한지 거저 내던지기에는 전공(前功)⁴⁴⁾이 아까운 치기(稚氣)도 있어서 어떻게고 이제까지 관심하여오던 이 방면에 대하여 그 일부의 청산이라도 끝을 막자는 단순한 생각이 또 집필하는 한 이유가 되는 것이다.

그러므로 나로서는 망중한(忙中閑)을 맨 들어서 시키지 않는 바쁜 짓을 하기로 된 것이다. 아무쪼록 사계(斯界)에 개(開)한 내외 대가(大家)와 제씨의 호의의 질정(叱正)⁴⁵⁾이 있기를 미리 비는 것이 다 이제 이 관견(管見)에 의하여

1. 유사 이전의 선민생활 즉 단군이전의 사회상태를 방불케 할 것.
2. 의문 중에 있는 족명·인명·직명·지명 혹은 그 지점 등에 관하여 상응한 해답을 줄 것(그 중 마한 금마저 소재지의 판명 같은 예).
3. 단군에 대한 특별한 해석.
4. 은기자동래설과 그에 의존 하는 제문헌의 근본적 파쇄(破碎).
5. 조선과 일본의 고대 사상에 미치는 어느 정도의 파혹(破惑).⁴⁶⁾
6. 중국문화에 대한 조선소(朝鮮素).
7. 이 모든 조건을 통하여 조선사가 가지는 특수한 범주 등이 우선 그 성과라고 믿는다(『조선일보』, 1930년 1월 29일, 4면 1단).

---

43) 이때에.
44) 전에 세운 공적이나 공로.
45) 꾸짖어 바로 잡음.
46) 의혹을 풀어 버림.

○ 1930년 1월 30일 동이(東夷)와 그의 어의(語義)

비교언어학적 관점에서 '이'의 어원과 다양한 용례를 제시 분석하고 있다.

태고의 원시상태에 있는 전사(前史)시대의 선민생활의 자취를 뒤져내는 데는 무엇보담도 언어학·사속학(士俗學)·신화학·비교종교학 등 고대사회에 관한 제 학문을 요한다. 그러나 나와 같은 속학배(俗學輩)로서 그것은 거의 불가능하고 그렇다고 그 방면에 새삼스러운 학구적 방향 전환을 할 수도 없다. 그러므로 겨우 아는 단편적인 이 방면의 지식을 힘삼아서 약간의 견해를 부치는데 스스로 만족하려 한다. 특히 비교언어학적 연구에 있어서는 조선어와 한 가지 우랄알타이 어계에 속한 만주어·몽고어·여진어·흉노어·토이기어(土耳其語)[47] 등을 참고할 필요가 있으나 오직 한자 음의의 전변(轉變)한 자취와 일본어와의 주장으로 대조키로 할 밖에 없는 것은 퍽 결연(缺然)한[48] 바이다.

조선의 언어는 그 종적인 발전의 체계에서 횡적인 병렬의 유휘(類彙)에서 가장 철학적 조리와 예술적 균제를 갖추어서 비록 속학자의 어설픈 탐구로도 왕왕히 고사상의 비오(秘奧)[49]와 고생활의 진적(眞迹)[50]을 방불하게 할 수 있으다. 그는 하찮은 듯한 어류(語類)의 품별에도 여가이 아닌 옛 사회생활의 문화적 노층(露層)[51]을 곳곳에서 발견하게 되는 이유이다.

조선에는 언어의 비교연구로 소이(小異)한 수개의 씨족에서 비롯한 수개의 부족이 혼합하여 일대 민족을 형성한 경로가 뚜

---

47) 터키어의 음역.
48) 모자라는.
49) 오묘한 신비.
50) 참된 흔적.
51) 드러나는 모습.

렷이 보인다 할 것이다. 인(人)에 관한 명사와 그에 긴밀한 관련을 가진 천(天) 혹은 태양에 관한 명사가 대체로 3~4종을 산(算)하게 되는 것은 아마 그 유례가 드물은 귀중한 문화적 기념탑이라 하겠다. 가장 후생어라고 보이는 사람, 하급의 노동자게 사용하게 되는 군(지겟군, 상둣군의 예), 흔히 이서(吏胥)에 한하여 사용되던 빚(軍器 빗, 전세빗의 예, 일본어 ヒト의 원어) 등이 그 실례이다.

그러나 그들보담도 일층 그 어휘가 넓고 용례가 많은 것은 '이'라는 말이다. 이 이, 저 이의 예는 고사하고 어린 '이', 젊은 '이', 아는 '이', 미운 '이' 등 사람과 동일한 범위로 사용되는 『인』에 대한 명사이다(キィ, メィ 등 일본에 공통어가 있으므로 보아 최고층의 인에 대한 명사일 것이다). 이것이 동시에 무한지속하는 우주생명에 관한 명사로 되어 '이' 음은 현행어이다. 이(是)는 인생중심의 우주관의 간소한 한 형식일 색상계의 제일칭으로 된 것 등도 중요한 관찰점이다. 후생어일 목숨(이것은 자기가 영유·활용할 시간상으로 상대적인 존귀한 생명의 의미로써 인생철학이 함축되었다. 즉 목은 버차지의 뜻이요 슴은 씀, 즉 사용의 뜻으로 반드시 근대적인 후생어일 것이다)에 대한 고생어로서 이 늘(생명, 일본어 イノチ), 말(言)의 고형인 일음(イフ), 명(名)의 이름, 사(事)의 일, 개시(開始)의 이얼 성공의 이룸 등이 모두 동일한 어휘에서 번짐이다. 생명과 섭양의 존귀한 재료로 자체로도 갸륵한 생명체의 한품종인 도(稻)[52]의 '이'(일본어 イネ의 원어)도 모두 동일하다.

자연계에 있어 지수화풍의 하나인 수(水)와 우주의 한 소체로 신념하고 인식되던 인체의 혈액 등을 모두 동질이형의 것으로 믿었음에 물의 고어는 '이'로(애니미즘적 경향을 유의) 이를 인체 각부의 명사에 징하건대 입(口)은 생명의 흡입되는 곳, 이앙(胃)

---

52) 벼.

은 생명의 (앙의 意義는 별론) 취회(聚會)된 곳, 위장은 이앙에 연접한 측벽, 이얼(膽)은 생명 즉 액체의 유주(流注)하는 곳, 씰개는 후생어, 이엄통(心臟)은 생명의 정축되어 있는 근원, 이업구리(脇)는 액체가 유통하는 방구(수리는 口의 별칭, 예아구리) 등의 어의로서 어떻게나 동일한 체계를 세워 나간 조리와 균제를 아우른 언어임을 알 것이다.

ィツミ의 일본어에서 이듬(男根의 한 異稱으로 泉의 개념을 가졌다. 필자의 아는 마한고역에 이 속어가 있다)의 '이'가 수를 의미함을 상정하려니와 현존한 언어에 하류(下流) 혹은 탄(灘)을 이얼(列)(열수(列水), 이에 준할 수□ 대조), 수류(水流)의 중앙을 이엉, (牙山灣, 진위·안성 양천이 합류하는 계양강의 하류 수도의 중앙에 이엉바위(永岩)가 있다) 연유(沿流)의 양안에 이업골(側谷)의 지명이 거의 반드시 있는 것 등은 '이' 그것이 본래 생명을 의미하는 말도 그에 해당한 전기 각종에 통용되는 말인 것을 알 것이다.

이제 인(人)에 한하여 그의 활용되는 형식을 일별하건대 이, 인, 아이, 소인, 어이, 대인, 즉 친(オヤ), 업어이, 부(父)친, 엄어이, 모친, 지업어이, 부(父), 지엄어이, 부(婦), 아지, 엄어이, 숙모, 아지업어이, 숙부 등을 열거할 수 있다. 이는 종대종궁(從大從弓) 동방지인(東方之人)이라고 설문의 주해를 이미 다 아는 바이지만 고음이 대라고 하여 되(狄)의 사음(寫音)을 겸한 것을 (최남선 씨 설) 상상하기 전에 먼저 이로써 자칭하고 또 타칭하는 고대 진인의 칭호에 대하여 대궁(大弓)의 뜻과 한 가지 이의 표음까지 취한 것임을 단정할 수 있다. 임둔(臨屯)의 고지명은 이엄통의 예에서와 같이 강하(江河)의 발원지인데서 기원한 것이라고 상상된다(『조선일보』, 1930년 1월 30일, 4면 1단).

○ 1930년 1월 31일 아지엄어이 시대

조선상고사의 시작은 여계중심의 아지엄어이 시대, 즉 성모시대라고 주장하고 있다.

고대사회의 발전 계단은 식료의 변득(變得)을 중심으로 의복과 주거 등 재료의 제작을 위한 생존상 제기술의 진보 발달과 인적조건에 있어서 종족의 사회적 진화의 제 계단을 밟아 나오는 것과 그 전형적인 경위를 가짐이 필요한 것이다. 조선의 선민이 서방의 요충지로부터 알타이·천산(天山) 산맥을 따라서 동방으로 옮겨 온 이후 그들이 다시 원생지라고 믿던 배어들(배어틀이라고도 하는 天坪과 평양의 최고 어형)이라는 각개의 지구(地區)에 취거하게 될 때에는 극히 원시적인 수집경제로부터 그 다음 기인 어획 혹은 수렵 경제의 계단을 지나게 되었다.

사회적 제도는 아지엄어이라는 여계 중심의 족장사회로부터 필경은 지엄어이라는 여계 추장과 지업어이라는 남계 추장의 병립하는 과도 형태의 시기를 거쳐 지업어이로부터 지아리 혹 기아리(최남선 씨 지음, 『아시조선』 중 기아지 조선장 참조) 등의 완전한 남계 추장을 중심으로 한 초기적 국가를 가서 와서 보다 더 진보된 부족연합과 그의 합동에 의한 근대식 국가의 조직을 오게까지 한 것이니 본장에는 오직 아지엄어이 시대에 관하여 서술하려 한다.

우선 가족상의 용어를 연구하건대 누이, 언니의 명사가 '犮, 丫'의 그것에서와 같이 분포의 범위가 넓고 또 혈통적 동렬에 있어 친족 인척에까지 거의 제한 없이 적용되는 말인 것인 만큼 고생어로서 부가장제가 생장되기 전 훨씬 요원한 시기에 동일한 혈족 혹은 씨족의 성원 중에 동복(同腹)의 남매(男妹)로부터 멀리는 동렬의 남녀 성원에게 사용하던 바인 것을 알 것이다. 아지엄어이와 아지업어이가 숙모나 숙부의 의미로 누이와 언니의 예에서처럼 무한히 넓게 적용될 수 있는 점으로 족제(族制)에 관한 최초의 고생어로 여계중심의 혈족사회시대부터 기원된 말임을 수긍하겠다.

아지, 아리, 알 등이 자, 지란, 하 등에 해당한 말인 것은 이제 일일이 논증함을 요치 않는다. 그리고 아지 혹은 아리는 어떠한 경로로 그 어의가 전화(轉化)한 지 알 수 없으나 결국은 고대 사람의 하늘 즉 상천숭배(上天崇拜)와 천인동체(天人同體)라는 신앙과 연결된 천자 혹은 천민사상에 의한 바로 아지엄어이(줄여서 아주머니 혹 아지메)는 현대의 어의에서 숙모로서 보담도 일종의 장상(長上)으로 신속양계에 걸쳐서 성직을 가진 원시적인 기관의 칭호가 된 것이니 부여(夫餘)와 제국에서 보던 진보된 그것보다도 훨씬 원시적인 숭천의 의식과 조술한 통재(統載)의식을 집행하던 자일 것이다.

신라의 초기 역사는 대체로 전설시대의 구원한 사적을 취합·편성한 것인만큼 연대에 있어서도 상당 요원한 거리가 있을 것이다. 신라초기에서 보이는 군무추장(軍務酋長)이나 법왕(法王)에 해당하는 혁거세거서간(赫居世居西干)과 남해차차웅(南解次次雄) 등으로 대표되는 부족의 연합으로부터 근대식 국가로 과정하기 훨씬 오랜 옛적에 아지엄어이의 통재(統裁)하는[53] 씨족사회가 있었음을 명시하는 바이다(『조선일보』, 1930년 1월 31일, 4면 1단).

○ 1930년 2월 1일
가상부부(假想夫婦) 지상대피로연(誌上大披露宴)

당시 활동이 왕성했던 안재홍과 지인인 천도교의 이종린이 부부처럼 잘 어울린다는 것을 가상부부로 해서 쓴 내용이다.

---

53) 통솔하여 다스림.

주례관상자: 두분은 무슨 일을 주선하는데도 부지런할 뿐 아니라 여러 가지로 비슷한 점이 많은 즉 아주 부부격(夫婦格)으로 결합하여 봉산(鳳山)[54]은 부군(夫君) 민세(民世)는 처군(妻君)이 되어 여러 일을 잘 요리할 것 같으면 효과가 매우 클 것이다. 그런데 두 분이 다 많은 집회에 참석을 잘 하시니까 식모가 찬밥 먹기에 거북할 것이다(『별건곤』 26호, 1930년 2월호).

○ 1930년 2월 1일 아지어엄이 시대

성에 기초한 여계중심의 혈족사회인 아지엄어이 시대는 초기에 굴과 움집에서 말기에는 울이라는 공동 가옥속에 살았고 수렵과 채집 경제에 기초했으며 자연을 숭배했고 후기에는 마을을 형성했다.

아지엄어이 시대를 사회학적 견지에 의하여 설명하면 소위 고위기(高位期)의 야만시대까지를 거쳐 미개시대라고 하는 차기에 넘어가려 하는 시대까지의 일이다.

그 인민은 군혼(群婚)과 단체혼의 제도로써 성에 기초한 단순한 사회조직의 형태를 가진 여계중심의 혈족시대이다. 주거는 굴이란 혈거와 움이란 혈거로부터 차기의 가옥구조에의 과도 형식인 반혈반옥(半穴半屋)의 원시적 건물을 가졌다가 말기에는 울이라고 하는 조솔한 목책(울타리)을 두른 공동가옥을 발명하게 되었다. 머루·들쭉·밤·배와 기타 과실과 초근목피와 조수 등의 초식과 육식을 아우른 얻음 경제(일본어 ァッム는 수집(蒐集)을 의미하니 얻음(得)의 전와일 것)로 시작하였다. 돌과 뼈 등으로 만든 창검이 발명되며 전투용 몽둥이가 제작되며 간소한 올미의 사용과 아울러 가리 경제(조선에는 가리를 어렵(漁獵)에

---

54) 이종린(李鍾麟, 1883~1950): 언론인. 정치인. 천도교 지도자.

관한 독립된 명사로 쓰는 예가 현재에 없어졌으나 어획수단에 관하여 통발같이 생긴 가리의 기구가 있고 그를 사용하는 어획 행위를 가리질이라 하고 생노행위(生蘆行爲)의 한 원시형인 경작을 가리라함 등에 의하여 일본어 カリ는 조선어계에 속한다. 가리는 걸리라는 말과 동일함)가 발명되게 되었다.

그들은 대체로 형천호해(洞川湖海)가 극히 드문 북아세아의 지역을 거쳐 왔고 만주와 한반도 북부 고지대와 산악지대에 터를 잡았다. 수렵은 거의 조수(鳥獸)에 한하였고 어류를 먹는 일이 퍽은 드물었다. 육류를 고기라고 하여 일본어 クガ가 그 전와인데 어류를 물고기라고 한 것은 산악으로부터 하천 연안에 내려와 각 방면으로 생활상 한 전기를 짓던 시대에 생긴 일일 것이다(일본어 ゥキ 혹은 サカナ는 해국인 만큼 전연 별계의 언어인 것 같다).

지수화풍(地水火風)을 숭배하고 물신숭배하는 것은 동서 제민족의 이 시대에 공통되는 신앙과정이다. 산악과 고지에 생활의 인연이 가장 깊은 그들은 그의 독특한 경천사상과 한 가지 산악을 신형강척(神型降陟)의 곳으로 믿어 숭경함이 자별(自別)하였다. 하천지대에 그 생활의 중심이 옮김에 따라서 하천을 신성시하고 숭배함이 산악에서와 같았으며(이 점은 최남선 씨 아시조선에 상술) 곰과 범 같은 것은 모두 신수(神獸)로서 끔찍하게 여겼다.

그러나 활과 화살이 발명되어 수렵의 수단이 일대 진보를 하며 불을 사용하게됨이 이와 함께하니 음식의 재료로 인하여 국한되던 생활은 크게 활기를 띄고 종족의 번영이 따라서 장족의 진보를 가져오게 되니 움으로부터 울이란 공동가옥과 그의 집합인 촌락－마을을 형성하게 된 것이 이때이다. 이러한 경제적 강작(降作)은 저절로 활발한 종족이동을 나타내어 그 지역을 넓히 나가 점유하게 되었고 궁시를 전쟁에 이용함에 인하여 대궁예시(大弓銳矢)가 인근 민족의 외섭(畏慴)하는[55] 초점으로 되었다.

---

55) 두려움을 느끼게 하다.

그리고 공동가옥인 울의 발명과 함께 발달되는 사상은 아지엄어이 이를 통하여 관념되는 대신(大神)[56]혹은 여신(女神) 신앙과 한가지 호망(浩茫)한[57] 천계 그것을 한울-대하(大廈)[58]라고 관념하는 신앙의 철학적 진경 그것이었다.

　　이러한 물심양면의 중요한 변동은 당연히 촌락정치를 토대로 한 미개시대의 생존의 기구를 가져오게 되었다. 아지엄어이의 시대는 지업어이(남계족장) 시대를 지나 마을지(莫離支의 고형, 촌장, ムラジ(連)는 동일어음일 것) 또는 지아리 시대의 출현은 오직 시간의 문제로만 되게 하였다. 그러나 지아리 시대가 완성하기 전에 나타난 것은 단굴 혹은 땅걸인 단군시대의 출현이다. 이 시대는 상대적 견지에서 아득한 수천년의 기간을 가졌을 것이다(『조선일보』, 1930년 2월 1일 4면, 1단).

○ 1930년 2월 2일 아지엄어이 시대

　아지엄어이 시대에 대한 비교언어학과 신화에 대한 비교를 통해 조선과 일본의 유사성을 분석하고, 조선 각지역의 지명을 근거로 들고 있다.

　　언어학적 연구에 있어 일본인의 근간 민족을 형성한 예종족(濊種族)을 주로 한 조선인의 일파가 일본에 이주하기를 시작한 것은 전술한 아지엄어이 시대인 극히 원시적인 시대로부터 목축시대에까지 그 대부가 도항하였다. 농업이 발명되고 근대식 국가가 형성될 전후부터는 벌써 상당한 민족적 분화를 이루어 드디어 오늘날의 게르만과 앵글로색슨 쯤의 종족적 관계로 되고

---

56)　최고의 신.
57)　넓고 아득한.
58)　넓고 큰 집.

말은 것이다. 우마양돈(牛馬羊豚)과 웅(熊), 계(鷄), 학(鶴), 아(鵞), 부(鳧), 압(鴨)(カモ, 조선의 구(鷗)와 동어), 연(鳶), 안(雁) 등 날짐승과 가축의 명사는 거의 동일하되 농업에 관하여는 전지(田地) 등 명사를 제한 외에 곡류에 관하여는 거의 공통한 언어를 가지지 아니하였다.

재산·영토·주권의 삼요소가 형성되어 바야흐로 근대식 국가가 출현하려는 시대에 관하여는 고을(고을은 영토구성의 초기이다)의 전와인 ゴオリ를 그대로 가진 외에 기타는 거의 다 훨씬 전대적인 신정(神政)에 관한 다소의 어휘를 가졌을 쯤이며, 고을의 연합·합동에 의한 나라의 건설시대에 관하여는 나라(奈良)의 일본어가 건너가 있을쯤이나 그것도 한 고립어에 지나지 않는다.

그런고로 조선어를 종계적·횡렬적으로 검토하여 사회진화의 계단과 병행하는 발생적 과정을 찾아내고 이에 일본어의 그것으로써 대조할 때에는 고문화에 관한 진적(陳迹)만은 뚜렷이 나타나는데 다시 고문헌의 단편적인 자로 이에 방증하면 거의 틀림이 없는 해답을 얻게되는 것이다. アマ, アメ 등 하늘에 의한 일본어가 여성에 관한 최고형같이 된 해녀(アマ) 그것과 한 가지 엄어이, 어메 1보를 나아가서는 암아이(牝兒)라는 여성에 관한 최고형의 언어와 동일한 것은 전술한 바 있다. 천아옥근명(天兒屋根命)이 대신(大神)을 청하는 축사에 オク, アジメ, オ, オオ 운운의 말이 있어 오게, 아지메, 오, 오오로서 전연 평등적인 용어인 동시에 틀림없는 동남부 영남에서의 숙모를 부르는 방언이 되고 アジメ는 곧 천신이자 대신의 대칭대명사를 의미하는 것이니 그는 여신으로서의 대신이 아지메를 통하여 관념되었음을 표증함일 것이다.

이것이 아지엄어이 시대 존재의 비교언어학적·신화학적(神話學的) 한 방증이다. 위원(葦原)의 アシハラ는 아지벌의 전와로서 신라본기 제1 파사왕(婆娑王) 23년조에 실직곡국(悉直谷國)과 강토를 다투었다는 음즙벌국(音汁伐國)은 아지벌의 표음으로 명백한 アシハラ 원어로 되었다. 안협(安峽)의 아진압(阿珍押)은 아지어와 비슷하고 나주 속현의 아차산(阿次山)은 이지뫼, 구월산의 일명인 아사달은 아지따, 전술한 아진포(阿珍浦)는 아지개로서 시대의 유운(遺韻)을 붙인 것이다. 동북 해안에 인문의 발달이 가장 후진적이므로 고구려 등 대국에게 복속되어 '우송기미녀(又送其美女), 이위비첩(以爲婢妾)(위지(魏志), 동이전)'의 지위에 만족하였다는 옥저(沃沮)제국도 혹은 아지엄 시대의 고운(古韻)을 그대로 계승한 명칭이었을는지 모를 것이다.

얼음과 가리(狩獵)의 경제는 필연적으로 원시공산시대를 드러내는 것이다. '우리, 울'(공동가옥) 등 인격과 가옥의 명칭이 복수(非個人主義的)로 되었고 나, 너, 남(第三稱), 놈, 누이, 언니 등 인칭에 관한 행사(行詞)가 대부로 같은 위계의 어형이어서 존비의 차별이 없다. 물(物)의 최고형 어인 몬(モノ)이 것(고을 형성시기에 생긴 후생어) 그것처럼 소유격을 의미함이 없는 점 등으로 보아 이 시대는 물론 그 후기인 촌락정치 시대를 지나 군(郡)(고을) 정치가 형성되던 전기까지 즉 단군시대의 초기로부터 민주적인 원시공산의 생활이 지속되었던 것을 반증하게 되는 것이다『조선일보』, 1930년 2월 2일, 4면 1단).

○ 1930년 2월 3일 단군시대의 특징

단군은 여수장(女首長)인 아지엄어이 시대를 지나 남수장(男首長) 씨족제의 세습 수장으로 배어들인 원생지가 존재했으며 이와 관련이 있는 9개의 동물 토템을 제시하고 있다.

이제는 단군에 관하여 서술코자 한다. 혈족사회인 아지엄어이
시대의 종언과 한가지 보다더 진보적인 씨족사회의 시대는 출현
하지 아니할 수 없다. 씨족의 사회는 여수장(女首長)으로부터 남

수장(男首長)에 전화되는 과도적 차이는 있을 망정 일정한 수장을 중심으로 민족사회가 형성되고 그리하여 포족(胞族) 그리하여 부족으로 차차 역사적인 발달과정을 밟아가는 것은 식자가 다 아는 바이다. 종교적 관념이 일정한 경지에까지 진보되어 숭배형식이 제정되는 것은 씨족제(氏族制)의 밑에서가 아니고서는 아니된다(이로코이 씨족의 예: 會議爐). 덕, 두막 중심으로 하는 그들의 회의에는 남녀 약간의 신앙수호자가 선출되고 세습 수장은 직권적인 신앙수호자로서 교화와 축제의 의식을 맞이하는 것이며 재액을 풀고 질병을 나으리며 행복을 가져오게 하는 마술회의(굿)를 주재하는 것이 그의 직권이요 직책인 것이다.

그리고 이러한 씨족집단의 사회는 대체로 지리의 편을 가진 일정한 지역을 근거로 하고 그 근거지에는 왕왕히 원생지(原生地)란 명칭을 가지게 되는 것이다. 그런 고로 단군시대에 관하여는 씨족제, 세습적인 자를 겹들인 수장, 원생지(領土가 아님) 등 3요소를 필수로 하는 것이다. 그리하여 원생지는 배어들 혹 배어따(평양, 부여 비류 등이 동일어의 전화) 등으로 표시된 바이고 수장은 지업어이 혹은 마을지로 된 것이라고 우선 해석된다.

남은 것은 씨족제 문제이다. 이제 씨족제에 관한 사상을 간단히 고찰하고 다시 모든 종류의 사력(事歷)을 모조리 검토하려한다. 조선의 선민은 씨족에 관하여 명백한 자취를 알 수 없다. 이는 구원한 역사를 가진 인민의 통례로 되었다. 그러나 신라 6성의 부여(賦與)는 사적의 기록보담도 훨씬 후대의 일이라고 학자가 인정하는 바이다. 일반의 씨칭은 고려시대의 일로써 그 전대에는 거의 없었으니 이도 자못 이례의 일이다. 고대 사회사상에 있어 씨족의 흔적을 남기지 않은 자 그 예가 없지 아니 하니 북미 컬럼비아강 유역을 그의 요람지로서 멀리 대서양과 태평양 연안 방면에까지 전개된 까노와니아 종족은 그의 광원한 분포와 허구한 이동으로 드디어 씨족제를 잃어버렸다는 것이다.

고진인(古震人)이 동몽고와 북남만주와 지나 본부의 동부 여러 지역과 조선반도에까지 멀리나 멀리 이주해 분포하는 동안 씨족의 전통을 잊어버리기쯤은 그럴 수 있는 일이다. 단군의 후예가 박씨와 백씨가 되고 개마국(蓋馬國)의 후예가 지씨가 되었다는 것 등 단편적인 자가 전혀 없지 아니 하나 대체로 고증할 길이 없다. 그러나 이제 추가 서술할 인(人), 일(日), 천(天)등 씨족제와 관련이 깊은 모든 방언에 관하여 일별하건대 음어(音語)의 분화는 동일 종족에 있어서도 사회진화의 계단을 따라 항상 변동이 있는 바이다. 그와 같이 대략 4~5의 소이한 방언을 가진 근친적인 씨족으로부터 발전된 4~5의 기본적인 부족이 있어서 합동한 한민족 단체를 구성하였다고 보겠는데, 이러한 4~5 씨족도 그 아득한 옛적에는 동일한 대모(맨한머니)로부터 물려 내려온 동포이라고 해석되는 것은 물론이다. 이에 북미와 호주 등 미개 시기 혹은 야만의 고위기에 속한 제 종족의 씨족제의 예를 본받아 이를 추상하건대 저씨족(猪氏族)·낭씨족(狼氏族)·웅씨족(熊氏族)·일씨족(日氏族)·여씨족(慮氏族)·사씨족(蛇氏族)·우씨족(牛氏族)·마씨족(馬氏族)·용씨족(龍氏族) 등이 있었다(『조선일보』, 1930년 2월 3일, 4면 1단).

○ 1930년 2월 4일 단군은 씨족사회의 세습 수장이자 역사적 인물

저씨족(猪氏族)·낭씨족(狼氏族)·웅씨족(熊氏族)·일씨족(日氏族)·여씨족(慮氏族)·사씨족(蛇氏族)·우씨족(牛氏族)·마씨족(馬氏族)·용씨족(龍氏族) 등 9개 토템에 대해 구체적인 특징을 소개한 후 이들 씨족과 관련이 있는 단군은 백두산 아래 천평에서 씨족사회를 형성하며 정치를 시작하며 세습 수장이었고 초기에는 씨족 사회의 단군이었으나 이후 부족사회의 단군으로 발전했다고 보고 있다. 따라서 단군은 역사적 인물이라고 강조하고 있다.

　　저(狄)씨족은 최초에 만주 방면에 이주한 선주민족으로 되의 칭호를 받던 자이다. 한문의 적(狄)으로 개와 불을 쫓았으니 수렵을 하여 짐승 가죽옷을 입고 불을 사용하든 족속으로 따기라는 지방공민과 닥(狄의 古音)과의 어음이 동일한 것도 주의할 점이거니와 고운 최치원의 출생이야기에 금저전설(金猪傳說)이 있느니 만큼 고대의 한 씨족명칭이 되었을 것이다. 낭(이리) 씨족은 '이'라고 자칭하는 대부 인민의 선조가 된 씨족일 것이니 몽고 성길사한(成吉思汗)[59]의 선조 출생이야기에 청랑전설(靑狼傳說)이 있느니 만큼 그 가능성이 있다. 그들은 보담더 애니미즘적 경향을 가진 종족이었을 것이다.
　　웅(곰)씨족은 삼국유사 머릿장에 환웅천왕이 웅녀와 가혼(假婚)한 전설을 기록했기에 명백한 것이다. 곰 그것을 신수(神獸)로 생각하는 것이 현재 북방 여러 종족 사이에 남아있는 것은 말할 것도 없고 이 민족은 '당걸'을 세습하는 특권을 가졌던 것 같이 보인다. 태양에 관한 지식이 진보일 한 정(精)사상의 구성과 한 가지로 일(日), 해(解)씨족으로 칭한 호(虎)씨족은 즉 사(蛇)(배암)씨족과 조선어음이 매우 유사하고 또 잉(배음)의 어의와도 동일한 음휘에 속하니 현재 위치를 '선앙'의 신 혹은 그 사자(使者)로 믿는 토속이 있다.
　　우(소)씨족은 주곡(主穀)의 임무라도 맡았던 듯한 종족으로 웅족·호족과 잘 협동하였을 중요한 종족이다. 소를 조상이라 하는 토속적 전설이 매우 넓게 펴져 있다. 일본 구주 북안에 있어 신라의 지지를 많이 받던 구마소(雄襲)의 명칭이 흥미 있는 것이다. 마(말)씨족은 말의 어휘 음휘가 아울러 넓은 점으로 또 부여 관제에 마가·우가·구가·저가 등 명칭이 있느니 만큼 마씨족이

---

59) 징기스칸.

있었을 것이다. 용(미리)씨족은 산천·소(沼)·호(湖) 등 허다한 용명과 용전설을 가진 자 있을 뿐 아니라 미리의 고유어와 함께 뿌리깊은 용의 존숭이 있으니 한 씨족명으로 되었을 것이다. '지악지아'(作帝)라는 고공족(古公族)의 후예이었을 고려 왕건 태조의 선조가 용녀와 구혼한 전설은 그동안의 소식을 말함일 것이다.

이러한 제씨족이 일정한 부족과 민족(기어레)을 형성한 것은 훨씬 후기의 일일 것이니 전대에는 아지따이던 백두산 아래 천평(天坪)에서 씨족사회를 형성하고 교병혼합(敎兵混合)의 간이(簡易)한 정치를 시작하였을 것이요. 단군은 그 씨족을 대표하는 세습수장으로서 존재하였을 것이다. 동일하게 단군이라 하되 최초에는 씨족사회의 단군이었고 그 다음에는 부족사회의 단군이었을 것이다.

또 다음에는 고구려·백제 등 문명한 국가(나라)가 완성된 후에도 오히려 그 명칭을 머물던 것이니 이는 아래글에 차례를 따라 서술하려니와 흉노어의 탱리(撑利), 몽고어·터키어의 탱그리(tangri)·탱게리(tengeri) 등과 한 가지로 천(天) 혹은 천제(天帝)를 의미하는 말로, 현재에는 무격의 수장인 단굴에 겨우 그 한화(漢化)경향의 밑에 퇴화된 흔적을 남기고 있을 쯤이다.

그러나 마술사로서 신앙수호자로서 겸하여 군무를 맡고 씨족회의의 결정에 의하여 행정적·사법적인 몇가지 사무를 관장하는 것은 이로코이 씨족의 예에서 보는 바이다. 생명을 지지하는 대신(大神)과 지상의 모든 산물에 대하여 어머니인 대지가 쉴새없이 만물을 비추어 일찌기 꺼짐이 없는 광명인 태양이 마치 삼위의 신격으로 숭봉(崇奉)되는 것은 이로코이 연합에서 보는 삼신신화(三神神話)의 한 유형이다. "주신(主神) 주피터가 왕홀(王笏)을 수여한 한 명의 코이라노스 즉 군무추장을 우리에게 달라"고 연설한 일리아드 시집 중의 '우리 트세쓰'의 이야기는 천부삼인신화(天符三印神話)를 이서(裡書)[60]하는 바이다.

---

60) 뒷보증. 증명.

그들의 원시 조모가 수천 년 전에 연초(煙草)와 노초(蘆草)와 모래와 비와 사슴과 곰과 이리 등을 데리고 오늘날의 촌락인 옛 터에 와서 그것들을 사람으로 변태시켰다는 까노와니아의 전설은 삼천단부(三千團部)의 신화를 비슷하게 하는 바도 있다. 이로코이 연합이 조직될 때 시라큐쓰의 묵은 터 가까운 오논다까 호의 북안에서 회의가 한창 진행되는 중에 상호방위를 위한 동맹관계를 짜놓고 그 동맹(연합) 운용의 충(衝)에 마땅한 중심인물인 하요웬트하가 그 사업의 완성을 보자마자 하얀 독목주(獨木舟)를 타고 홀연 천계에 올라 가서 아득하게 시계의 저 위로 날아갔다는 것은 화신조천(化神朝天)한 단군을 그대로 방불케 한다 할 것이다. 그러나 누가 이 4천수백 년 전에 나타난 단군을 기도에 의하여 불러내린 신화적 인물이라고 하랴?(『조선일보』, 1930년 2월 4일, 4면 1단).

○ 1930년 2월 5일 단군시대와 아사달과 배어따(평양)

단군은 씨족 사회의 수장이자 최초는 지업어이의 신직적(神職的) 존칭으로 백두산 아래 천리천평 아사달에 근거지인 도읍을 정했으며 이 곳은 원생지인 아지따, 배어따(평양)로 단군은 이 배어따의 왕검(王儉)이라고 보고 있다.

> 단군은 씨족사회의 한 우두머리었으니 최초는 지업어이의 신직적(神職的) 존칭이었을 것이다. 세습적인 대표 수장이 이러한 신직을 예겸(例兼)[61]하는 것은 전술한 바 있다. 집정관제에까지 국가적 조직이 진보된 그리스의 부족 합동의 이후에도 군사 지휘자로서 승직(僧職)을 예겸하던 것은 사가(史家)가 모두 아는

---

61) 법도에 따라 겸함.

바이다. '덩걸·단굴·땅걸'의 모든 말은 상술 씨족사회의 신직(神職)으로 한 수장의 존칭이다. 고대 정교분화의 도가 생장하면서 덩걸의 초대적(初代的) 의의를 대부가 전화되어 정치적 군장의 편에는 걸(통솔, 통치 즉 걸늘, 거늘 의 뜻)이란 기관으로 탈화되어 그 독립적 의의를 가지게 되었다. 신사적(神事的)인 편으로는 오직 간솔한 무격의 직임을 하는 단굴이란 칭호로 퇴화되고 만 것일 것이다. 그러한데 단군은 평양과 서로 떨어질 수 없으니 이제 평양과 걸로 탈화한 후의 단군에 관한 문헌상에 의거한 언어학적 고증을 시하려한다.

위서운(魏書云), 내왕이천재(乃往二千載), 유단군왕검(有壇君王儉), 입도아사달(立都阿斯達), 개국호조선(開國號朝鮮)

이라고 삼국유사에 기록되었다. 먼저 아사달이 어디인가? 그는 즉 아지따의 음역으로 음즙벌(音汁伐)과 동류의 말이다. '아지개, 아지들, 아지벌' 등 무릇 아지어메 시대의 각개의 근거지가 옛 진역(震域)의 이르는 곳마다 퍽은 많았을 것이니 그것은 일일이 고증할 바 아니다. 그 중의 가장 근거지 중의 근거이고 원생지에 대한 원생지로 된 백두산하의 천리천평(千里天坪)이란 곳은 대표적인 아지따가 아닐 수 없는 것이다.

그리고 단군이 씨족사회의 수장으로 덩걸의 존호를 가지고 나타나던 당시까지는 아직도 새시대의 새 지명인 배어따의 관념은 형성되지 않았거나 혹은 형성과정에 있었을 것이다. 그는 덩걸이 나타나자 이미 전대적인 아지엄 그것을 대신하여 한계단의 고귀한 지위를 차지하고 배어따 혹은 배어들 또는 배어틀의 관념과 그 명사를 형성함에 미쳐서 아지따는 오직 지명상의 한 특례로만 남아 있고 그의 문화적·사회적 의의는 차차로 도태되게 되었을 것이다. 그리고 입도아사달(立都阿斯達)의 아사달은 당연히 구월산의 아사달이 아니다. 이제는 그 흔저조차 남기지 아니한 백두산하 천평이 의역된 또는 전화된 제의로 아사달의 여운을 머무르고 있는 것이다. 그는 아지어메 시대에 거슬러 보면 아지따 그것이 완전한 천평의 의의를 가질 수 있는 것인 까닭이다.

그러면 배어따 혹은 배어들은 어디서 의거함인가? 고대의 사회조직이 전연성(全然性)에 기초하였고 모든 동작이 많이 생식에 관련 되었으며 이제 인체에 관하여 그 명칭을 일별해보자. 복(腹)이 배로 잉(孕)의 배를 표시함이오 배아지, 배대기 등이 그 속칭이다. 여자의 생식기 사 행어(行語)는 종구(種口)의 어음으로서 인종산출(人種産出)의 관구(關口)임을 표시하였다. 바 행어(行語)는 배아지와 동일하되 자연도태에 인하여 독자의 어음으로 분화된 것이다. 춘(春)의 봄, 저수지의 보와 가장 그 유연(類緣)이 가까운 바이다. 공(工)을 바치이니 배어치(배어아치?) 즉 생산자를 의미함이다. 전(田)의 밭, 성(筬)[62]의 바디, 도(稻)의 벼, 포(布)의 베, 학(學)의 배움, 수(受)의 받, 토(吐)의 배앝, 주(舟)의 배 등이 모두 동일한 어의의 전변(轉變)이다.

성(星)의 배일은 인생정령(人生精靈)의 좇아 온 바임을 신앙(信仰)함에 인함일 것이다. 일본어에 ハエ(생(生))라는 공통어가 있고 조선·일본·여진 기타 퉁구스계의 인민에게 같은 어휘의 바 행어가 극히 광범함에 비추어 보아 인체에 있어 배아지 혹은 여성생식기 그것과 한 가지 원생지로 믿는 지역에 대하여 배어들, 배어따, 배어뫼, 배어물 등 명칭을 붙였던 것은 필연적인 일이다.

이 배어들이 변화하여 종교적 정취를 가하매 천평(天坪)이 되고 잉양(孕壤) 혹은 원생지로써 이두식의 기록으로 되매 배어들(줄여서 버들)이 되는 것이니 평남 평양의 유경(柳京), 남평양인 한양의 양주(楊州)가 모두 버들에 인연이 닿는다. 필자가 아는 마한고도의 지점에는 버를이란 평야부의 지명이 있다. 이러한

---

62) 베틀.

의미에서 단군은 배어따-왕검으로서 단군보담도 정곡한 대응하는 자이다(『조선일보』, 1930년 2월 5일, 4면 1단).

○ 1930년 2월 6일 단군시대와 관련 지명

조선상고사와 관련있는 어휘는 아사달의 아지따가 최고형이며 배어들이 그 다음, 소말과 소불, 서울 혹은 소실이 그 다음이다. 단군시대와 관련이 있는 배어, 나어 등의 어휘를 비교 분석하며 배어따의 도시국가 수장이 배달임금, 즉 단군임을 강조하고 있다.

조선의 역사와 지리상에 있어 사회문화의 발전과정을 쫓아서 각각 일정한 공통 명사를 가진 바 있으니 아사달의 아지따가 그 최고형으로써 나라의 원시적인 배종(胚種)으로 되었다. 배어들이 그 다음, 소말이 또 그 다음이므로 고을 정치시대 도시이자 국가인 성곽으로 둘러쌓인 소불, 서울 혹 소실(シロ) 이것은 그 중의 요채(要砦), 그와 같이 마을 정치의 근저부(根底部)63) 즉 서울의 직전기 형태를 이룬 자이다.
　소말과 달르게 지앙(市, 藏唐京)이 있으니 증술한 지 혹은 기둥을 중심한 기 정치시대(기의 수장(首長)이니 공(公)을 기로 훈하는 것은 그 까닭)의 정주지이었고 걸 혹은 왕이 출현된 초기에는 각지에 할거한 채로 지방관(警察, 司法祭典, 교화를 맡은 자) 차라리 봉건제후로 전환되어 그의 정주한 현재 읍내에 해당하는 고장을 기앙 혹은 지앙이라 하여 지앙사(商業)도 따라서 진행되는 것이다. 또 그 다음은 즉 소불, 서울, 소실 등 도시국가로 발전되던 시기의 유운(遺韻)을 가진 자이다. 최종이 나라로 국가 그것의 형식 내용을 갖춘 자이니 아지따의 최후적 형태에까지

---

63) 밑바탕.

발전된 자이다. 이러한 어계(語階)의 제2단에 속한 배어들과 그 동렬에 있는 여러 지명을 열거·논증하여 배어따-왕검으로 단군의 시대를 명확히 할 필요가 있다.

백두산의 천평이 대표적인 배어들이니 태백, 백, 장백, 백두 등 허다한 배음의 명칭을 쓴 것이 그 한 증거이다. 최고의 명칭이 불함산이니 배암(孛) 산으로서의 한자의 음역이다. 태백산은 그 최대한 배음산을 이름이며 문화의 진보와 한 가지 명백하게 구성된 경천사상-환인(桓因)인 천제숭배의 종교철학의 발달을 기대리어 붉 도(道)를 신앙함에 미쳐서 밝산으로 전화된 것이다.

이제 배음이 사(배암)로 변한 적호(適好)한 예가 있으니 백제의 첫 서울이라는 위례성의 직산이 사산(蛇山)-배암뫼이고(百濟古都는 아니라도 마한 50여 국 중 일개의 발생지일 것이다), 배어의 후생어일 나어와 병용된 예가 있으니 안성의 고호(古號)는 내혜홀(奈兮忽)로 나에골이요 일명이 백성(白城)이니 배어골이다. 영평(永平)·광녕(廣寧)·요양(遼陽)·강계(江界)·평양·한양 등이 모두 평양이요 부여비류(夫餘沸流)·부여(夫如) 등이 모두 평양의 어운을 남긴 자이다. 산의 배어(白山), 물의 배어물(浿), 백수(白水)[64]가 모두 잉(孛) 혹 원생(原生)[65]을 의미 하거나 또는 그 원의를 모방 전용함이니, 밝 혹 부루 등 고신도의 완성과 함께 신성한 어의가 첨가 혹은 전화된 것은 발생과정에 있어 당연 그 다음의 일일 것이다.

평양이 이미 버들과 유사하니 여진어에 버들을 의미하는 갈라몽고(曷懶蒙古)의 그것인 합란(哈蘭)으로 일컫던 함흥도 한 평양으로 그 토지유전(土地流傳)하는 지명을 의역함 인 것이라고 볼 것이다. 옥저(沃沮) 이래의 불내성(不耐城)이 한족과의 관계에도 중요하던 명성(名城)인대 불내는 여진어의 하천도 된다. 조선의 고어로는 성천(城川)에 해당하니 성천강에 걸터 앉은 함흥이 불

---

64) 맑은 물.
65) 원시(原始).

내이오 또 평양인 것은 단정할 만하다. 함흥의 접경인 영흥의 용흥강 상류에 비류수가 있으니 이 부근이 배어들이었을 것은 거의 명백하다.

봉산(鳳山)의 옛지명이 휴암(鵂岩)이니 부엉바위이요 일명이 조파의(租坡衣)이니 벼바위이다. 이것도 한 평양이다. 보성(寶城)의 옛지명 파부리(波夫里)이니 배어불, 일명 복성(福城)으로 그의 음역이자 밝성이다. 성주(星州)의 옛이름 성산(星山), 배얼뫼 일명 벽진(碧珍)이니 배어재로(성주에는 바람틔가 있다) 모두 각각 잉 혹 원생의 뜻으로 소소한 씨족 또는 부족사회 발달의 근거지가 되었음을 이야기하는 것이다. 최종으로 백악(白岳), 백아강(百牙崗)이 아사달 혹은 평양과 병칭되는 것은 모두 배어의 어음을 가장 잘 표함이다(『조선일보』, 1930년 2월 6일, 4면 1단).

○ 1930년 2월 7일 단군시대의 역사성

배달과 밝, 태백산, 박달나무 등의 어휘 의미의 관련성을 분석한 후 왕검은 대신(大神)이자 대군(大君)을 뜻한다고 보고 있다.

전회의 서술과 논증에 의하여 조선사회 발달의 제2기에 있어 씨족정치(편의상 정치란 숙어를 씀)가 성립되는 도정으로부터 배어따의 의식과 그 칭호가 생겼을 것은 단정하여 쫓게 되었다. 배어따 그것이 한 사회적 형태로 도시국가의 발생과정을 이루고 있는 이상 그 수장은 즉 배달임금이 아닐 수 없다. 덩걸, 그것이 언어학상·사회학상 일정한 의의를 가지는 것은 따로 두고 이미 단군으로서의 역사적 존재는 드디어 움직일 수 없는 과학적 결론으로 되었다.

이제 그 단편적인 문헌에 관한 해설을 부치건대 배어따의 수장으로 덩걸 존호(尊號)를 가지는 기관이 있었다. 추후로 밝 신도(神道)가 거기서 발육하고 성장됨에 따라서 따밝이 되고 밝산이 되고 다수의 배달과 밝(백(白)) 산에 대한 상대적 지위에서 태백산으로 되었다. 그런데 태백산에는 현재에도 보는 바처럼 백단(白檀)·자단(紫檀)의 삼숙(森肅)한 수림이 백화림(白樺林) 그것과 한 가지 한층의 신비하고 숭엄한 미를 보태었다. 밝따에 특히 많은 이 백단(白檀)의 나무는 밝달나무(神壇樹)라고 이름 지었다.

그런 고로 '신인강우태백산단목하(神人降于太白山檀木下)'는 틀림이 없는 역사 사실로 조선 선민의 구비(口碑)에 전한 것이었다. 이것이 여(麗), 제(濟), 라(羅)제국의 거푸오는 병화(兵禍)에 드디어 유전되지 못하였다. 그러나 평양하고 왕검하고 신인하고는 거의 삼위일체의 불가분할 관련을 이뤘기에 김부식과 같이 한화주의의 편견을 다분하게 가진 선사(仙史)와 화랑도를 천시(賤視)·구시(仇視)[66]하는 자로서도 '평양자본신인왕검지택야(平壤者本神人王儉之宅也)'라고 곧잘 소개하고 그래도 그의 한화적 충동이 말을수 없던가 보아서 '혹운왕지도왕험(或云王之都王險)'이라고 사족을 보태게 되었을 것이다.

다만 여기서 주의할 점은 고(高), 부(夫), 양(良) 삼성의 시조쯤과 같이 제주도의 명조(名祖)된 자가 땅으로부터 솟아나왔다는 것과는 다르다. 천부삼인(天符三印)을 지니고 삼천단부(三千團部) 거느리고 우사(雨師)·운사(雲師)·풍백(風伯)까지 합하여서 주곡(主穀)·주명(主命)등 벼슬을 맡게하고 '범주인간삼백육십여사(凡主人間三百六十餘事)'라고 재세이화(在世理化)의 성차대(聖且大)한 일을 맡아서 홍익인간(弘益人間)의 큰 이상을 실현하려는 환웅대왕으로서는 환인 천제로부터 천내(天勑)[67]을 받들어 하강하여 된 것이다.

그러면 배달왕검의 왕검(王儉)은 무엇일가? 얼검, 암감도 수

---

66) 원수로 여김.
67) 하늘로부터 다스릴 권한을 받음.

긍하기 어렵고 왕은 임(壬字)자의 오자(誤字)로 임검의 음역이라 함도 명확치 못하니 '왕검, 환검(桓儉)'은 당연히 공통되는 어의로 되어야 할 것이다(檀儉은 추후로 병칭된 말일 것. 또 당걸과 통함). 왕은 거대(巨大)를 의미하니 ォホ의 일본어 그것에서와 같이 진인 고유의 말이요 결코 왕의 차음이 아니다. 완초(莞草)의 왕골, 대의(大蟻)의 왕개미, 대산(大山)의 왕, 산대봉(山大蜂)의 왕벌 등은 모두 거물(巨物)의 부사적인 형용사로 되었으며 왕의 한자가 유통된 후의 수입된 말이 결코 아니다.

그런고로 왕검의 왕검은 잘못 베낀 것도 부회(傅會)[68]도 아니요 분명한 왕감으로서의 존경스러운 호칭이다. 임검, 대감 등 허다한 감이 감이란 근어에서 분화된 것은 용설(冗說)할 바이다. 감이 즉 신을 의미함도 일반 주지의 일이거니와 이는 신관(神觀)에 있어 가장 신생어인 한울님 혹 한늘님과는 퍽달라서 일본어 カミ 그대로의 다신(多神)의 하나인 중신(衆神)을 의미함이니 신권사상의 원두(源頭)를 짓는 옛 신정(神政)의 시대에 있어 기다(幾多)의 배달감(따감)에 대한 상대적 지위에서 그 지상의 존호로써 왕감이 된 것일 것이다. 이것을 신격으로 보면 대신(大神) 그대로이고 인격으로 보면 대군(大君)인 것이 또 한 방증이다. 왕검은 반드시 왕도움이 있어야 할 것이니 그는 현대적 숙어로 보아 보통 수장이거나, 법사나 복사 등 소위 주욕과 주명 등의 대보 혹은 원보인 자인 것이다(『조선일보』, 1930년 2월 7일, 4면 1단).

○ 1930년 2월 8일 배달 왕검의 의의

배달-왕검의 의의는 매우 명백하며, 배달은 역사사회학적인 한

---

68) 억지 주장. 견강부회(牽強附會).

개의 명사이자 단조(檀朝)로 당걸(덩걸)은 성상(聖上)에 해당하고 왕검은 대왕(大王) 혹은 황제(皇帝)에 비길 자로 신의 아들인 환검임을 강조하고 있다. 당걸은 재산과 영토(고을)과 주권을 가진 고을정치의 걸로 전화되었고 걸은 고을의 주재자인 임검이었다고 보고 있다.

어제까지 서술한 바에 의하여 배달-왕검의 의의는 매우 명백하게 되었다고 믿는다. 이것을 다시 한번 근대식 언어로 말하자면 배달은 역사사회학적인 한 개의 명사이자 한 조대(朝代)의 형태로 된 것이다. 한역하여 단조(檀朝)라함에 새로운 타당한 내용을 가지는 것이다. 당걸은 성상(聖上)에 해당하고 왕검은 대왕(大王) 혹은 황제(皇帝)에 비길 자인 것이 명백하게 되었다.

그러면 환인·환웅과 삼위일체격인 당걸-왕검이 어찌홀로 왕검의 칭호를 가졌는가? 이 또한 필연한 일이니 그 발생 계단에 있어 주피터 대신(大神)과 비너스 연신(戀神)의 신화는 그리스인의 씨족제 그것보다 훨씬 뒤의 일이었다. 그들은 붉의 현묘한 철학적 이치보다도 배아지에 해당한 잉양(孕壤)-원생지를 먼저 관념하였고 환인·환웅의 탕탕(蕩蕩)한 신격보다도 자기들의 어른인 그의 직접적인 통솔자 지상의 왕검을 먼저 경앙(敬仰)하였든 것이다. 그들은 이러한 왕검의 통리(統理)[69] 아래에 있는 배달사회를 통하여 비로소 삼천단부와 삼인천부로써 홍익인간하는 천왕 환웅의 위대성을 관념하였고 그리하여 그들 보내주신 일대주신(主神)인 환인을 숭경하게 되 것이다.

그러므로 실상 그들은 세계인류가 공통으로 밝아오는 과정대로 찾아들어서 씨족제들 창조하고 왕검을 추대하고 그리하여 천왕 환웅을 숭경하고 궁극적으로는 그 최고의 존재자로저 환인을 신모(信慕)하게 된 것이다. 그리하여 덩걸-왕검이 필경은 환검(桓儉)으로 되고 또 단인(檀因)·단웅(檀雄)·단검(檀儉)으로 된

---

69) 통치(統治).

것이다. 그리하여 대군(大君)의 의미로서 왕검, 성상(聖上)의 의미로 당걸, 신의 아들의 의미로서 환검으로 된 것이다. 환검이 한검 그것처럼 왕검의 동일어의인 것은 해설을 요할 바 아니다.

그러면 정치적 군장의 편에는 당걸이 어찌하여 걸로 전화되었는가? 여기에는 다시 예(例)에 의한 고증을 필요한 것이다. 아지 엄어이의 시대는 수집과 수렵의 경제가 산악과 삼림이 중요함에 인하여 생활 근거기 산악부이었으므로 지의 관념은 재(峴)와 병생하였다. 지엄어이의 씨족사회가 부족과 부족연합까지 진보하매 그들은 문득 마을정치-촌락정치들 수립하였다. 마을지는 세습적으로 되어 모든 지의 위에 머리지(頭支, 즉 莫離支)로 역사사회학상 소위 군사지휘관의 형태를 갖추게 되었을 것이다.

그러나 그러는 동안 그들의 생활근거는 이미 산악으로부터 곡지(谷地), 재로부터 골에 내려왔고 이리하여 모든 생활수단의 진보발달을 따라서 사회의 조직은 스스로 한 계단을 나아가야 하게 된다. 그들은 인적관계에 기초한 마을 정치로부터 재산(것), 영토(고을), 근대적 의미에 의한 주권자(걸)의 삼요소를 갖추는 고을 정치로에 약진하게 된 것일 것이다. 촌락정치가 역사발전의 없지 못할 일개의 과도 형태라는 비교사회학적 타당성은 차치하고 촌(村)의 마을과 부(府)의 마을이 동일하되 후자의 용례는 내각정부(內閣政府)에까지 적용하는 조선의 전통적 실례에 보아 그러하다. 혁거세의 추대로써 근대식 국가를 형성하기 이전 신라 육부(六部)의 전신(前身)은 6개촌의 명칭을 보전하고 있던 것으로 그 회의의 의장이었던 소벌공(蘇弗翰)이 돌산고허촌(突山高墟村)의 촌장(마을지)이었던 것이 또 확증이다.

마을 정치가 형성되는 과정에 그들은 벌써 곡지에 와서 원야부에 생활하여 중간 미개기(未開期) 상태 이상으로 고위기(高位期)의 미개상태를 지나 목축과 원예농업과 간이한 공업과 약탈의 형태를 벗어나는 물물교환의 경지에까지 갔을 것이다. 그리하여 그들이 완전히 강하의 연안에까지 내려와 어렵과 초기적인 농작상에 일대 편의가 생김에 미쳤다. 그들은 사유재산으로 것의 관념이 형성되고 사생활의 영역 구분인 살피, 계선(界線)을 마련하며 주거와 영토를 본위로 하는 자치체로서의 각 갈피(區)인 마을의 연합에 의한 고을이 형성되었다. 이 고을의 거늘일(統治)을 주재하는 걸인 임검이 추대되고 그 걸의 전거(奠居)하는[70] 바닥은 인가가 조밀하니 길이던 그것이 거리로 되고 그 집단생활의 중심지는 개울(嶺南에서는 걸)을 끼고 있게 된다. 그 개울의 가로 건늘 고장을 나루로 하여금 거기에는 거루인 배를 띄우게 되었으며 개울의 명사는 배어물이고 나루는 드디어 나라의 추요부(樞要部)로 되게 되었다.

'배어, 살어, 나어'가 모두 생(生)을 의미하나 나어는 신생어에 속하니 해가 날로 일컫게 되던 때는 지상의 생활이 나라를 형성하는 도정이었다. 걸은 실로 고을 정치의 성립을 기다려 그 왕된 자의 형태를 구비하여 드디어 나라의 임검에까지 그 지위를 앙양케 된 전기 형태이었을 것이다. 그들은 이미 구리 등 동(銅)의 사용법을 알아 거울을 만들매 존귀한 보물의 하나로 관념하게 되었고 거울삼는 의미로 글을 가지게 되었을 것이다(『조선일보』, 1930년 2월 8일 4면, 1단).

○ 1930년 2월 9일 당걸(덩걸)의 변화와 걸의 출현

지명 등의 분석을 통해 덩걸에서 고을 정치의 바탕이 되는 걸로의 변화 과정을 제시하고 있다. 배달-왕검으로서의 덩걸은 정치의 권한에서는 새로운 통치자의 의미로서의 걸(기아르)의 칭호만을 남겨두고 그 자신은 단순한 교법(敎法)을 담당하는 구월산에 들어가게 되었다고 보고 있다.

---

70) 머물러 살만한 곳을 정함.

고을 정치가 확립되어 드디어 나라를 형성하게 된 때에는 사회발달의 계단으로 보아 단군시대는 이미 지난 지 오랜 적이었다. 그러나 거늘일의 총람자(總攬者)인 걸의 관념·제도와 그 어음은 덩걸의 걸에서 탈화되어 골(谷地)인 고을정치에서 완성된 후 일정한 제도로 드디어 차차 자연적인 도태의 과정을 맞이하게 된 것이었다. 어디서 그것이 고증되는가? 언어학상 그 발전의 형태는 대체로 이에 지적되었거니와 중요한 문헌상에 오히려 의거할 바 많다. 고구려의 구려(句麗)는 고을의 사음(寫音)[71]이다. 연노부(涓奴部)를 대진하여 세세로 왕통을 차지하던 오부(五部)의 하나로 중앙부가 된 계루부(桂婁部)는 걸부(部)를 사음(寫音)[72]한 것이다. 그 명성(名城)의 하나로 거열홀(居列忽)[73]이 있으니 걸성의 사음이며 백제의 여러 왕중에 기루(己婁)·개루(蓋婁)·고이(古爾)·계(契)·구이신(久爾辛)·개로(蓋鹵) 등 여섯 왕이 걸의 사음이니 이것이 그 중요한 고증이다. 단군이 그의 말대(末代)의 신도(神道)만의 관장으로 정권을 떠나서 주거하였을 구월산의 구월도 걸의 사음이며 구월산 소재지인 문화속현(文化屬縣)에 궐구(闕口)의 고호(古號)가 있으니 이도 걸의 관구(關口)를 인함일 것이다.

걸은 또한 검의 그것처럼 크고작은 무리의 걸이 있었으니 풍양(豐穰) 옛이름인 골의노(骨衣奴)는 奴(노)는 즉 흙(壤)을 의미한다. 영남 폐현인 임천(臨川)의 골화국(骨火國)은 걸성(城)과 비슷하고 울산의 굴아화(屈阿火)도 걸불이요, 울산은 불산(山) 즉 성산(城山)으로 음역된 것이다. 진주의 거열주, 거창의 거열군이 모두 걸골을 의미하고 안동 임하현의 굴화(屈火), 단성(丹城)의 궐지(闕支)(기도성(城)) 등이 모두 하천의 걸과 한 가지로 고을 정치의 주권자로서의 걸의 유운(遺韻)을 부친 것일 것이다.

---

71) 소리나는 대로 베낌.
72) 부호를 소리나는대로 적음.
73) 경남 거창에 있는 백제시대 성.

가야 오국의 가라가 갈로 동남풍의 갈바람이란 예에서와 같이 갈 그것이 모퉁이자 또 동남방이라는 방위의 명칭에 인함이라고 볼것이나 이것도 걸을 중심으로 한 고을 정치하는 한족(韓族)의 특칭으로 기원된 것이라고 추측할만한 촌료(村料)[74]로 되는 것이다. 걸의 어맥이 기아리 혹은 기아르(日精 혹은 기의 어른)에서 전화한 종합어로 볼 수있다. 덩걸의 걸로부터 탈화되어 거늘일의 주격으로 생각되는 제도이라고 봄이 타당하다고 생각된다.

시간의 장원(長遠)한 것을 걸, 골 천세(千歲) 혹은 쟐 천세라 하는 것은 쟐 그것이 지아리의 구원하던 역사에서 생성된 말일 것같이 걸의 흔적이 유구하던 역사을 기념하는 전해오는 말이라고 보겠다. 평양의 기린굴조차 걸이굴의 와전일 것이다. 거리, 거루, 그늘(德), 거늘일, 글, 거울, 개울, 걸(數), 궁홀, 구월, 계루(桂婁)와 개루(蓋婁)가 이러한 덕치주의적인 정치의 수뇌자를 떠나서 그 의의를 가칠수 없다. 요컨대 지업어이와 마을지의 시대를 통하여 다양하게 그 사회적 지위가 변동된 배달-왕검으로서의 덩걸은 정치의 권한에서는 신흥한 왕자에게 통치자의 의미로서의 걸(기아르)의 칭호만을 남겨 두고 그 자신은 단순한 교법(敎法)의 관장(官長)으로 당시의 땅지양(지방도시-당장경)이요 또 교법의 신본산으로 된 구월산에 손거(遜居)[75]하였을 것이다.

이제 구월산의 여러 명칭에서 고증하건대 아사달은 아지엄 시대, 백악(白岳)은 배어달 시대, 궁홀산(弓忽山)은 걸, 금미달(今彌達)은 검, 즉 왕검에 대한 따감의 산의 유운으로 각각 그 역사적 여러 의의를 함축하고 있는 터이다. 어국(御國)이 1048년 혹은 1500년 이어서 아득한 씨족제를 영도하던 기간일 것이으 1,908세라는 것은 정권(政權)을 떠난 법왕적인 지위로 걸(구월)산을 본산으로 상응한 연대를 지난 것을 전설(傳說)하는 것이다. 요컨대 단군의 원의를 추구하면 최초에는 순연(純然)한 배어달-

---

74) 몇가지 자료.
75) 물러나서 지냄.

왕검으로 단군의 한역에 해당하고 선사적 어의로는 태백신인(太白神人)에 해당하고 역사·사회학적 뜻으로는 원생지군장(原生地君長)에 해당하고 가장 인연 깊은 역사지리 상의 명칭과 배합하면 평양왕(平壤王)에 해당하고 선사적 관계로는 구려(걸) 평양선인(平壤仙人)(八聖의 一)에서도 그 유운을 방불케 하며 국명으로 역사상에 머무른 자로는 대부여왕으로 일컬어 북부여·동부여왕(東夫餘王)과 견별(甄別)[76]함을 요할 자일 것이다. 이제 남은 것은 개국호(開國號) 조선(朝鮮)이라는 국명 기원의 사정이다 (『조선일보』, 1930년 2월 9일 4면, 1단).

○ 1930년 2월 11일 단군시대의 역사성

단군의 역사는 사실이며 단군부정론을 비판하고 조선이라는 국명의 기원에 대해 설명하고 있다.

배달-왕감으로서 단군의 역사가 그 후세의 날조한 정책적 허위인가? 아니 전술한 언어학적·역사사회학적 고문헌의 모든 재료는 이를 과학적으로 입증하여 그 소루(疏漏)를 찾지 못하게 된다. 호태왕(好太王)의 비문, 서긍(徐兢)의 고려도경(高麗圖經) 등에 단군의 사력(事歷)을 서술한 바 없는 것은 스스로 그 사정이 있는 것이다. 단군사력의 확실성을 말살할 아무런 이유도 아니된다. 김부식(金富軾)은 한화파(漢化派)의 거괴로 자존파(自尊派)라고할 낭도(郞徒)의 한 별개의 유파인 묘청(妙淸)·백수한(白壽翰) 등과 알력하여 서경의 변란이 격성(激成)되었다. 또 평정된 후 이러한 방면의 일은 힘써 알려 아니하였고 즐겨 말살하던 자이니 삼국사기(三國史記)에 오직 고구려 동천왕(東川王) 201

---

76) 갈라서 나누어짐.

년 평양 천도의 서사(敍事)[77]에서 '평양자본선인왕검지택야(平壤者本仙人王儉之宅也)'[78]라는 몇구를 가붓하게 적어 두었을 뿐이다. 고구려, 백제, 신라 제국의 선사와 고기를 전하던 자가 여러 번 병화(兵火)에 소탕된 사정은 되풀이하지 않는다.

그러나 성모로 한 역할 아지엄어이 시대가 단군 이전에 엄존하였던 것도 이제 확연히 천명되지 아니하였는가? 아지메의 조선이 이미 적확하게 고증된 이상 그의 발전계단에 있어 과학적 과정을 이룬 배달-왕감의 조선은 당연 의심할 이유가 서지 않는 것이다. 유학자가 단군을 배척하였으니 그 단군 말살의 논거가 되는가? 한양조 유학자와 같이 한화병(漢化病)의 고황(膏肓)[79]에 걸린 자의 예어적(囈語的) 난양(亂嚷)[80]이 무슨 일고의 가치가 있을까? 기 그것이 수장(首長) 혹은 공민(公民)을 의미하는 조선고유의 족제민헌(族制民憲)에서 나온 것인 만큼 따기 그것은 지방민 즉 민(民)의 전화한 말이거늘 백성의 한자음을 빌지 않고서는 민에 대한 고유어를 말할 줄 모르는 것도 한양조의 얼빠진 한학자들이다. 시골따기(뜨기) 관청이란 촌민관청인 것이 명명한데도 불계하고 촌민관청(村民官廳)이라고 동닿지 않는 문자로 뻔뻔히 한역하고 있는 그네 한학자들의 단군 말살을 입밖에 내고 황탄가기(荒誕可棄)[81]라는 경망하고 가괴(可怪)한 말을 한 것은 차라리 당연하다.

이에 대하여 현대의 유식한 학자들이 일종의 편자(偏者) 혹은 무용한 정략적 사견에 끌리어 단군 말살을 첩첩(喋喋)하고[82] 있는 것은 대체 학술 모독에 가까운 일이다. 조세(租稅)를 굿실, 관직(官職)을 벼실, 그리고 관리가 벼실아치, 이서(吏胥)가 굿실

---

77) 사실을 있는 그대로 적음.
78) 평양은 본래 선인(仙人) 왕검이 살던 곳이다.
79) 고치기 힘든 병.
80) 헛소리.
81) 근거없고 허황된.
82) 말을 거침없이 수다스럽게 함.

아치라고 하는 것은 무엇을 의미함이냐? 요채정(要砦町)과 지방 성채를 다수로 가진 것은 로물러스 이전의 로마인이 목축과 원예농업으로 부족연합의 국가를 형성하던 시기의 사회상태였다. 그리그 벼슬은 배어살 일종의 도시국가의 원시형으로 된 배어들에 대한 수도로써 후대의 서울에 해당한 요채(실)에 명명하였던 자이다(原生地要砦라고 한역된다). 굿실은 즉 신앙수호자 또는 승직(僧職)의 장으로서 숭신숭천(崇神崇天)의 의전을 집행하는 굿하는 요채(要砦)에 명명되었던 것이다. 벼슬아치가 배어들의 왕검을 그의 요채에 모시어 관사에 섬기든 자, 굿실아치가 그의 제축(祭祝)의 요채에 모시어 제수와 제비를 징수하든데서 전래하는 아치들의 칭호인 것은 드디어 용의(容疑)할 여지가 없다. 굿실의 동형어를 그의 고대사상 귀중한 지명으로 가지고 있는 공정한 학도들은 굿실과 배어실의 어의(語義)에서도 배어들과 그 시대의 왕검인 배달왕검으로서의 단군을 부인하는 태도는 그만 고쳐야 할 것이다.

  최종으로 개국호조선(開國號朝鮮)이라는 국명 기원에 관하여 이에 일언을 부쳐둘 필요가 있다. 만주어의 관령(管領)을 의미하는 주선설도 가하고 조진주신(鳥愼珠申) 등의 어음 그대로 환웅천강설에 맞춰 환인(桓因)의 주신 땅이라 함도 한 견해이다. 동쪽 해가 처음 새는 처-샌설(최남선 씨 兒時朝鮮)도 한 설일 것이다. 그러나 관령주선이 주신과도 음의가 아울러 가깝고 그보다도 믿고 싶은 것은 자아리, 지앙지아 등 지아(제후, 수장 公氏)를 주축으로 한 생활로서의 지아산의 어의가 매우 타당하다고 생각된다. 가야산·지장산(智藏山)·주왕산·지장산(之長山) 등은 모두 조선의 명의(名義)와 그 유연이 깊을 것이다(『조선일보』, 1930년 2월 11일, 4면 1단).

○ 1930년 2월 12일 단군시대 소관(小觀)

조선이 중국문화의 발전에 기여했다는 점을 강조하며 '지'에 의한 조선문화의 가치 창성(昌盛)과정을 서술하고 있다.

단군이 건국하던 당시의 사정을 전한 것은 청학집(靑鶴集)에 이른바 '봉정유궐이거(逢庭柳闕而居) 도발과우이치(陶髮跨牛而治)'[83]라고 자못 간소한 생활양식이던 것을 전하는 바이으나 이는 그 일반은 상상케 할지언정 써 믿을만한 글로 여길수 없다. 그리고 당요무진(唐堯戊辰)으로 그 건국기원을 잡아 경오세(庚午歲)까지 4263년을 산하나 이것은 절대 확실은 보장하지 못한다. 그러나 걸 천세 잘 백세 등이 각각 만 이상으로 여기는 수임에 비추어 보던지 또는 씨족사회로부터 고을 정치를 형성하여 부여, 고구려 등 근대식 국가의 형성을 보기 전까지의 사회적 제 단계를 지남에는 줄잡아 수천 년의 기간을 필요한 것이 역사사회학적 결론이 되는 것이니 4263년의 기원은 결코 과장한 연대가 아니다. 하물며 일찍부터 발해의 서안으로부터 회대(淮岱)의 방면에까지 분천(分遷)하여 한토의 선민과 교섭이 깊던 족통(族統)에 있어서는 그 문화의 개발이 멀리 동북의 여러 부족과 달라서 허다한 조선소(朝鮮素)로 한토문명의 생장발육에 기여한 바 있다.

송화강 상류의 곡지(谷地)와 압록강 유역과 요하의 상류에 점거하여 동남반도로 분포 이주하는 운동을 일으키던 현 조선의 선민들은 이러한 인접 민족과의 교섭이 적었더니 만큼 사회문화의 진도가 저절로 굼뜨인 바 있었을 것을 추단(推斷)하게 한다. 그런고로 아지엄어이 시대를 보듯이 지난 초기의 배달 사회는 그 문화정도가 어떠하였으리라고 과대한 추상을 허여하기 어

---

83) 쑥대정자와 버드나무 궁궐에 거처하며 정성으로 사람을 교화하고.

렵다. 이제 먼저 그 원시공산사회의 수렵경제시대로부터 비롯한 생활상태들 측정하고 그 사회의 중추기능을 쥐고있던 지들의 손에서 어떻게 조선문화가 개창·성장되었는가를 고찰하려한다.

원시적인 사회에 신성 혹은 생명의 표상으로 불을 존중하고 회의거화(會議炬火)와 회의로(會議爐)를 거의 신성시하여 씨족·포족(胞族)·부족의 연합에까지 그를 중심으로 모든 사위(事爲)가 진행되는 것은 이로코이 종족의 제계단에서와 그리스에 있어서도 씨족 그것의 전체의 기초가 가옥과 노변(爐邊)[84]과 가족에 있던 것을 식자가 아는 바이다. 덕 혹은 두막은 이 회의로의 유운으로 구들(굴돌)이란 숙어와 한 가지 그 유래의 오랜 것을 알겠다. 그들의 회의는 항상 덕 혹 두막의 화광과 화력이 치성한 곁에서 그를 중심으로 진행되었을 것이다. 그들은 굿으로써 모든 신을 섬기고 질병을 나으리고 인민을 안정케 하는 원시적 정사를 삼으니 서양어의 Medicine이 의약이자 마술법술을 의미하여 마술회의가 치병과 치평(治平)의 직임을 아울러 가진 것이 그 공통한 예이다.

중국의 의(醫)가 궁시(弓矢)와 몽둥이(殳)와 술(酉)로써 (이는 逐鬼 혹은 事鬼의 방편) 어의를 표하고 약은 초재(草材)를 사용하는 과학적인 제1보를 나아가기 전에 먼저 신을 실깊게 하는 수단으로서의 약이 중용되었음을 암시한 것에서 잘 대조되며 일본의 약은 구스리로 굿의 조선어를 그대로 근대적인 약제의 명칭화한 것임에서 명확하게 입증된다.

고대의 사회조직은 재산 영역의 관계보담도 신을 중심으로 한 인적 조건에서 성립된 것이니 천평의 배달사람들이 태백신인이나 환인천제를 중심으로 그 천민적인 결합을 이루었을 것처럼 외타(外他)의 사람들은 각각 등소(等小)의 신격(神格)을 중심으로 두레를 이루었다. 일정한 주악(奏樂)과 무도(舞蹈)의 의전(儀

---

84) 난롯가.

典)을 요(要)하였으니 사(社)를 훈(訓)하여 두레라 함과 조합(組合)을 두레라 한다. 농악이라는 정고관나(鉦鼓管螺)의 합주하는 무악의 단체를 두레패라 하고 그 행위를 두레놀이라 함은 일본의 シし(連)가 이의 전와(轉訛)[85]임과 한 가지 또 그 고의를 잘 표시함이다.

이것이 시대를 쫓아 진보되매 따로 굿실(祭儀要砦)을 두고 배어들의 규모가 정비하매 배어실(原生要砦)-황성(皇城)의 배종(胚種)이라 하는 요채(要砦)를 두어 왕도움과 왕이와 회의에 오는 따감들은 왕검을 모시어 배어실에 모이고 신직(神職)을 위하여는 굿실에 섬기니 전자는 벼실아치요, 후자는 굿실아치로 모두 후세 공경리료(公卿吏僚)의 고형(古型)을 이룬 자이다.

이것이 세대의 진운을 따라 제도 더욱 정제함에 미쳐 아치기가 있으니 관리장으로 대신(大臣)을 이름이오 아치언(언은 동렬(同列)의 의아전(意衙前)이 공형(公兄)으로 한역됨은 타당)은 그 이료(吏僚)로 된 자이었다. 봉화(奉化)가 고사마(古斯馬)이니 굿말(祭邑)로 태백산에 가까운 까닭일 것이다. 마한 50여 국의 중에 구사오단(臼斯烏旦)과 구소등국(狗素等國)이 있는 것은 굿의 어음을 전한 실례이오 피비리국(避卑離國)이 있는 것은 배어물로 배어실의 큰 자이거나 혹은 백성으로 한역(漢譯)될 한 작은 평양(平壤)이 될 자 일 것이다.

(『조선일보』, 1930년 2월 12일, 4면).

○ 1930년 2월 13일 '기'의 활동 발전과 겨레의 형성

기의 활동 발전과정과 겨레와 촌락(마을)정치의 형성 과정에 대해 서술하고 있다.

---

85) 어떤 말이 본디 뜻과 달라져 굳어짐.

그들의 주거는 공동가옥인 울에서 시작하였다. 성의 생활이 남권 중심으로 바뀌며 일부일부(一夫一婦)의 가족식으로 분화하려던 시기부터 집의 건축과 그를 토대로 한 집안(家庭)이 형성되었다. 식료에 있어서는 수렵경제를 지나 목축과 초기적인 원예농업이 발명되었다. 그러나 그들은 사람에게나 동물에게나 큰 차별감을 가지지 아니하였으니 식료에 있어서 밥의 명사를 사용하게되기 전 먹이라는 말은 인축(人畜)에 아울러 사용하였을 것이요 자연물을 친애하는 정감은 한층 심후(深厚)하였을 것이다.

그러나 고기와 나물과 열매는 그들의 초기에 있어 자못 유구한 동안 중요한 식료이었을 것이다. 의복에 관하여 배어들 관념이 형성되던 과정까지는 수피(獸皮)와 기타 지두직조(指頭織組)에 의한 조포(粗布)[86]의 둘엉이를 둘렀을 것이다. 덩걸 정치의 출현됨에 임하여 땋고 동이고 하는 두발의 장식의 진보와 함께 골음이라고 일컫던 통형(筒形) 의복을 입게 되었을 것이다.

둘엉을 두르고 두르기 검(劒)을 들고 두레(들에?)를 꾸미어 수렵에도 나가고 전투에도 덤비며 마주들이(굿의 一種)를 치르며 하는 것은 신사중심적인 두레 제도에 의한 원시적 결합이었다. 그것이 기의 활동의 발전과 한 가지 기어레(겨레 族, 혈족으로 씨족, 후일에 민족)를 기었(組織)하게 된 것은 꽤 오랜 후기의 일이 있을 것이다. 두레로나, 외따두로나 춤추고 노래하고 또 사냥하는 것이 큰 오락이었다. 고누 두는 유희쯤은 상당히 구원한 민속으로 이 시대에 있었을 법하다. 지업어이로 지업어이에게 왕검으로 왕검에게 덩걸로 덩걸에게 그 위를 물려 내려주는 것은 가장 정중한 의식을 필요한 일이매 한무리를 짜고 이느리-사설을 하며 고천(告天)의 의식을 하는 것은 매우 장중한 의취를 부쳤을 것이다.

그들의 사이에 되 혹은 말과 같은 것은 그 용량의 변동은 어

---

86) 거칠고 성기게 짠 베.

찌했든 늦어도 촌락정치의 형성시대에는 주로 식료를 양감(量 戡)하기 위하여 말(斗)이 사용되었을 것이다. 기의 활동이 사회 적 우월한 지위를 차지하기 전에 물물교환하는 옴기나이의 원시 상업이 유행되었을 것이다. 골으로 몸을 싸고 꾸민 청춘의 남녀 들이 사냥과 싸움과 노래와 춤놀이를 중심으로 뜨거운 햇그리움 (初戀)을 하면서 무궁이 꽃 한 가지를 꺾어주는 정서의 표현은 못하였을 망정 우리, 뫼우에, 높이 올라 말에 널려, 왕벌로, 뼈 지르는 너틀바라니 쯤의 그리움의 노래는 흔히 불렀을 것이다. 좀 후대에는 수렵 길에 필요한 불씨쌈지쯤은 그의 모슴아이 애 인에게 보내는 가신아이의 선물로 주고 받에 되었을 것이다.

그러나 아지엄 시대부터 배어들에 왕검을 모시고 내려온 왕노음 왕이와 지응(僧)과 지앙(장님)으로 된 벼실아치, 굿실아치 등 아치 계급의 사람들과 무사이자 공민인 따감과 이칭동체였을 따기계급 과 생산적인 기술자로서 제3계급적인 배어치(바치) 계급 등이 형 성되기는 머리지를 지나 기아르(지아리)가 출현하기 전후인 훨씬 후기의 일이었을 것이다(『조선일보』, 1930년 2월 13일, 4면).

○ 1930년 2월 14일 별·숫자·방위

별과 관련한 언어, 우리말 숫자의 의미, 방위와 신라 왕명 등의 어 원을 분석했다.

단군을 중심으로 상고 조선문화의 원시적인 제형태에 관하여 는 아직도 고찰 서술을 필요한 부분이 적지 않다. 이를테면 배얼 (星)의 어의에서 원시시대의 조선 선민이 천지정명한 북쪽 대륙 의 고지에서 얼마나 천상 특히 성상의 관측에 그 원시적인 우주 관을 부쳤을는 지가 한 흥미 있는 점이다. 70만 년 이전 유인원 시절부터 인류의 조상은 성상을 관측하였다고 하는 고고학자의 말이 얼마큼 신뢰할 지는 알 수 없다. 그러나 예(濊)·부여(夫餘) 제국의 영성봉제(靈星奉祭)하는 풍속은 푸리시온, 천랑성(天狼星)을 제(祭)하던 이집트인의 그것처럼 아득한 시대부터 인생정령(人生精靈)의 쫓아 온 곳으로 믿는 배얼에 대한 관측·숭경의 민속을 가졌을 것이다.

수의 명칭에 관하여 일별하건대 하나는 환(하늘), 둘은 들(地), 세는 씨 즉 종(種), 네는 나 즉 생(生), 닷은 따 즉 토지(土地), 이엇은 이 즉 생명, 인생, 혹은 수(水)를 의미함 같다. 일곱은 일 즉 역작(力作)과 흥왕(興旺), 여닐은 미상하나 아홉은 아 즉 지견(知見), 열은 계발(啓發) 즉 지견(智見)이 열리는 연령이라는 점에 착안한 것같다.

시물은 씨여물 즉 인종(人種)과 임실(稔實)[87]의 초기, 서른은 씨어른, 인종성숙한 어른으로서 유처유가(有妻有家)할 시기, 마흔은 그 성숙의 종막(마는 마주막의 語根), 쉬흔은 노기(老期) 즉 휴식을 요할 시기인 것을 의식한 것같다.

이것은 물론 문화가 훨씬 진보된 후대에서 완성한 신생어를 많이 섞었겠고 그 중에는 천착(穿鑿)[88]에 지난 자도 있을 것이나 6까지의 어의는 신빙하기 족하다. 더우기 천일지이(天一地二)의 기우전변(奇偶轉變)의 사상은 이조기관(以鳥紀官)하든 복희(伏羲)씨가 동이지인(東夷之人)이라고한 홍서(鴻書)의 그 말과 아울러 조선계의 위인으로 상형문자의 시작인 팔괘를 그렸다는 현대 학자의 안설(案說)과 비슷하다. 영작(靈鵲)으로 일컷는 까치는 기아치(日官, 일사자)의 어의를 함축하였느니 만큼 태양 혹은 성수 특히 오작교 전설에 관련된 집신할미, 집신할아비(織女와 牽牛)의 전설에 관하여 민속적으로 구원한 유래가 있을 것을 상상케 한다.

방위에 관하여 일별하건대 새(東)는 일(日)과 서(曙), 하누(西)

---

87) 여물다.
88) 억지로 이치에 닿지 않는 말을 함.

는 해 즉 일입방(日入方)(匈奴의 한누방도 됨), 마(南)는 맞음쪽으로 북으로부터 남하한 종족 이동의 경로를 말한 것이며 태양을 정면으로 모든 생활을 영위하는 민습을 표함이다. 놉의 북(北)은 북방의 고원을 이름이요, 뒤는 맞음의 반대로 남하하는 후방을 의미함일 것이나 최고형은 치로써 일컫는 것이니 놉 혹은 상방(上方)의 의미일 것이다. 치우(寒)의 치도 또한 이와 공통의 뜻을 가짐일 것이다. 그러나 주곡(主穀)·주명(主命)·주병(主病)·주형(主刑)·주선악(主善惡) 등의 제직(諸職)으로 민속적 언어를 더듬을 수 있으니 주곡을 남기 혹은 나기, 주명을 남이, 주병을 나을이 등으로 하였을 것을 추단하게 된다.

신라 상고를 일컫는 법흥 이전 22왕의 명칭 중에는 남해(南解)·내해(奈解)·내지(內只)·눌지(訥祇)가 있으니 남기 혹 나기의 사음(寫音)[89]이요, 구 대방의 인접지로 고대 농작의 호적지이었을 재령의 남으리(남을이) 평야가 그 유운을 생각케 한다. 주병의 나을이는 비교적 근고에 세대까지도 지앙님으로 일컬었을 지방관이 병질과 재란에 아울러 평치하는 직임을 맞아서 나으리의 경칭을 가졌을 것임에서 추단된다. 이러한 것은 반드시 단군의 초년에 정비된 바이라고 억단(臆斷)[90]할 바가 아니나 우선 그 전반을 통관해둘 필요를 느끼는 바이다(『조선일보』, 1930년 2월 14일, 4면).

○ 1930년 2월 14일 누가 좋아할 일이냐?

당시 해외에서 교민 사이에 반목과 알력이 심한 것을 비판하고 민족 문제 해결을 위한 동지적 협동이 필요함을 강조하고 있다.

---

89) 소리 나는 대로 적음.
90) 근거없이 판단함.

"단결하라 단결은 약자의 무기이다." 이것은 입이 저리도록 말하고 귀가 아프도록 들어서 오히려 그 불가함을 깨달을 바 없는 역경에 빠진 자들이 받들어야 할 철칙이다. 그러나 실제에 있어서 역경에 빠진 다난(多難)한 인민일수록이 단결은 쉽게 되지 않는 바이요, 그 반면으로 도리어 반목과 알력을 저지르기 쉬운 것이다. 이것을 역사상의 실례로 보건대 알렉산더의 공세 밑에 위하(威嚇)[91]되는 희랍의 여러나라가 데모스테네스의 웅변으로 하여금 왕왕히 그 바라는 바가 수포에 돌아가게 한 것 같은 것은 오래되었으나 오히려 명백한 실례이며, 이간(離間)과 중상(中傷)에 의하여 각개격파의 비책에 걸리기 쉬운 것은 일반이 잘 보고 듣는 바이다.

조선의 옛일에 돌아보건대 당쟁의 역사는 즉 국민적 무위(無爲)의 반면(反面)을 이야기하는 것이다. 종국적(宗國的) 의식의 소마(消磨)[92]와 공통적인 감격의 원천에서 떨어진 시든 개개체로서의 인민들의 악착스러운 이기주의적 사견(私見)과 그 열정의 발로임을 이야기하는 것이다. 보라 스스로 압록강 이남의 소천지에 퇴영하여 국민적 공동의 생활로 국제적인 운동은 전혀 단념하고 세계 유일의 최대의 세력이라고 그 영구성을 속단한 중국 선비의 국가에 대한 연약한 외교로 국면 안전의 절대성을 경신하고 몰아 앉아 그 개인적·가족적 이기심에 발이 묶이게 되니 그들은 거의 사상에 그 유례가 없는 사쟁적(私爭的) 당쟁을 지속하고만 있었던 것이다. 그러나 이러한 미워할 사쟁이 존망위급의 시국에서도 겨우 정지되었다가 도로 치성(熾盛)[93]해진 것은 임진왜란을 전후로 놓고 우리가 잘 고찰(考察)할 수 있던 것이다.

조선인의 국제적 운동의 단념에 의한 종국의식의 소마라는 정

---

91) 힘으로 으르고 협박함.
92) 닳아서 없어짐.
93) 불길같이 성하게 일어남.

치적 조건과 소농 본위의 지방경제의 범위를 벗지못한 지방주의적인 경향과 이에 부수하는 교통기관의 미발달, 인민교섭의 비일반화적인 사회적 조건은 전술한 사쟁적 당쟁으로 거의 골수에 사무치는 고폐(痼弊)[94]에까지 가고만 것이다. 뿐만 아니라 현대에 있어서는 정치적으로 전혀 무권력한 처지에 놓여서 운동의 구체화와 대중화가 방지됨에 인하여 이러한 사쟁적인 알력은 근절될 듯 싶은 양 실로 만연되고 있는 것이다. 그러나 이러한 상태 그것이 필경 무엇을 가져올 것이냐? 피폐한 자에게 독약이요, 빈사자(瀕死者)에게 치명적인 창상(創傷)[95]이 아니고 무엇이라? 이 모든 것도 객관적 필연이냐? 그렇다 하면 필연의 이유에 밑에 시비성패가 모두 공(空)으로 돌아갈 것이 아니냐? 그렇다 하면 인생으로서의 가치와 의의가 어디 있을 것이냐?

해외에 유우(流寓)[96]하는 자는 결국 유우하는 자이다. 영사와 주권의 지배의 밑에 있어서 영토와 주권을 따로 가지지 아니한 자로서 오직 인민을 가지고서 의제적(擬制的)[97]·주권적 행위를 하는 것도 계획이 아닐 것이다. 그러나 유우표랑하여 박해가 때로 이르는 수난자로서의 인민에게 소위 경제적 토대에 의한 특권계급이란 바가 있을 수 없고 따라서 독자적으로 같은 인민인 교민(僑民) 사이에 계급 대립도 있을 수 없는 일이다. 만일 있다고 하면 전자와 후자가 모두 착인(錯認)이거나 과오가 아닐 수 없을 것이다. 그런고로 거기에는 완전한 동지적 협동이 성립되고 전민적(全民的) 통제를 향하여 집중됨은 있어야 할지언정 상호의 반목과 알력은 없어야 할 일이다. 그러나 이 끊이지 않는 알력에서 그 정력이 밖으로 제일보로 나아가기 전에 먼저 그 자신들 상호간에서 낭비되고 파쇄된다 하면 이것은 회복할 수 없

---

94) 뿌리가 깊어 고치기 어려운 폐단.
95) 상처.
96) 떠도는.
97) 같은 것으로 간주하는.

는 손실이요, 또 정의에 대한 치욕일 것이다. 역경에 있는 자들의 자상천답[98]은 그래 누가 좋아할 것이냐? 일편의 희소식 대신으로 오직 그 암흑같은 보도만을 보내게 되는 이들로서 감회 과연 어찌할것인가?(『조선일보』, 1930년 2월 14일, 1면 4단).

○ 1930년 2월 15일 기아리 시대의 출현

기의 활동과 기아리 시대의 출현을 설명하며 은기자동래설과 기자조선설에 대해 비판하고 있다.

"얼씨구나 지얼 씨구 지아지아 쟈쟈 지얼시구"
조선의 상대사와 가장 인연이 깊은 무녀들의 굿거리와 노래가락의 사연이다.
"지아지아 지아지아 지아쟈 쟈쟈 지아지아"
상대로부터 왕후와 공경과 방백과 옛귀족의 말류(末流)[99]인 활량들에게 모시는 기녀들의 송축하는 소리이다.

"지앙 지앙사 지앙터" 등 조선경제에 특수한 방식을 이룬 시장과 상업에 대한 지앙의 명칭이다. "기엉(지엉)을 칠놈" 이것은 폭군정치적인 또는 타락한 혹리(酷吏)[100]정치시대의 사법 행정을 생각케 하는 비속적인 야언(野諺)이다.
지앙님, 지웅(僧), 지얼(寺), 복술무술(卜術巫術)로 길흉을 가르치고 질병을 나을이는 맹인(盲人)의 칭호요 구원한 시대부터 제축의 소임을 맡아오던 고유한 승직의 명사 근대에는 불교 승려에게만 쓰는 명사요, 절(지얼)도 그 유래가 불교수입 이전 아

---

98) 스스로 서로를 발로 짓밟음.
99) 기울어져 가는 혈통의 끝.
100) 무자비하고 혹독한 관리.

득한 시대부터 있었을 것이다.

"가면은 가고 말면은 말지 저 지압놈 따라서 영남을 갈가?"
고대 관비인 기녀의 입에서 시작되었을 듯한 이 노래이다. 지압놈 지압년은 지전한(前漢)과 지전비(前婢)를 의미함은 아닌가? 지업지앙 압지앙 지악이아 한토(漢土)의 문례와 맞지 않는 접장의 지없지앙과 읍차(馬韓君長)를 연상치 아니할 수 없는 전투 무사적인 언어인 압지앙은 어찌함인가? 고려 왕건태조의 선조인 작제건(作帝建)의 작제가 무슨 이두식의 직명인 듯 생각케 되는 이제는 경칭도 아닌 저 작자, 이 작자의 지악지아는 또 무엇일까? 이렇게 신사·관직·경제·사법·민속·종교·병전(兵戰) 등에 핍근한 유연을 가지는 극히 광범한 민속적인 어휘는 어찌하여 범연히 흘려들을 것인가?

장당경(藏唐京)·당장경(唐藏京)의 지앙당 또는 땅지앙(地方都市)을 의미하는 지명이 단군 은퇴와 지아리의 출현에 가장 직접적인 문헌상의 위치에 있는 것은 어찌함일까? 이 외에 족제(族制)·산업, 기술제작, 척도·도의·예속·직업·주거 등 일상 생활적인 제방면에 통하여 기, 지 또는 그의 분화어음인 키, 치, 찌 등 어휘가 가장 광대하게 조선 언어의 전영역에 뻗쳐 있는 것은 무엇으로 해설될 것인가? 여기에 있어 과학적인 사가들은 마땅히 이, 기(지)의 열쇠를 잡고 만고에 억울하게 구지(九地)의 밑창에 깊이깊이 파묻혔던 조선 선민의 생활의 자취를 광천화일(光天化日)의 아래에 드러낼 책무가 있는 것이다.

오인은 아진의선(阿珍義先)과 음즙벌(音汁伐)과 아사달과 숙모의 아지엄어이에서 성모시대의 묵은 생활을 뒤저내고 거타지(居陁知)(꼬지지)와 박혁거세와 그의 존호 거서간(居西干)과 박고씨(薄姑氏)와 천일창(天日槍)과 환자의 고지아에서 꼬지(槍)로써 일컫던 군무수장을 중심으로 무수한 부족국가와 그의 발전체인 민족국가가 어떻게 동방각지에서 활동하였던 것을 변증(辨

證)했다.

본장에 있어서는 이 기의 활약에 의하여 개척 창작과 성장된 조선문화-아시아산 문화의 특수한 자취를 뚜렷이 나타내고 수천년래 더욱이 700년 내 조선선민에게 중대한 누명을 입혀 현대에까지도 직접·간접의 빈축할 영향을 미치고 있는 기자조선설 혹은 기자동래 조선교화설에 대하여 그 내재적·근본적의 파쇄를 단행하게되었다.

실상은 성모시대나 단군시대의 과학적 천명과 아울러서 이 기아리 시대의 천명(闡明), 지아산 문화의 검정(檢定)은 일단의 가치와 흥미를 진역(震域)의 사람들에게 가져올수 있는 바이다. 기아리 시대가 별것이 아니니 멀리는 아지엄의 아지도 지가 쫓아 분화된 근본이다. 지업어이의 지, 마을지의 지, 머리지의 지 그리고 기의 어른으로서 또는 일자(日子) 혹은 일정(日精)의 의미로서의 기아리 또는 기아르와 씨족으로 내지민족(겨레) 그것의 구현자로서의 기아리는 족제의 발전계단에 보아서 당연한 일이다. 고을 혹은 걸의 유연 형태로서도 이 기아리의 시대가 출현되지 아니할 수 없는 것이다. 그러나 기아리 시대 출현 그것은 결국 지아산 문화창성 과정으로 전적인 의의와 가치를 가지는 것이요, 단군시대의 진면목도 이로써 드러날 것이다(『조선일보』, 1930년 2월 15일, 4면).

○ 1930년 2월 16일 기아리 시대의 출현

기자는 중국에서 온 것이 아니고 기자는 기아리로 이는 배달 사회의 발전 단계에서 나타난 정치의 새로운 기원이라고 강조하고 있다.

단군과 기자는 천 수백 년을 격하여 따로이 그 시대를 가르는 자이다. 그러나 이것을 역사발전의 계단에서 엄격히 구분할 수 있지마는 그의 족제적인 견지로 보아서는 양자의 계선(界線)이 확연히 나타나는 바가 없지 않다. 배달-왕검으로서의 단군은 이미 극히 원시적인 아지엄 시대부터 그 민속적·역사적 인소(因素)가 발육되어 씨족사회의 형성기인 지업어이 시대에 완성하고 부족과 부족연합시대인 마을지로 머리지 시대를 거치어 문득 대사경향(代謝傾向)[101]을 진하게 하였을 것이다.

이 기아리로서의 기자(奇子)(기자(岐子))도 가하나 이미 이 명명이 있으므로 그에 쫓음) 시대는 지업어이에서 벌써 배태되고 머리지에서 생장하여 대사(代謝)하는 배달왕검을 다만 교권(敎權)의 장으로만 손거(遜居)[102]하게 하면서 기아리(此後 기아리로 예를 삼음)로서의 권위를 그 정치적 통솔자의 지위에 확립하게 된 것이다.

그는 배달사회의 역사적 모태 속에서 인민의 중추세력으로 생장을 생장할 대로 한 후 필경은 깨뜨려져야할 배달사회의 태문(胎門)을 스스로 열어 제치고 그 필연의 도정에 나타나게 된 것일 것이다. 왕검덩걸의 통어(統御) 아래에 있는 배달 세계는 결코 단순한 세습적인 대표 지업어이(즉, 왕검)만이 있었음이 아니다. 전술한 왕도움·왕이남기·남이·나을이 등의 벼실을 맡은 보통의 지업어이가 많았어야 할 것이다. 더욱이 그의 개인적인 재지(才智)와 능간(能幹)에 있어서는 대표적인 왕검 그 분보담도 오히려 수(數) 등이 빼어난 자 있어서 사무적·기술적·일상생활적 제방면에 몸소 그 기량을 발휘하게 되었을 것이다. 이로코이 씨족사회에 있어서도 씨족을 대표하여 입법적·행정적·군사적 제기능을 요리(料理)·집행하는 자가 보통 수장(首長)의 명의로 50인이로되 변설무용(辯說武勇)으로 실제에 인민을 통리(統理)하는 자는 도리어 차석(次席)이거나 보좌의 지위에 있는 수장이어서 쉽게 폭군적의 찬탈을 꾀하지 못하게 하는 예가 있다. 이는

---

101) 변화 과정.
102) 양보하여 물러남.

인류역사의 발전이 일정한 편재적인 범주를 밟아 지나가는 원칙에서 배달 사회의 조직이 또한 동일하였을 것을 추단하게 된다.

그리고 유구한 원시기라고 하는 시기를 통하여 경험·관념한 적루(積累)적인 혜성이 조솔하나마 이 미개기의 전과정을 통하여 차차로 가속적인 발견·발명·창작·모방의 기능으로 되었다. 드디어 지아산(此後 지아산을 예로 함) 문화의 창성과정을 이룬 것을 또 추측하게 한다. 그리하여 이에 주의할 것은 기아리의 출현이 이러한 문화창성의 인격적·영웅적의 동력을 준 것은 아니요 그보다도 지(지, 기 並用키로 함)들의 허구한 활동의 적루한 공적이 배달사회로 하여금 일층의 번영과 견고와 통제적인 기어레의 기얼음(編制)으로되매 그 중에서 가장 영웅적인 또는 문벌적인 기의 어른(實質로 보아)이 있어 그의 기량과 성망(聲望)[103] 권력에 의하여 일개의 획시기적인 기아리 정치의 신기원을 이룬 바일 것이다.

그는 지리적 견지에 있어서도 백두산하 천평에서 출발한 신정 본위의 간소한 왕검 중심의 배달 사회가 이미 남북각지 평천옥야의 땅에 발전되는 따감과 따기와 그들을 중심으로 한 지방적인 배어들에 인하여 소위 왕실(王室)의 식미(式微)[104]를 호탄(浩歎)[105]할 만큼의 세력의 이동을 보게 되었을 것이다.

인민에 있어서도 따입앙(대방) 혹은 땅지앙(唐藏京)을 형성하도록의 신흥세력을 구현케 하여서 이미 삼업정숙한 만고의 비역(秘域)으로서 천평의 세계가 그 역사적 직능을 다할 수 없고, 오직 고래의 타성에 의해서의 신정(神政)의 관령(管領)[106]만을 맡되 그것조차 오히려 민물번연의 중추부인 방면으로 이동하지 아니할 수 없게 된 것이다(九月山 移處와 같은 예). 이로부터 지를

---

103) 명성과 평판.
104) 쇠퇴함.
105) 크게 한탄하다.
106) 도맡아 다스림.

중심으로 발전된 지아산 문화에 대한 언어학적 고찰을 시하여야
할 것이다(『조선일보』, 1930년 2월 16일, 4면).

○ 1930년 2월 18일 기아리 시대의 출현

기는 상고 조선의 귀족적인 우수한 이들로서 사회의 중추기능을 잡게 되었던 자의 칭호라는 점을 강조하고 있다. 신라의 성골은 즉 기아리의 직계를 받은 혈통, 진골은 지아 혹은 치아의 지방 수장적인 혈통을 받은 자라고까지 추정하고 있다.

  기 그것이 상고 조선의 귀족적인 우수한 이들로서 사회의 중추기능을 잡게 되었던 자의 칭호인 것은 이제까지 서술한 바로 인하여 자연 판명 되었을 줄 믿는다. 따기 그것이 지방의 수장으로 후세에는 공민(公民)으로 증식·전화되어 고려시대에 있어서도 많은 향리·호족으로 건듯하면 중앙정권을 저해하고 지방에 반거(蟠據)[107]하는 상태를 이르던 것은 구안(具眼)[108]한 독사자(讀史子)가 한 가지로 인식한 바이다.
  한양 조의 초기에 있어도 기인의 폐지와 향유소의 폐쇄는 이시애(李施愛)가 길주에서 반(叛)하여 거의 전 함경도를 움직이게 하는 변란을 이루는 이유로 되었다. 이에 대한 한양 조정의 강압책은 비로소 완전한 중앙집권적인 전제정치를 수립함과 같이 된 것이다. 기인(其人) 그것이 왕석(往昔)[109]에는 따감·따기로서 마치 봉건제후적인 세력을 유지하여 오던 폐잔한 유형이었음을 알 것이다. 기인 그것의 한문적 의미로 동닿지 않는 전연 이두식인

---

107) 어떤 곳에 근거를 잡고 지킴.
108) 사물에 대한 비판적 식견이 있음.
109) 옛적.

명명법인 것이 마치 그의 변형인 듯한 좌수(座首)의 좌에서도 오히려 지아의 유운을 방불하게 찾을 수 있는 것같이 지 혹 기, 그것의 후신임을 증언하게 되는 것이다.

그리고 아이에 대한 아기가 유아에 대한 최경칭으로서 공식으로 상층계급에 한하여 사용되던 말임에 비추어 기 그것이 마치 아테네의 30만 천민 혹은 노예에 비하여 오직 10만의 공민을 가졌던 것과 같은 귀족적 의미로 공민의 칭호이었던 것을 수긍케 된다. 신라 본기 김알지(金閼智)의 계림전설(鷄林傳說)의 알지(閼智)(아지) 그것이 개인의 이름이 아니요 오래지 않아 그의 직계혈속에서 왕위에도 추대될 만큼의 성골적인 지위에 있던 자의 유아에 대한 공통명사이었던 것은 노노(呶呶)[110]함을 요하지 않는다.

아니 성골·진골의 특수한 가통 쫓아 이것을 고유어음에 돌아가 살필 때에는 기아륵(聖)과 치암(眞)으로서 기 혹은 치의 어근을 가진 것이 전연 우연이 아닐 것이다. 이것을 천착하여 볼 때에 성골은 즉 기아르의 직계를 받은 혈통, 진골은 지아 혹은 치아의 지방 수장적인 혈통을 받은 자라고까지 추정할 수 있다. 한양조의 말기까지도 왕왕이 그 평민의 착복(着服)을 제한하던 금백(錦伯)에 대하여 깁이란 명칭으로 기의 입는 기입의 어의를 가진 것도 명백하다.

영웅 테시우쓰가 솔론의 입법보다도 앞서서 인민을 귀족과 공민과 공장(工匠)의 세계급으로 나눈 것과 같이 바치와 놈(古代 하급 무인으로 후대에는 천민으로 도태된 계급)과는 달라서 기가 공민적 즉 귀족적 지위를 스스로 차지한 것은 비교적 후대의 일이다. 기 그네들이 이러한 사회적 우월한 지위를 농단(隴斷)[111]함에는 반드시 허구한 동안 남다른 공적으로 유리한 생활을 하여 왔을 것이 추단된다.

---

110) 시끄럽게 떠듦.
111) 권력이나 이익을 독차지 함.

지업어이 출현 전후 즉 왕검을 중심으로 한 배달 사회의 형성 전후부터 그들은 인민의 주거로 집을 발명하였다. 집을 짓고서는 지게(戶)와 다지(門)를 내어서 통풍과 채양과 출입에 편하게 했다. 지아리(席)를 치어(織)서 거처를 화려하게 하며 일찍은 키(罩)[112]를 맨들으매 수렵에 이용하였더니 나아가 그물(網)을 기얼(編)어 어류와 금수를 지압(捕)기에 사용하였다. 금수를 잡으므로 매우 불편하매 계(鷄)·견(犬)·돈(豚)·우(牛)·마(馬)들을 질 혹은 길(馴)들이어 먹이바(牧所)에 두어 치(牧)게 했다. 더욱이 그 새끼를 치(孳)[113]게 하였고 그 외에도 많은 생축을 길르(養)며 길(道)과 똘(渠)[114]을 치(治)매 교통과 배수와 원예농업의 물 길(汲)어디기에 이용되며 농작에는 김(耘)매이므로 가꾸어 주매 기상과 조와 이(稻)와 콩 등이 모두 그 살림을 유족케 하였다. 질(靭)긴 질흙(埴土)을 짓(築)고 이기어 질(陶)그릇을 만들매 제조공업의 시작을 이루었고 그로써 기와(瓦)를 구워 기의 집과 벼실·굿실의 집에 올리게 하였다. 곡류를 정선하기 위하여 치, 키, 기(箕)를 발명하고 따로이 체(篩)[115]를 만들었다.

　　이로 인하여 민물(民物)이 더욱 번식하고 은부(殷富)할 뿐 아니라 평이한 곳에 깃들(定住)려서 함부로 이동하지 않게 되며 사람은 모두 짓(業)과 직(職)을 가져 그 생활을 질기(樂)고 누리(世)를 짓(喜)거 하며 지오(好)아함이 기지(한)없게 되었을 것이다(『조선일보』, 1930년 2월 18일, 4면).

○ 1930년 2월 19일 기아리 시대의 특징과 전개과정

기아리 시대의 특징과 전개 과정에 대해 서술하고 있다.

---

112) 키 조(罩).
113) 칠 자(孳).
114) 또랑 거(渠).
115) 체 사(篩).

이와 같이 진보되는 생존의 모든 기술은 파죽의 세와같이 가속적 발달을 이룬 것이다. 그들은 다시 지아(尺)를 발명하매 물의 길(長)고 찌알(短)음과 지악(小)음과 키(丈)의 높고 낮은 것을 정기(精紀)하게 따지며 그를 미루어 지어올(枰)을 발명하니 물의 무겁고 가벼움을 똑똑히 세음하게 되었다.

그리하여 일찍부터 사용하던 말과 되는 더욱 정확하고 균일하게 되매 인민생활의 지도·분배·교역이 차차 공평하고 정확하게 되었다. 거루와 배가 지으(揮)서 왕(往)하던 것에 새로이 키(舵)를 발명하니 그 방향과 전환과 진퇴에 정교와 신속을 확보하게 되었다. 구리의 채취와 찌(□)에서 불리는 재조(術)가 발명되매 그들은 청동을 사용하는 신시대를 이루어 들르기(古弄釖)의 대신에 칼과 꼬지(矛)와 끌(鑽)과 깍귀(斫)[116]와 도끼(斧) 등을 만들어 나무·철물·기타 포백(布帛)·섬유의 곳을 지알르(切)기에 경편(輕便)[117]하게되었다. 이러한 생활방식의 진보에 날어 기가 있는 곳(지앙)에 민물이 일고 불어 지앙것이 곧 도시로 되매 물화를 서로 바꾸는 자 지앙(市)을 이루고 말·소·수레·배 오(來)는 옴기나임이 더욱 번성했다.

기의 수용을 공급하는 것을 중심으로 지앙사(商)가 차차로 발달되며 어려운 일이 생기고 다닥드리는 문제가 터지매 급하면 지가 주상으로 딱지(武士)와 놉(下級武士)들을 거느려 굳게 직(守)히고 그러나 정예한 병기를 갖춘 기는 스스로 압지앙(邑借)이 되어 지처(厮殺)[118]나아가매 치(攻)는 바 치지 못함이 없고 북새놓는[119] 자들 치우(除)지 못함이 없으며 억센 적을 만나매 더욱 거얼(抗)어 익어 그치게 되니 인민이 모두 기의 김(세력)에 기이대(依)며 그 기아륵한 그늘에 지어서(浸漸)서 문득 큰 기어

---

116) 깍귀 작(斫).
117) 가볍고 간단하여 사용하기 편리함.
118) 시살하다. 죽이다.
119) 부산떨거나 법석대다.

레(氏族-부족-민족)로 기얼(編制)리게 되니 지업어이로 마을지로 머리지를 통하여 각 방면에 걸쳐서 기의 활동은 실로 위대한 것이었다.

이에 분산된 세력이면 힘써서 기우(補充)어 주고 집단이 커진 뒤에는 찌겨(分裂)서 새골(鄕)을 만들었으니 이리하여 공작에 힘쓰는 자 지워(匠)로 되고 지앙사를 힘쓰는 자 홍지앙(商)으로 되며, 병사에 힘쓰는 자 딱지앙이 되며, 형을 주하는 자 꺽지앙이 되며, 사회의 번창이 비길 때 없었다. 지의 얼(神)을 위해 두어 마주드리 제(祭)를 누리게 하니 그 집을 지얼(寺)이라 하고 그것올 맡아 공양 질올 항상 하는 자 지웅(僧)으로 되고 지의 위대한 자나 뜨는 기타의 신을 위하여 간이한 조상으로써 □신을 삼으니 이른바 제웅(偶人)이 되었을 것이며, 놉 흔히 □리 지얼(拜)하며, 어린이를 잘 지아라(成長)게 아끼는 도(道)가 날을 날아 두터워졌을 것이다.

머리지가 나타나고 관계하는 지역이 더욱 넓으매 따로이 지방에 지를 보내니 그것은 주장 신도(神道)[120]에 의하여 질병을 고침과 재액을 푸리함과 소원을 페임과 교화를 베풀고 민정을 행함이다. 이것이 지앙님이요, 그 고장은 지앙 혹은 지앙터로 일컫고 그들 배앙(平壤)에 비하여 구분하기 위하여는 땅지앙 혹은 따지앙(唐장경)으로 일컫게 되었다. 이것이 더욱 복잡한 조직과 분장을 요하게되니 혹 꼬지(居西干), 없지아(邑借), 홀치(險側)도 되고 없지아에 다시 장(長)되는 자을 두기로 되매 지입지아(作帝, 지악쟈, 접장)도 되었다.

이와 같이 사회제도가 더욱 팽대되어 가매 그 모든 기의 계급 위에 다시 어른지를 두어 통제할 필요가 생겨 그들 아지기(臣智-신은 아지)라 하고 아지기가 있어 모든 기를 영사(領事)했다. 사회의 기구가 더욱 통제적으로 됨을 기억·경험 해오는 동안 이러한 산업적·기술적·정치적 사회문화의 제기능은 그 지상

---

120) 귀신의 높임말.

에서와 같이 천계에 관하여서도 일단의 응의(凝擬)와 사구(思究)가 증진되어 창창(蒼穹)[121]에 주잡(周匝)[122]하되 만물을 생육하며 정명장려(貞明莊麗)함이 스스로 신성웅굉(神聖雄宏)한 느낌을 거대하게 하는 것이다. 이 때문에 태양을 천계의 중심으로 모든 우주의 중심인줄 신념하여 스스로 천계에 태양이 있고 지계에 기아리가 있음을 믿고 또 □佈하게 되니 이는 개아리로 태양이요 개아르로 일정(日精)이며 기어르로서 기의 □이며, 부족연합과 한족(韓族)의 핵심으로서 기알이오 그대로 기아록이오 지일(能)이오 보위로서 지아리(座)이다.

이와 같이 허구한 동안 기술·사무·근로 등 정치·병사·산업 각반(各般)[123]에 있어서 전통적인 왕검덩걸의 지위와 등가를 기올(傾)이고 참연히 그 두각을 일방에서 드러나게 되매 지금까지의 고귀한 위(位)를 차지하였던 덩걸왕검은 비로소 그 대사(代謝)의 경향이 급속하게 되고 배달의 사회에는 필경 일대 변혁이 아니 나올 수 없었을 것이다(『조선일보』, 1930년 2월 19일, 4면).

○ 1930년 2월 20일 은기자동래설 비판

조선상고사는 성모시대와 배달 사회를 거쳐 기아리 시대인 기자 시대로 변화 발전했기에 은기자동래설은 부당하다는 점을 강조하고 있다.

지아의 권병(權柄)(채)를 지압(秉)은 밑창에 그 그늘과 간능(幹能)과 그 보호(保護)·안집(安輯)에 의하여 민물이 크게 번식하매 이 지아리의 날을 기념하는 것은 가장 큰 국민적(편의상 국

---

121) 푸른 하늘.
122) 두루 두루.
123) 여러 가지.

민이라고) 제전으로 되어 이 제전은 북과 지어(笛) 등(絃樂으로 거문고를 썼을는지 흥미 있는 점)을 썼을 것이다. 밤을 세워 새벽에 사무치니 지아리□□다는 것이 제전 거행의 속언으로 된 유래일 것이다. 치악(善)이 치암(眞)과 가깝고 지알(善能)이 지알(數)과 같되 지알을 만위(萬位) 이상의 수계(數階)에 비기게 되느니 만큼 천년의 연대를 겪은 것을 수긍할 것이다.

기자(奇子) 천 년을 전하는 것의 그 구비(口碑)에 박힌 바 오랜 것을 또 추측할 일이다. 이제 족제상의 변천으로부터 고찰하건대 아지엄은 성모라는 여권 중심시대이니 인체에 있어 종구(種口)로 일컫는 여성의 생식기가 초매(草昧)[124]한 생리지식과 한 가지 중난신성(重難神聖)[125]의 관념을 부쳤다. 그의 변형어이자 또 복부의 명사로 된 배아지가 인종 잉태의 요처로 인정된다.

이를 미루어 배어달의 관념이 구성되니 배달 사회는 실로 여권시대에서 배태하여 남권의 초기에 출현한 것이다. 이 과도기에 있어 남녀가 동권(同權)으로 되니 지엄어이는 지업어이와 한 가지 수장(首長)의 지위에 병립하였을 것이다. 남계가 본위로 대체되니 지의 칭호가 홀로 남계가 점유한 바로 되어 모든 지가 남계의 전유임은 물론이오 때로는 지 즉 남성을 대명(代名)하게 되었을 것이다.

그리하여 지의 온(옷독 즉 兀然[126]의 의미)이 성숙기의 남자기관을 이름이요, 지와 아지(枝)가 남근을 의미하게 되니 역사사회학적 고찰에 있어 남계 본위의 확립부동은 지의 활동이 대부분의 공효(功效)[127]를 나타내어 경제의 조건이 사재산의 성립과 그 물림(相續)을 요하던 시대이었을 것이다. 그 시기는 반드시 머리지의 통치로부터 기아리의 출현까지 과정기이었을 것이다. 남지

---

124) 천지개벽의 시초.
125) 거룩하고 성스러운 것이 매우 소중함.
126) 홀로 우뚝한 모양.
127) 공을 들인 보람이나 효과.

명사(男枝名詞)의 성립이 또한 이 시기이었을 것이다. 그리하여 인체에 있어 지의 아지와 세계(지상)에 있어 기의 아르(長)와 상계에 있어 한울의 개(日, 천구)는 셋이 하나요 하나가 셋인 동일의 개념을 형성하였다. 불교에 있어 이취경(理趣經)[128]의 한편이 전혀 생식신의 숭배를 중심으로 연설된 것 같은 예를 기다릴 것 없이 상대 인류에 있어 생생자식(生生滋殖)의 도(道)로서 유통되던 생식신 숭배의 공통신앙 그것과 함께 배달이 여성 유연(類緣)임에 비하여 기아리의 군(고을) 정치건설이 남성 유연으로 된 것도 흥미 있는 경향이다.

지내천(地乃天)·인내신(人乃神)적 조선 전래의 종교철학적인 간소한 우주관·인생관의 윤곽조차 이에서 드러난다 할 것이다. 이에서 가장 명확한 것은 기아리로서의 기자시대 즉 해씨(解氏) (古音 개) 조선이 아득한 성모시대로부터 뿌리깊은 민속토풍 성장의 지속으로 필연한 일환의 연쇄로서 그 나타나야 할 역사적 과정에 나타난 것이다. 망국포객(亡國逋客)으로 그 종적을 요수(遼水)의 연변에 부쳤을 법한 은기자(殷箕子)가 무슨 사회적 심대한 인연을 조선의 전문화적 작업상에 부쳤겠느냐? 전연 근본적으로 파쇄되지 아니할 수 없는 결론으로 돌아가고 마는 그것이다.

이제 백두산의 천지 묘향산의 단군굴, 평양의 기린굴과 제주의 고부량(高夫良) 삼성(三姓)시조의 용혈(湧穴)과 고구려 수신(隧神)의 진좌소(鎭坐所)인 '국동유대혈(國東有大穴), 명수혈(名隧穴)'의 그것들은 종구(種口)라는 여성의 생식기와 함께 문화적 동일성을 찾을 것이다. 상계의 천일(天日) 지상의 기아리, 인체의 남지(男枝) 등은 기아리의 마한국 소도(蘇塗)의 원의가 쫓아온 온 바를 명시하는 바이다. 이것도 지업어이의 발달 형태로서 기아리 그것이 은기자의 그것과는 전연 풍마우(風馬牛) 서로 미

---

128) 밀교(密敎) 특히 불교 진언종(眞言宗)에서 중요하게 여기는 경전으로 771년 불공(不空)이 번역했다.

치지 못하는 것인 고대사회학적 한 증거로 되는 것이다. 기의 유래가 그 깊고 넓고 또 크거니 어찌 쉽게 말할 바이냐?

(『조선일보』, 1930년 2월 20일, 4면).

○ 1930년 2월 21일 기의 활동과 문화 창성

기의 활동에 의한 문화창성의 경로를 제시하고 기아리의 출현지역은 송화강과 요하 상류, 압록강 유역 등이라고 주장하고 있다.

앞서 쓴 수회의 사실에 의하여 기의 활동을 중심으로 조선의 문화가 어떻게 그 독자적인 체계를 가진 독자적인 창성과정을 밟아 나왔는가를 명백하게 볼 수 있는 줄로 믿는다. 가장 향토적·종족적 특수한 문화창성의 역사를 밟아오지 않고서는 각종 산업·기술·예의·도덕·종교·습속 등에 관하여 그와 같이 계열이 정연한 언어 시초의 형성을 기할 수 없는 바이다. 한서(漢書)의 소위 '교기민(敎其民以禮義) 전천직작(田蚕織作)'[129]이란 것은 은기자의 동래로 인함은 아니다. 기를 중심으로 지얼함과 치악함과 지알함(禮儀)과 김 매이어 열음(農) 짐과 누에치고 깁, 찌암과 길삼 하고 지앗고 베 찌아는 것(田蠶織作)을 허구한 동안 발명 교도하던 역사를 구전(口傳)함을 추록(追錄)함에 지나지 않할 것이다.

팔조지교(八條之敎)[130]를 베풀어서 '기민종불상도(其民終不相盜), 무문호지폐(無門戶之閉), 부인정신불음(婦人貞信不淫)' 운운도 각각 그 깃(業)을 가지고 직(職)에 힘써서 재산관념의 형성, 소유 한계의 설정, 직무와 도덕의 교도(敎導)[131]로 서로 침해

---

129) 예로써 백성을 가르치고, 밭과 누에와 길쌈을 짓게했다.
130) 고조선때 시행하던 8가지 금법.
131) 가르쳐 지도함.

하지 않게 함과 각각 그 찌악(配, 일부일부제의 완성)을 지어서 서로 난(亂)하지 못할 것을 입법한 것으로 해석되는 외에 따로 이 외래문화의 침식작용의 자취를 찾을 수 없다.

그러나 지알 천세가 구원한 기간을 표시하는 것임만큼 기의 활동에 관한 문화 창성의 경로는 실로 배달 사회 출현 이전부터 기아리 시대의 성립 직전까지 유유히 천수백 년의 시일에 쌓아 온 진보를 이루어 온 것이라고 볼 밖에 없다. 그리고 지알이 또 세소(細小)를 의미하는 것인 만큼 기아리의 출현 당시에도 완전한 근대식의 국가로서 중앙집권적인 정치를 단행하여 왔다고는 속단하기 어렵다. 중국에 있어 요순의 치를 말하나 요전(堯典)과 순전(舜典)의 상서이편(尙書二篇)이 후대 한유(漢儒)의 위작인 것은 오늘날에 이미 천명된 바이다. 삼묘씨(三苗氏)를 귀복(歸服)케 하였다는 순(舜)의 간척지무(干戚之舞)[132]라는 것에도 미개기에 있는 아메리카 인디언 추장들이 출정지원자를 모집하는 일종의 전쟁발기 수단으로 쓰는 전쟁 무도(舞蹈)를 의미한 것과 비슷한 것이다. 반죽애사(斑竹哀史)와 함께 그 당대의 사회형태가 후세 유자(儒者)들의 갈앙(渴仰)하는[133] 바와는 너무 서로 동떼게 틀릴 것을 수긍할 것이다. 그러면 실제에 있어 한토문명에 비하여 훨씬 후진적인 조선 상대사회가 기아리의 출현을 본 후에도 상술과 같은 사회형태로 있었으리라고 수긍하지 아니할 수 없다. 소위 평양 천년의 역사를 겪은 후의 남천 이후의 마한의 정치형태도 근대식의 완전한 국가에 비하여서는 오히려 산만하고 조홀(粗忽)의 견해를 벗지 못하였으니 패퇴 분산하기 이전 완전한 형태로서도 대체로 그 일반을 엿볼 것이다.

그러면 기아리의 출현은 어디였을까? 부여와 고구려가 모두 천제의 자손이요, 일정(日精)의 산(産)이요. 해씨로 일컫던 자

---

132) 창과 방패의 춤. 군기(軍旗)를 섬기는 제사를 지내는 경칩과 상강일에 열리는 둑제에서 추는 춤으로 왼손에는 방패를 오른손에는 도끼를 들고 춘다.
133) 목마르게 동경하고 사모함.

이니 송화강과 요하의 상류와 압록강의 유역이 모두 그 기아리의 나뉘진 지역일 것이다. 위만 침입 당시까지 평양에 전도(奠都)[134]하였다는 정통인 것같이 해석되는 기준(은기자의 후예가 아님)의 기아리도 실로 그 기아리 중의 중요한 한 전통이었을 것이다. 그리고 이러한 산업·기술·군사·직제 등에 있어 일단의 진보된 통제적 정치를 건설하게 되는 기아리의 출현에 있어 바야흐로 그 대사경향(代謝傾向)을 농후하게 하던 왕검덩걸의 교화 아래에 있던 단군사회는 당연 완전히 소실되고 덩걸 그분은 오직 역사적 타성에 의하여 구월산의 성지를 골라서 그 교권의 우두머리인 지위를 일정한 시기에 유지하던 지위까지 소실되어 일좌천궁(一座天宮)이 그 숭경(崇敬)의 제전을 받드는 고장으로만 남게 되었을 것이다.

그는 사유재산의 형성, 영토관념의 수립에 함께하는 경제조직이 일대 혁명을 나타냄에 따라서 원시공산사회는 완전히 그 형해조차 남기지 않고 고을정치의 형성과 함께 새로운 의미로서의 승도주의적·신권적 세습권의 수립을 보게 된 것일 것이다. 배달왕검은 반드시 세습적이었을는지 의문이니 중국에 있어 요순우의 전수선양(傳授禪讓)을 이야기하는 그것처럼 또는 이로코이 종족과 그리스·로마의 상대에 있어 대표수장의 지위는 항상 민주적인 씨족 혹은 부족회의에 있어 선거·파면의 권을 가지던 것과 동일한 형태를 가졌으리라고 추단하지 아니할 수 없다.

요컨대 군사지휘관이란 것을 중심으로 일종의 정부를 특징 지은 그리스의 바지레아 그것을 기아리의 국가에서 발견할 것이다. 다만 조선의 상대사가 보담 계급 전제의 사회를 일찍부터 현출(顯出)[135]한 것만이 가장 유의할 점이다.

(『조선일보』, 1930년 2월 21일, 4면).

---

134) 나라의 도읍을 정함.
135) 두드러지게 드러남.

○ 1930년 2월 22일 기의 활동과 겨레

기의 활동과 함께 겨레가 사회 조직의 중심이 되었으며 이러한 기의 유적은 성(城)을 중심으로 다양하게 나타난다고 보았다.

공(公)을 기로 뜻풀이 하는 것이 기의 시대의 유운(遺韻)을 머무르는 것은 마치 관(官) 혹은 경(卿)의 벼실, 조세(租稅)의 굿실 그것과 같이 모두 상대 역사의 문화적 노층(露層)[136]을 이야기함이다. 사회 진보의 과도적 형태로 보건대 앞서 언급한 두레가 사단 조직의 문화적 시초(血族民族은 혈통이란 자연에 기초함)로 되었으며 그는 첫째 지(地)(들)의 토대 위에 지기(地祇)[137]를 중심으로 된 것이었다.

그러나 기의 활동이 드디어 중추적 기구를 형성함에 미쳐서 겨레가 사회조직의 기축으로 되었으며 이는 두레 조직의 문화적 일대 진경(進境)[138]으로 혈족과 씨족의 자연적 기초에서 성장되어 문화적으로 더 진보한 형태를 이룬 것이다. 두레는 혈족 씨족의 자체내에 있어 아무 종족적 접촉면을 가지지 않은데 비하여 겨레는 이미 타종족과의 접촉·교섭으로 일종의 대립적인 종족적 자각을 필요한 시기에 도달하였던 것을 표시함이다.

두레는 지역 유연(有緣)의 지기(地祇)중심의 산물임에 비하여 겨레는 기를 핵심(알)으로 또 태양을 상징으로 된 것이 좋은 대조이다. 즉 지면의 저속한데로부터 천계의 고원한 곳에까지 그 관념세계가 일대 앙양(昂揚)을 이룬 것이다. 그러나 그 발생계단으로 보아서는 기의 활동이 스스로 높고 큰 지위를 차치함에 전후하여 기 그것의 위대성과 신권적인 세습권을 합리화 시키는 철학적·신학적 이론의 근거로 일자설(日子說)과 일정사상(日

---

136) 어떤 특성이 드러남.
137) 땅의 신령.
138) 더욱 발전한 경지.

精思想)이 형성·성장됨일 것이다. 이것은 또 사회발전의 필연한 계단으로 일자(日子)의 개아리가 출현하지 아닐 수 없는 과도체로 되는 것이요, 은나라 사람 기자동래교화설이 파쇄되는 이론적 귀결로 된다.

성(城)이란 어음이 여럿이니 모두 상대문화에 관련된다. 울이 성이니 책성(柵城)으로 공동가옥 시대부터 시작된 최고형 일것이요, 불이 성이니 벌-원야(原野)에 취거하면서 성벽을 둘러쌓았음에 기원되었을 것이다. 실이 또 성이니 곡(谷)(실) 지(地)에 다 베풀은 요채이었을 것이다. 재가 성이니 관령(關嶺)에 쌓은 성벽에서 기원되었을 것이며 기로도 칭한 바있으니 기의 있는 곳이 즉 성으로 있던 옛사실을 증언함일 것이다.

단편적인 문헌에 이를 고증하건대 기의 근거되었던 고장에 처처에 그것이 있으니 울진군에 한 기성(箕城)이 있고(현재에는 기성면) 함평이 한 기성이니 고호 다기(多岐) 혹은 다지(多只) 혹은 따기의 유운이다. 기산성(箕山城) 혹은 기성은 따기의 성이던 것을 증명한다. 무등산 하천류들 액(阨)한 곳[139]에 정씨 세거의 명촌으로 지곡이라는 지실이 있다. 이는 지의 성을 이름이며 정씨 그것조차 소위 성을 얻기 이전에 오히려 지앙의 칭호를 받던 옛 공민(公民)의 혈통을 이은 자일는지 모를 것이다. 마한 고역인 진위일대에는 가곡이라고 하는 개실 좌간(佐澗)의 지아을, 사월리(四月里)의 개을, 이미 황야로 변해버린 개아리(기아리洞), 장안평의 지앙안들 등이 모두 기의 유적을 의미한다(『조선일보』, 1930년 2월 22일, 4면).

○ 1930년 2월 23일 다양한 기의 근거지

다양한 기의 전도지(근거지)가 확인되며 기중심의 사회 형성으로

---

139) 험한 곳.

겨레가 완성되었고 배달 사회의 이동도 시작되었다.

　가곡의 개실은 안동군에도 있거니와 가곡, 가야동, 좌동(佐洞) 등 개실, 가야울, 지아울 등의 동명은 조선 각지방 어디나 많이 있다. 산명으로도 평양의 지장산(之長山)은 경성(絅城)·기성(箕城)과 동일 음휘에 속한다. 금강산의 지항유(只恒由)는 기따산 만일 지항산(只恒山)을 잘못 베낀 것이면 더욱 기앙을 표음함이다. 지리산도 지(方)로 마지앙, 원주의 치산(雉山)과 춘천의 청평산은 치아 혹은 치악산, 무등산의 무진악은 재 혹은 마지, 공주 계룡산과 남원의 교룡산조차 기앙산의 음휘에 속한다. 합천의 가야산, 덕산의 가야산은 전자가 한 가야국의 소재지였던 만큼 개아리산 그대로이다.
　주왕피적(周王避跡)[140]의 전설을 가지고 있는 경북 영양의 주왕산과 지장산, 계양산, 적상산, 철령 등이 가까운 음휘를 가진 산악이다. 지방에 있는 자가 모두 기앙, 지앙, 치앙 등 기의 전도지(奠都地)에 인연 있다. 예의 마한의 금마고역, 진위일대에는 가산의 개뫼, 감미면의 개미, 정경산의 징경이산 등에서 어제 쓴 개아리, 개울 촌락에 접근하여 있으니 이것은 명명백백한 기 혹은 개아리의 전도지(奠都地)에 인연한 바임을 인식할 것이다.
　가락국의 갈 혹은 걸의 음운이 가야 구야 그것과 같이 그대로 개아, 기아리 등의 칭호를 병용하였든 형적이 있는 것도 또 흥미끄는 문제이다. 요컨대 기의 성장에 인한 기 중심의 사회가 형성됨에 미쳐서 겨레라는 단어가 완성되었다. 모든 인접한 혈연 종족에 대하여 일반으로 겨레 또는 기아리의 칭호를 부치게 되었을 것이니 배달 사회의 중심이 차차로 남천(南遷)하였다. 그 농경의 호적지를 요하의 상류와 송화강의 최상류와 압록강의 남안과 대동강과 한강의 유역에 이동했다. 드디어 반도 남부에까지

---

140)　주왕(周王)이 숨어살던 깊은 산골.

도 종족무리의 이동이 있은 후 새로이 북방에 출현하여 흑룡강과 송화강과 흥개호(興凱湖)와 동해의 연안에서 훨씬 후진적인 어렵과 해초 채취의 생활을 하는 종족을 보니 그에 대하여 문득 물기아리 혹 물겨레의 칭호를 주게 되었을 것이다.

말갈(靺鞨)·구길(句吉)의 제종족은 수족(水族) 즉 하천민족(河川民族)의 음(音)이다. 얼 혹은 아리와 여진어의 올자권(兀刺券) 등 강(江)의 어음만 취하니 읍루(挹婁)가 된 것일 것이다. 이는 흑룡강 부근이나 방금 훈춘의 동해안 부근에만 있는 것이 아니다. 무리이동이 상규(常規)가 없는 그들로는 여름 얼음이 풀리는 선로에 의하여 함남북의 옥저지방에도 점거한 바 있었을 것이니 말갈의 근심이 신라와 백제에 까지 있었던 증거일 것이다.

양수척으로 일컫는 천여 년 수난한 계통의 사람들은 말갈인의 자손인줄 고증된다. 말갈·물길의 물기아리 또는 물겨레와 수척(水尺)의 물시아가 그대로 들어 맞는다. 압록강의 옛지명인 마자수(馬訾水)도 혹은 무진주(武珍州)의 남자 나라와 같이 요하 상류를 중심으로 보아 마지아 즉 남기아의 근거한 하천이란데서 기원한 다른 이름일 것을 추정할 수 있다. 양수척의 양은 평양의 버들인가? 더욱이 고구려의 말년 이세적(李世勣)의 침략에 신라인이 가담하여 그 중(뭇) 무사(지아)를 포로로 데려온 자손인가? 즉 빼앗들인(탈취 즉 포로) 묻지아의 자계(子係)는 아니든가?

천착하고 홀연 비통의 느낌을 가질 수 있으나 그는 모두 의거될 바 없고 그들이 기류(杞柳)의 수공업을 부업으로 삼음에 기원된 음의 병용의 이두식인 한역인 것을 수긍할 것이다. 말갈이 숙신 옛땅에 있기는 하나 그것이 즉 숙신족의 이칭이라고는 볼 수 없다. 선진적인 남하한 제종족에 비하여 얼마큼 후진적이므로 분략(焚掠)·구초(寇抄)를 많이 일삼던 것은 문헌이 증명하는 바이다. 이는 여담이지만 기아리 그것이 은기자와는 아무 인연도 없고 오직 독자적인 족제적 사회적 진도에 의존하는 특수문화의 한기축을 이룬 것만은 드디어 의심할 여지가 없다.

다만 개가 어찌하여 일(日)을 의미하게 되는가? 금성에 관하여 샛별(曙星)이라하되 그 출현시각에 따라서 샛별, 저녁샛별, 밤중샛별의 이칭이 있다. 개밥도둑이라고 하여 계명성의 어의로 병용하되 금성이 새가 되어 내려와서 개밥을 도둑하여 먹는다는 조야한 신화적 전설이 있다. 이것은 새벽도드가(曉昇者)와 개벽도드기가 병용된 한 증거일 것이다. 개와 새가 아울러 일(日) 그것을 이름인 증거로 볼 수 있다. 하물며 발틱 연안의 패총에서는 아리안이나 셈 사람 이사하기 전에 개(犬)만을 기르던 먼저 살던 주민의 생활의 자취가 있어 개들이 상대 인류에게 상당한 존중함을 받아 결코 오늘날의 개돼지 그것과는 다른 것을 보인다. 매일 장엄하게 하늘을 일주하는 태양을 하늘개(天狗)라고 명명하여 개아리와 서로 유사 관계가 있는 것은 직후에 견사자(犬使者)(夫餘에서)의 영예로운 관직을 배푸는 것은 그들로서는 차라리 당연할 것이다(『조선일보』, 1930년 2월 23일, 4면).

○ 1930년 2월 25일 기의 계급적 특성과 관련 인물

지아와 지앙은 제후였으며 기의 가문은 혈통상 사회 특권 계급이었다. 이 계급의 출신으로 고려 태조 왕건의 부친 작제건, 후백제 견훤의 부친 아자개, 신라의 박혁거세 등을 들 수 있다고 봤다.

얼은 신(神) 지얼은 신전(神殿)이다. 모든 신을 모셔둔 지얼 절에서 고유한 □□인 무당들이 제전의 방편인 무도(舞蹈)를 들이면서 그 제전의 주인인 지아를 위하여 "얼시구나 지얼시구 지아지아 자자 지얼시구"를 그 대표적 축사(祝詞)로 부르는 것은 당연하다. 지아 혹 지앙은 그대로 제후였고 후대에 와서 사도(使道)이었으며 또 귀현(貴顯)과 화주(華冑)의 칭호였다. 그들에게 모시어 "지아지아 지아지아 지아지 지지 지아지아"의 송사(頌

詞)를 불리는 것은 또 당연하다.

　당대에 있어서 감사나 부사쯤의 존칭이었을 법하여도 새로운 여러 제도가 그들 박차고 대신하며 더욱이 담적 풍조가 소위 이속비비(夷俗卑鄙)라는 천박한 타□을 주게된 □저 지악지아의 지악지아가 만모(漫侮)의 대명사로 변해버린 것도 당연하다. 따검의 대감이 인신에 있어 최고의 존칭이 되었으나 이는 신라의 관직이 그를 채용하였음이 크게 힘 되었을 것이다. 기자팔조지(箕子八條之)라는 것에 '남몰인위기가노(男沒人爲其家奴) 여자위비(女子爲婢)'(漢書)라고 하였으니 이것이 은기자의 입법은 아니다. 기의 입법의 중요 조항이겠는데 그 집의 노비가 되는 이상 관노관비의 제도는 반드시 기의 시대에 있었을 것이다.

　더욱이 부여 고구려 기타 삼국시대에 있어서도 지방장관의 민속적 칭호는 마치 대왕 혹은 황제에게 오히려 상감마마라고 하던 그것처럼, 따기 성(成) 기로 일컫던 일이 있었을 것이다. 관노관비(기)로서 지압놈, 지압년은 당연한 칭호이었을 것이다. 관노에 상덕이 없고 기녀에게 정조가 성립될 수 없는지라 잡놈, 잡년이 남녀패류(男女悖類)의 대명사로 되었으나 잡(雜)에 대응하는 글자는 차라리 우연일 것이다. "가면은 가고 말면은 말지, 저 지압놈 열어서 영남을 갈가?" 관비의 신세이니 무상한 표랑생활에 시달리느니 보담은 가는 지압놈 이별하고 오는 지압놈과 지앙마지함이 차라리 더 편치 아니하였을까?

　요컨대 허구한 동안 사회의 중요 위치에 있어 그 지(智)를 뼈물르고 기(技)를 가다듬어 물심양면으로 우월한 지위를 쌓은 기의 가문은 혈통상 사회상 특권계급으로 형성되었다. 마치 로를터쓰의 입법의 결과라고 하는 고참 의원(Father) 그것처럼 입법과 행정의 각 방면에 있어 차차 그 권력을 □단하여 깁옷입고 기와집을 고를 때는 심술이 앙골, 지앙골의 혹리(酷吏)적[141] □□

---

141)　무자비하고 혹독한 관리.

도 하며 그 중에는 기엉 칠놈의 악정을 행하는 자도 생겼을 것이다. 인민의 항쟁이 혁명적으로 □전하면 지앙을 치고 소요(騷擾)하며 성(城)은 지앙도감을 쳐부수고 민권신장 □□하여 그 영웅적 용맹을 발휘하는 적도 있었을 것이다.

그러나 이 계급에 항상 풍운아가 많이 충출(衝出)하니 지없지아 작제건(作帝建)을 그 선조로 한 왕건의 가문은 송경의 택지에 세거하고 영안성(永安城)의 해상으로 그 부력도 집중하여 고려 오백년의 왕업을 세우기도 했다. 사대□에 세거하였다는 아자개(阿慈介)는 그 아들 견훤을 길러내어 옛호족의 후손으로 다시 화가위국(化家爲國)하는 웅국(雄國)를 후백제의 □윤으로 실현하려 하였을 것이다. 그러나 가장 오래고 또 유명한 것은 이 지의 별형인 군무수장의 해꼬지(赫居世)가 그 밝(朴) 도의 교화력을 아울러서 각부족의 추대로써 필경 천년왕업의 웅성궂은 기초적인 사업을 소불(金城−소벌·서벌)의 구릉의 소소한 영역에다 세운 그것일 것이다.

그러나 왕검덩걸이 왕위로서의 걸을 설화(說化)된 별개 제도로써 지금에는 오직 무격의 장으로 그 빈약한 형식만 머무르고 있는 것처럼 그 지방장관의 칭호(말기에서)이었을 지앙님은 오직 무꾸리후여의 볼꼴 사나운 미신행상에 그 복충(卜衝)과 기도의 한편의 모습만을 묻혀두고 있음일 것이다. 이것을 일본의 그것에 비하건대 일본은 섬나라 안온한 땅에서 대륙풍진을 소문으로만 들으면서 옛문화의 형식을 그대로 보존하여 갈수록 문화적 신의의 새로운 □□을 보여서 독특한 새□□을 이루었고 조선의 선민은 태(泰)일세 한(漢)일세 위(魏), 진(晉), 선비, 수, 당, 송, 요, 금, 몽고, 명, 청의 역대의 모든 세력과 만선의 대륙에서 그 준열한 대충돌을 거푸거푸 겪는 동안 무량겁운(無量刧運)이 무변중생(無邊衆生)을 몰아서 하마터면 진원본간(眞原本幹)이 사라지게 될뻔 한 것이다. 지 그것은 지아산 문화가 기대어 창성·성장된 기축(基軸)이어니 은기자가 나에게 무엇이 있으랴? 은기자는 당연히 말살되는 것이다(『조선일보』, 1930년 2월 25일, 4면).

○ 1930년 2월 26일 은기자 말살론

은나라 기자는 조선과는 관련이 없음을 강조하고 있다.

앞서 언급한 역사사회학적 여러 논증에 의하여 조선의 해씨(개아리) 그것이 결코 은기자에 관련된 바 없는 것은 명백하게 되었다. 그러나 이제 다시 조선과 한토 비교문헌상의 견지에 의하여 은기자가 드디어 해씨 조선과는 아무 관련이 없는 것을 명백하게 할 필요가 있다. 은기자는 자(子)가 성(姓)이요 이름이 서여(胥餘)이니 원래 기자가 아니다. 중국 상대문화에는 거대한 조선소를 포용하였고 산동 직례 지방에 동이의 종족이 대부로 서식하고 있던 것은 추가 설명할 필요가 없다.

주나라 고대 이정(里程)의 거리는 당나라 이후 그것에 비하여 10의 6에 해당할 뿐으로 하남하낙(河南河洛)의 사이에 그 국가의 근저를 이룬 은주 제국의 최대 영토는 오복제도(五服制度)를 초월하여서도 무산(務山)의 동일 계선인 유연(幽燕)의 변두리땅에 나오지 못하였다. 요하의 동안으로부터 대동강의 유역에 퍼져있는 기아리의 조선에는 실로 풍마우(風馬牛)의 관계조차 없을 것이다. 은기자가 동래하여 현대 조선의 중추지대에 전거(奠居)하고[142] 그 인민을 교화하였다는 것은 성립될 수 없다. 기자 8백 년의 근거지로 억측되는 평양에서 아무 기자의 유연(有緣)을 고문헌에 얻을 수 없다. 마한에 남천한 이후 정사(正史)상에 나타난 문헌에도 무슨 한문화적 여운을 그 정치시속의 위에 머

---

142) 머물러 살다.

무를 바 없었다. 이는 삼국지 마한전을 한번 본 자가 누구나 수긍할 바이다.

김부식과 같이 한화주의적 경향을 현저히 가진 사가로도 그의 업신여기는 선사(仙史)에 관하여는 '평양자본선인왕지택야(平壤者本仙人王之宅也)'라고 명기하면서 기자에 대하여는 일언을 가하고자 아니하였으니 고려중엽에까지 일찍 은기자의 평양전도설을 몽상한 바 없었기 때문일 것이다(『조선일보』, 1930년 2월 26일, 4면).

○ 1930년 2월 27일 최근 조선문학사 서(序)

20년간 조선 문예활동의 변천을 정리한 작가 김기림과 박팔양이 집필한 『최근 조선문학사』의 서문으로 고대부터 조선시대까지 조선문학의 특징을 서술하고 있다.

필자가 집필 중이던 「조선상고사 관견」은 사정상 수일 중지하게 되었고 작년 여름에 집필하였던 본문이 있으므로 이를 대신하여 여백을 채우기로 합니다.

조선인은 그 천품이 퍽 낙천적이요, 자연에 친애하는 정서를 보자 많이 가진 인민이니 현대의 조선인이 악착스럽게 서로 쥐어 뜯고 자연에 대하여 몰강스러운 경향으로 보아서 이 말을 부인할 분이 있을지 몰라도 그는 수백 년 이래 불만이 있는 현실에서 부대끼고 쪼아 몰리어 그 우승(優勝)한 천품까지 소마(消磨)·고폐(錮閉)됨에 인함이요, 언어학·사회학적 연구와 고문헌의 휘(徽)[143]할 만한 바는 이를 표명하기에 족하다.

낙천적이요 또 자연을 친애하는 싱싱한 천품을 가진 인민에게

---

143) 아름답다. 표기하다.

는 당연히 시가와 희곡과 서정(敍情)과 서사(敍事)의 모든 예술적산물이 있어야 할 것이다. 조선인이 문자를 가지기 이전부터라도 소박한 연모(戀慕)의 정과 원시적인 숭경(崇敬)의 감과 그 밖에 □□ 영롱하게 비추고 성수(盛受)되는[144] 자연계의 사물에 대하여 감발□□의 뜻을 무치는 즉흥시적 산물이 뻑뻑이 많았을 것이다. 그러나 상고의 세는 말도 할 것 없고 삼국 이래 정식(正式) 기술이 전해온 시대에도 이를 구하기가 자못 어려우니 이두(吏讀)문체로써 기존의 신라의 향가(鄕歌)란 자가 최고의 문예의 작품으로 현대까지 남은 것이라 할 터이나 그밖에는 묘연(杳然)하여 더듬을 수 없고 시조의 최고 문헌으로 을파소(乙巴素)의 작품이 유일하게 남아있으되 이에 절망한 신빙을 두기는 오히려 주저할 바이다.

신화·동화와 기타 향토성을 대표할 전설과 일반 서정·서사의 문(文)으로 중고(中古) 이래 문인과 사가의 손을 빌어 오늘까지 전하여 온바 없지 아니하되 대체로서 빈약함을 면치 못하니 장원(長遠)한 역사를 말하며 더욱이 7~800년 동안 문자의 나라로 인정되어 오던 조선으로서는 이 독자적인 민족 문학을 형성할 존귀한 재료가 적고 민족문학 역사의 체계를 세우기 힘든것이 사실이다.

조선은 동방의 나라요 더욱이 극동의 나라이니 여러 가지를 저절로 지나와 일본의 여러 국민과 비교하게 된다. 조선의 선민이 그의 총명한 천질로 일찍부터 천지자연과 민물 사회에 대한 남다른 감수와 발견이 있어서 동방문화의 연원이자 종장(宗匠)의 영예를 독천(獨擅)하게[145] 된 중국에 대하여서 실로 세인의 상상치 못하는 문화적 기여와 매개가 있는 것을 아노니 이는 여기서 용설(冗說)할 바 아니다.

전대의 유학자들이 많이 경시하여온 메이지 유신 이전의 일본

---

144) 왕성하게 받는.
145) 제멋대로 행동하다.

을 볼지라도 만엽집(萬葉集)으로 대표되는 가자(假字)(漢字)로써 된 화가(和歌)의 문예는 그 연대가 매우 오래여서 향가를 산출한 이두문학의 삼국시대와 서로 상하(上下)하는 바 있으나 오히려 풍부 완비의 장처(長處)가 있고 화문학(和文學)의 으뜸으로서 일본 국민문학의 생장의 기초를 다진것은 평안조(平安朝)의 초기이거니와 그것도 시방으로부터 1천 년 전후 내지 7~800년대이어서 신라 말기로부터 고려 전반기에 상당한다.

이 시기의 일본의 문학이란 것이 다만 시가의 형식에 그치지 많고 □□□□한 서사·서정 장편(長篇)의 저작으로 되어 그들이 시방까지 존중하는 바가 되었다. 고려의 말기로부터 한양조 전시기를 통하여 사장(詞章) 문장이 빈빈(彬彬)하여[146] 볼만하다 하는 조선어지만은 그것이 점차로 조선아(朝鮮我)를 발견하고 그의 향토와 생명을 창성(創成)하며 가까이 들어가는 경향을 가지니 요컨대 한토인사(漢土人士)의 여류를 긷(汲)고 조박(糟粕)을 핥으려는 데에 지나지 않는 자가 많다.

영조와 정조의 대를 사가(史家)가 조선의 문예부흥시대라 하니 역사·지리·정치·경제·언어·풍속 기타 각종에 때치어 성다(盛多)한 저술이 자못 과연 가관인 자가 있어서 조선학(朝鮮学)의 성장 시기라고 보겠다. 그러나 이것이 근대의 일이로되 오히려 다량의 한토적(漢土的)인 요소가 섞여서 조선문학으로서는 순화를 바라보기에 멀은 감이 있으며 춘향전·유충렬전류의 순언문(純諺文)의 즉 □은 대체로 이백여 년 이전부터 자라나서 이것이 조선문에 의한 조선문학의 선구적 인식을 가졌으나 혹은 그 구상과 조사(措辭)[147]가 거의 한학적 그것이었다. 그렇지 않으면 인물과 장면이 아울러 한사적인 요소로 되어 조선인의 독자적 정취와 의의을 연마히고 앙양하게 하는 바 적었으니 전 조선 시대를 통하여 일찍 완전한 민족문학의 구성과 성장이 없었

---

146) 아주 빛나다.
147) 시가와 산문에서 문자를 고르고 배열하는 일.

다고 보겠다.

　만일 있었다 하면 그는 정치적 국면이 이미 어찌하지 못하게 된 최근년의 일이 었다할 것이다. 이 간이(簡易)한 대조는 그대로 각자의 민족적 처지와 운명을 이야기하는 것이다(『조선일보』, 1930년 2월 27일, 4면).

○ 1930년 2월 28일 최근 조선문학사 서(序)

　조선문화에서 자존파와 한화파의 대립 과정을 서술한 후 한화파의 승리는 민족의식 고취에 큰 상처가 되었다고 보았다.

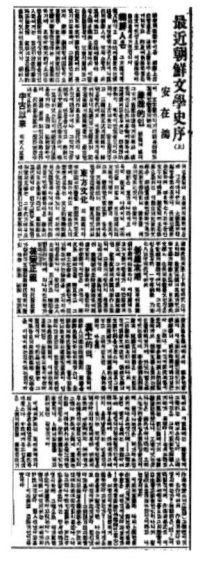

〈사진 4〉 최근 조선문학사서
(『조선일보』 1930. 2. 28)

　조선인은 총명한 인민이다. 그들은 상고에 있어서 확실히 그 자신으로 문화를 창작한 동방의 천재인들이었다. 그러나 그들은 이제 그가 창작한 문명의 꽃을 깊이 깊이 땅속에 묻어 버리고 그 자신의 운명조차 피로하고 조잔(凋殘)[148]한 국면에 빠져서 다시 석년(昔年)[149]의 그것을 자랑할 무엇이 없는 깜냥인 것이 사실이니 이것은 대체로 그 지리의 저(沮)□에 인함이라 할 것이다.

　이러한 현세를 나타내는 과거 도정에 있어서 조선인은 자가의 문화를 파지(把持)하는 자존파(自

---

148) 시들고 쇠퇴한.
149) 옛날.

尊派)의 사람들과 일종의 배외종(拜外宗)인 한화파(漢化派)의 사람들의 대립항쟁을 한 바를 들 것이다. 상대의 것은 막연하여 징(徵)할[150] 바 없더라도 삼국 시대에는 고구려와 신라가 국가적으로 이 갑을(甲乙)의 양자를 대표한 관(觀)이 없지 않다. 고려에 있어서는 조신(朝臣) 사이에 이 양파의 사조를 대표하는 자 있었으니 그의 일례로는 묘청 백수한 등을 중심으로 서경인 평양에 근거를 둔 자와 김부식을 수령으로 한 개성의 권귀(權貴)들이 또 이 갑을 양파의 사조를 대표한 형적(形跡)[151]이 도절(塗節)된[152] 문헌상에 뚜렷하게 나타나는 것이다.

묘청·백수한 등의 지견(智見)과 행사(行事) 등이 조급하고 미비한 바 있었는지는 몰라도 조선 고유문화에 입각하여서 조선인의 종국사상(宗國思想)(민족사상과 국가사상이 발생치 않은 당시이므로)을 주축으로 일종의 자존파를 형성하였던 것은 그들이 인종왕에 대한 추대와 존숭의 전말과 사상적 배경을 형성한 종교적(宗敎的)인 제동작에 증거할 수 있는 것이다. 그러나 한화파의 거두라고 명명할 김부식(金富軾)이 개성을 중심으로 한 권귀의 지지를 구하여 묘청일파를 격파하고 삼국사의 저술조차 이러한 한화 고조적 경향을 표현하였느니 만치 자존파는 드디어 심대한 불리한 형세의 밑에 그 생장과 발전을 이루지 못하였으니 그 후대에 통해서 다소 이에 유사한 형적을 볼 수 있는 것이다.

한화파의 승리가 이른바 사대사상의 조류 밑에 민족 의식상에 중대한 창상(創傷)을 준 것은 동방의 대국인 지나와 바짝 서로 접근하여 그의 정치적·문화적 제세력이 핍근(逼近)[153] 거대하게 영향됨으로 인함이다.

길다란 횡단을 하느니보담 일본의 역사가 가장 잘 이를 반영

---

150) 거두어 모으다.
151) 남은 흔적.
152) 지워 없어지다.
153) 매우 가까이 닥침.

하는 것이다. 요컨대 조선인이 상고에 있어서 동방문화의 창호(創浩)에 기여한 바 있더라도 그 번연(蕃衍)[154]의 땅이던 발해와 황해의 서안 지방은 문화와 인민을 아울러 건하적(巾夏的) 역량의 요소로 섭취되었다. 고구려가 패몰한 이래 고위(孤危)한 형세가 전혀 자기 보전에 급급한 처지였으나 나라조(奈良朝)에 생장하던 일본의 만엽집류의 화문학(和文學)은 백제·신라·고구려 등 조선 제국(諸國)의 매개력(媒介力)에 유인된 바 있었다. 그 절해요도(絶海遼島) 스스로 대륙의 풍강(風康)[155]을 멀리 떠나 독일자(獨逸子)의 일경(一境)을 보유할 수 있는 천혜(天惠)에 조건이 많음이다. 평안조 시대에도 울연(蔚然)[156]하고 융성한 그들의 국민문학의 성장이 견당사(遺唐使)의 폐지와 그로 인한 해외문화 수입 중단이란 당시 그들도 일대 불행처럼 감지되던 국제적 사정에 인한 것임을 생각하면 조선의 민족문학의 불생장이 그의 정치적 사정과 서로 다른 지리적 관계로 인한 것은 너무 상식적인 것이다. 이러한 고금의 사정을 천명하는 것는 서(序)를 쓰는 자의 임무가 아니니 이만큼 써 두자.

  그러나 오늘날 조선문학사를 출판함을 봄에 임하여 이 여러 말이 아주 없을 수 없다. 팔봉(八峰) 김기진(金其鎭), 여수(麗水) 박팔양(朴八陽) 두 사람이 각각 최근 20년간 조선문예 변천과정을 검토하여 일찍이 조선일보(朝鮮日報) 지상에 계속 발표한 바 있었다. 이제 발간하는 최근 조선문학사는 즉 이 옛 원고를 수집하고 보철(補綴)[157]하여 따로이 한 권을 이룸이다. 20년간의 현대 조선은 사상적으로 거의 초비약적 변화를 이어오고 있는 것이니 대건적(大建的)이던 상층으로부터 순무산계급의 최전선까지 혹은 극좌적(極左的) 방면에까지 급변, 돌진함이 자못 응수하

---

154) 번성(繁盛).
155) 세력이 왕성함.
156) 울창한.
157) 부족한 것을 보충하여 철함.

지 못할 바 없지 아니 하나 이 소위 사상적으로 분방(奔放)[158]의 세(勢)가 거의 또 필연한 일이니 본사의 사명이 이 내면의 정세를 잘 구명함에 있는 것은 물론이다.

　그러나 조선은 현대에 있어서의 후진민족이다. 전대에 있어서 침과고폐(侵過錮閉)된 향토성에서 조선인의 독자적 경향을 잘 연마하고 실현하는 민족문학의 생명은 마땅히 정한 한계까지의 배양하고 발전이 있음은 필요한 것이니 금후 어떠한 시기까지 민족문학과 발흥한 신경향파의 문학은 병생동진(並生同進)의 당위와 필연의 정세중이었을 것을 믿는다. 이제 본사(本史)를 일보(一普)하매 그 양에서 자못 요약된 바 있고 그 서술이 물론 겸제(箝制)된[159] 바 많은 때이므로 성(成)한 바가 그 기(期)하는 데에 미치지 못함이 있는 줄 생각 한다. 사계(斯界)에 흥미 있는 한 저작으로 널리 독서자의 열독을 추천함에 족하다. 이에 조선 고문학에 관한 관견을 부쳐서 서(序)로써 한다(1929년 6월 11일 조선일보 누상에서)(『조선일보』, 1930년 2월 28일, 4면).

○ 1930년 3월 1일
경성 명류인물 백화집(京城名流人物白話集)

안재홍의 말버릇을 소개하고 있다.

　관상자(觀相者)
　조선일보 사장 안재홍씨는 원래 비색증(鼻塞症)이 있어서 무슨 말을 하랴면 으레 킹-킹-소리를 먼저하고 전화를 받을 때에는 아무에게든지 어어 소리를 잘 하며 일이 바쁘단 말은 안비막개(眼鼻莫開)란 문자를 잘 쓴다. 어떤 재담가는 말하여 왈(曰)

---

158) 사상적으로 자유로운.
159) 자유롭지 못하게 억누름.

그러면 안비막개(眼鼻莫開)는 안비막개(安鼻莫開)로 고치지-하더라고(『별건곤』 27호, 1930년 3월호).

○ 1930년 3월 1일
엽서통신(葉書通信) 사실독창자(史實獨創者)

조선일보에 연재 중인 「조선상고사 관견」 관련 궁금한 점을 알기 위해 민세의 집주소를 알려달라는 내용이다.

편집 선생님. 조선일보 사장 안재홍 선생 주소를 좀 가르쳐주십시오. 요사이 조선일보 지상에 연재되는 선생의 「조선상고사 관견」이란 조선역사 기사는 참으로 감사하게 읽었습니다. 그런대 그 사실(史實)은 선생의 독창적이신지 어떤 남 못 보던 비밀 참고서를 보시고 쓰시는 것인지 저같이 사학에 고루한 사람들은 도저히 이해하기가 어렵습니다. 아무개 조선역사가에게 물어도 다들 알 수 없으니 직접으로 필자에게 물어보려 합니다. 그러나 조선일보로 안선생을 찾아가니 분주하실 듯하고 댁으로 꼭 가서 자세한 말씀을 묻자니 주소를 모릅니다. 그래 꼭 가르쳐주십시오(시내 송현동 기아리生)(『별건곤』 27호, 1930년 3월호).

○ 1930년 3월 4일 마한국과 금마저

진(震), 신(辰), 신진(新眞), 신(新) 등은 광명과 신성함을 의미하며 불(火), 배어(孕), 서불의 어원을 분석하고 신과 불과 한(韓)이 동일 종족의 이칭으로 한과 상대하여 조선(주신, 주아신)의 명칭이 함께 쓰였다고 주장하고 있다.

오인은 일찍이 단군시대 논의할 적에 조선선민을 씨족별로 살펴본 바가 있다. 그는 오직 조선상대의 사회상태를 연구하는 자의 고찰에 이바지하려고 한 것이었다. 조선선민에 대하여 혹은 구이(九夷)로 일컫던 자 있으니 그 분파의 많음을 알 것이다. 통구스계(通古斯系)의 민족을 중심으로 우랄알타이어계의 인민은 모두그 유연(有緣)이 닿으니 그 종의 연(緣)이 매우 넓은 것을 수긍할 것이다.
 이것을 한토문헌에 흩어져 있는 자에 의하건대 이(夷)라 범칭한 바있으니 이(夷)로 자칭하고 대궁(大弓)을 가지는 동방의 사람이요 대 혹은 닥(적(狄))이니 대와 골(고을-句麗)과 기앙 등 사회문화의 소이(小異)한 형태로 생활하는 동방제족(전부가 현대 조선인의 직계 선조는아님)의 각종을 가리키는 것 같다. 진(震), 신(辰), 신진(新眞)(眞番의 예), 신(新) 등 신으로 일컫던 자 많으니 신 그것이 광명과 신성 혹은 고대(高大)를 의미하는 것은 역사가 여러 인사의 논증이 합치되는 바이라 길게 설명하지 않겠다.
 불이라 일컫는 바 있으니 그 유래를 속단할 바 못되나 매우 구원하고 광범한 생활상의 근저를 가진 것이다. 생산, 번식, 광명, 수호, 신성거대, 행복, 생취활동(生聚活動)의 전개, 동경, 분전(奮戰) 등의 여러 뜻을 품은 자이다. 자웅생식의 원시적인 작용에서 시작하고 불(火)의 발명에 인한 공용의 거대에서 생장되며 하늘에 불(太陽)을 올리고 땅위에 불(城)을 건축하는 때에 완성되어 □□불, 부루가 그 신앙의 대상도 되자 종교적 명칭을 이룬 것이다. 성모의 시대에 배태하여 신시(神市)(불)의 사회를 관념하고 배달사회에서 생장하여 기아리(日子, 日精)의 시대에서 완성한 바일 것이다.
 잉(孕) 혹은 생산을 의미하는 배어에 대하여는 앞에 이미 서술한 바어니와 일광(日光)의 별이 또한 배어의 생육을 의미하고 남자 고환의 불이 뿌리(根), 무리, (喙), 불(火) 그것과 한 가지 번식 혹은 번식을 위하는 영양기관에 명명한 바이다.

그 속에서 생식어가 귀중하게 대우되고 그 일용에서 화력이 가장 존중되며 그 읍락에는 성(불)벽이 의거하는 건축으로 되고 그 신앙에 밝 혹은 불이 신체와 영격(靈格)인 대상으로 되어 문화적으로는 배달 사회로 연락되고 생활 상태로는 원야(벌)에 뻗어서 그 생장의 바닥으로 된 것이다.

서불의 서는 신의 그것처럼 신성이자 또 종(種)의 씨에 그 유연이 닿는다. 서불의 불은 화(火)와 자식(滋殖)[160]과 신도(神道)에 그 어원을 가지면서 결국은 원야에 둘러싼 성벽으로 그 직접인 어의를 가지는 것이다. 서을, 소불, 소실, 소말이 모두 동격의 지명으로 된 것이다. 불 그것은 따로이 족명 혹은 국명으로도 된 것이니 신과 불이 모두 그러하고 딸(村)이 또한 동일한 것이다.

부루(夫婁), 부리(夫里), 불(弗), 벌(伐), 부유(鳧臾), 화발(火發), 비유백(沸流白), 맥(貊) 등이 배어을의 배어와 한 가지로 이 어음을 표함이다. 신과 불이 이미 국명과 족명으로 지칭된 바 있다. 한도 그 하나이니 환(桓), 한(韓), 한(馯), 한간(寒干), 한(翰)이 모두 이 어음의 속사(續寫)[161]로서 음운에 있어 같지 아니하되 어의로서 동일한 광명을 가진 것이다. 이에서 신과 불과 한이 동일 종족의 응분(應分)한 이칭인 것은 명백하게 되었거니와 그 지리와 민속의 차원한 관계에 있어서 혹은 한 혹은 신한 혹은 불한의 이칭이 생기고 한 그것과 상대하여 조선(주신, 지아산)의 명칭이 동일하게 소개된 것이다.

여기에 있어 진한과 변한 등의 명칭이 대체로 그 어의가 해석되거니와 오히려 명료히 되지 않는 것은 명제로 된 마한(馬韓) 그것이다. 마한의 마가 금마의 마와 필연의 부합이냐? 우연의 취합이냐? 마한의 말과 촌락의 마을은 그 관련이 어떻게 닿는가? 여기에는 새로운 고찰을 기다려 비로소 그 단정을 내리지

---

160) 번성함.
161) 이어지는.

아니하면 안 될 바이다(『조선일보』, 1930년 3월 4일, 4면).

○ 1930년 3월 5일 임둔 진번 구려 신라의 어원

임둔(臨屯), 진번(眞番), 구려(句麗), 신라(新羅) 등의 어원을 분석하고 있다.

상대 조선에 관하여 이두식으로 기록된 국명·지명·족명·인명·관직명 등이 대부가 조선 고유한 향토 언어를 표시하는 바 있다. 아사달(阿斯達)의 아지달, 백아강(白牙崗)의 배어뫼 같은 것이 그것이다. 평양이 배어들, 패주(浿洲)가 배어내, 이것이 평나(平那)로 한역되매 평양의 벌어 베나로도 되고 페앙으로도 어의를 이루는 점에서 현대의 음으로 된 페앙이 전혀 의미가 안됨이 아니다.

염통이 심(心)인 예에서 임둔(臨屯)이 한강과 임진강의 발원지 방면인 것이 해석 되고 신역(神域) 왕도 혹은 대기(大基)의 의미로서 한터가 미루어 생각된다. 현도(玄菟)가 압록강 곡지 지금 동가강 유역으로부터 평북과 함남의 일부에있던 것은 사가의 견해가 합치된다. 고구려의 환도(丸都)는 환도(桓都)요, 환도는 현도(玄菟)의 고운(古韻)을 받은 것으로써 요(遼)가 발해의 지명을 이었다. 발해가 고구려의 지명을 단승(斷承)[162]하였을 것이니, 신주(神州)·환주(桓州)·신향(神鄕)·환도(桓都)는 현도 그것이 한터로써 고대의 유운을 계승하였을 것을 방불케 한다.

진번(眞番)은 특히 보류(保留)하나 신방(神方) 혹은 일방(日方)인 것같이 상상할 수 있다. 낙랑(樂浪)은 하읍(河邑)의 얼앙, □방의 열앙(列口의 예) 혹은 올잉권(兀剩券), 읍루(挹婁) 그대

---

162) 끊어진 것을 이음.

로의 어라를 생각할 수 있다. 헌나암(憲那岩)과 불내(不耐)가 동일한 어류이다. 강이 반드시 예가 아닐지라도 악랑(古來의 독례)의 어의는 추정되는 바이다.

진번(眞番), 조선(朝鮮), 발(發), 임둔한(臨屯韓), 칸(馯)등과 한가지 한자어에 일찍부터 보이는 구려(句麗), 구려(駒驪), 고이(高夷) 등은 불이 부리로 변한 것처럼 고을이 구리로 전변(轉變)[163]된 것이다. 고는 치, 구려는 고을로 고구려는 즉 상군(上郡)·상국(上國)을 의미함이다. 신라의 시라는 원래 동국(東國)이거니와 기노(期盧)의 시로는 소실, 벼실, 굿실의 실과도 비슷하니 발해의 북접실위(北接室韋)의 실위와도 맥락이 닿기는 속단할 바 못 되지만 그것도 국명 고찰의 한 요건이 될 것이다.

신직에 많이 종사하는 중요지점에 살던 부족으로 신(辰) 조선의 명칭을 가졌던 자와 불도를 숭봉하고 성벽(불)을 두른 도시국가의 양식을 갖춘 불(발) 조선의 명칭을 가졌던 자가 있을 것은 상술한 몇 가지의 예에서 대체로 수긍하게 된다. 이에 대하여 일찍부터 마을(촌락정치)를 시작한 것이 그 특징인 부족이다. 또는 동일한 생활 상태가 대표적으로 표시되던 지역에 향하여 말한 혹은 말 조선의 명칭을 쓴 것은 필연한 이치이다. 발견 당시 묵서가(墨西哥)[164]의 인디언에 대하여는 특히 왕국의 명칭을 그 사회형태에 붙인 수다한 에스파냐의 학자들이 있으나 역사사회학자는 진보된 촌락정치의 형태로 규정하여 그 밖의 다른 촌락 인디언이란 자와 유사하게 보는 것이니 마을한의 명칭은 고대에 있어 당연히 있었을 일이다.

촌(村)의 마을이 부(府)의 마을에서처럼 일정한 주권의 형식을 갖춘 정치체로 되었던 바일 것은 많은 점에서 고문화의 형식을 그대로 보존한 일본의 무라(村) 그것이 완전한 지방행정의 한단위로써 그 어의를 표규(表規)할 수 있는 것에서도 방증된다. 말

---

163) 바뀌어 달라짐.
164) 멕시코.

한으로 일컫는 것은 반드시 만년 촌치(村治)의 후진적인 문화 정도임을 가르침이 아닐 것이니 마을시대에서 특징이 지어지고 문화의 실질은 얼마든지 발달될 수 있는 것은 로물라스를 기념하는 티베르 하상(河上)의 소도회가 세계의 제림(帝臨)하는 황도(皇都)로도 됨에서 명백한 것이다.

이제 대동강반(畔) 왕검성의 부근에서 구원한 생활을 즐기고 일자(日子)로 자부하는 해씨왕업(解氏王業)(편의상 왕으로)이 망국유구(亡國流寇)인 위만(衛滿)의 흉계에 넘어가서 창황하게 피주(避走)하게 된 후 남으로 해양을 지나 마을정치로 특색을 얻은 마한의 지방에서 그 거목풍경(擧目風景) 유강하지이(有江河之異)라 할 만큼의 말세적 운명을 유지하였을 것은 드디어 분명하지 아니한가?

(『조선일보』, 1930년 3월 5일, 4면).

○ 1930년 3월 5일 검거(檢擧) 남발(濫發)은 불가(不可)

예비 검속 등 일제 경찰당국에 의한 검거 남발의 문제점을 비판하고 있다.

최근 경성지방법원 검사국의 통계에 의하건대 작년 1년 동안 관하(管下)[165] 각경찰관서로부터 범죄 피의자를 검거·취조하고 일정한 기소 의견을 첨부하여 검사국에 넘김에 의한 검사국 수리 건수가 16,375건, 인원이 13,717명이다. 이에 대하여 예심 공판 혹은 약식 처분을 가한 자 있고 그 외에 불기소 처분으로 된 자 8,833건 사람수 15,017인으로 그 건수에서 54%와 인수에서 62%에 해당한 수가 전혀 사실무근에 의한 불기소 처분에

---

165) 관리 하는 구역이나 범위.

돌아간 것을 설명하게 되는 것이다.

인민의 편으로 보아 설설(絏紲)[166]에 걸리는 것은 일생의 재액으로 되는 것이다. 위정자 측으로 보아 형옥이라는 것은 중대한 공법(公法)이어서 원래 남형(濫刑)[167]과 독법(瀆法)[168]의 경향을 가질 수 없는 것이다. 그러하되 이 숫자는 얼마나 검거를 남발한다는 것을 보여주는 것일까? 그 견지가 다른 것은 각각 다른 대로 맡겨두고 이 사실 그것만은 누구에게나 중대한 관심사가 아니 될 수 없다.

경찰관서에서 검사국에까지 기소의견을 부쳐 넘기는 피의자 수를 내기에는 반드시 그 수 이상의 재의자의 검거와 소위 엄중한 취조를 치러야 하게 되는 것은 일반이 목도(目睹)하는 바이다. 그러므로 금일 지상을 통하여 보이는 것처럼 불기소처분이 되기까지 가지 않고 먼저 경찰관서에서 일정한 고초를 겪고 석방되는 자 반드시 상당한 수에 달하는 것을 단정하게 된다. 그리고 예심에 걸린 자중에도 왕왕히 도연(徒然)한 고초를 겪게 되는 예가 없지 아니 하니 조선개척사(朝鮮開拓社) 사건이라고 하는 수원고농 학생 사건같은 것은 각 방면에 많은 주의를 끄는 바이다. 공판에 부친 건의 결과와 그에 대한 일반적 견해 감상 등에 관하여는 오인(吾人)이 이에 지적고자 아니 하나 전체를 통하여 이러한 현상은 매우 중대한 경향을 보이는 바이다.

요즘 경성에 발생한 2월 말의 인쇄격문사건(印刷檄文事件)이란 자로 인하여 검거의 손은 의연히 멈추지 않는다. 전후 약 70여 인을 수용한 종로서를 필두로 동대문·서대문·본정(本町)등 각서와 그의 사령의 지위에 있는 경찰부까지를 합하여 각각 10여 인을 검거하고 있는 것은 각지에 보도·소개된 바이다. 이에 관하여는 최근 각지방에 일어난 예비검속이란 자와 동일한 성질인

---

166) 고삐에 매임. 감옥에 갇히는 것.
167) 가리지 않고 함부로 형벌을 가함.
168) 법을 더럽힘.

자를 합한 바도 있는 터이다. 이러한 예비검속에 관한 바는 이제 다른 논의로 하더라도 대체로 주관적인 의혹에 따라서 그 검거와 검속의 범위를 확대하는 것은 그들에게 편들어보는 자가 있더라도 찬성치 못할 바일 것이다. 최근의 우연과 같은 일례로서 다년간 구미(歐美)에 유학하다가 귀향 입경한 아무개 지명(知名) 인사에게 대하여 갑자기 검속 유치하고 그 해외서의 행동을 취조함과 같은 것은 그 내용의 진상은 오인의 관지(關知)한 바 아니다. 그러나 이미 여러 해 만에 귀향 입경한 자로서 스스로 그 가정과 자산을 가진 자에게 그와 같은 조급한 처치로 하는 것은 최소하게 보아서 퍽은 속좁은 태도이다. 그러한 건은 수삼일 후 가족·친지와 서화(叙話)할 여유를 두되 지장될 바 없지는 아니할까? 이 한건이 비록 적으나 또한 조선문제가 생겨나는 이면을 볼 수 있다 하겠다(『조선일보』, 1930년 3월 5일, 1면 1단).

○ 1930년 3월 6일 마한, 진한, 변한의 어원

방위상의 위치로 마한(馬韓)과 진한(辰韓)과 변한(弁韓)의 어원을 설명하고 있다. 마한은 남쪽에 있는 한, 진한은 동쪽에 있는 한, 변한은 동남쪽 모퉁이에 있는 한이라고 주장하고 있다. 또한 마한은 말한 즉 촌락정치로 이름난 한이요, 진한은 신계 종족의 한이며 변한은 불계 종족의 한으로 보고 있다.

오인은 마한과 진한, 변한에 관하여 그 방위상의 위치에 의한 해설을 가질 수 있다. 고조선의 발상지가 북방에 있었으니 주로 한강 이남에 위치한 지역은 남국으로 부를 수 있다. 그리하여 더욱 남하하는 선민들은 남한의 의미로 마한이라 하고 다시 동한이 의미로 신한 혹은 시한이라 하니 이것이 마, 진 양한의 명칭의 유래이다. 남과 동의 중간에 있어 동남의 모퉁이로 된 편이 갈이다. 갈산(葛山), 갈평(葛坪), 갈곶(葛串) 등 갈로 일컫는 것이 각(角) 혹은 우(隅)[169]를 이름임은 누구나 다 아는 바이다.

동남풍을 갈 바람으로 하는 것은 '저 건너 갈뫼봉'의 속요에서처럼 간방(間方)[170]을 의미하되 특히 동남을 가르킴에 인함이다. 곳갈의 갈을 따서 변한을 갈한으로 읽고 가락 그대로의 갈로 해석하는 것이 확실히 일설로 된다. 골과 걸의 어휘로 길의 의의가 안 닿을 바 아니나 가락의 가라에 대하여 오인은 갈방의 나라라는 설을 믿으려 하거니와 신라 가락 백제의 삼국이 한남에서 함께 흥하기 전에 진, 변, 마의 삼한이 선구적인 건국과정을 밟았으니 진한의 동한, 마한의 남한과 아울러 변한을 갈한 즉 동남한으로 미루어 생각해볼 필요가 있다.

그러나 변(弁), 변(卞)이 통용되나 변(卞)은 갈이 아니오 변진(弁辰)을 합칭하는 바있으매 갈시는 방위로서 말을 이루지 못하니 진, 변, 마의 변(弁)은 갈의 방위를 표함이라고 해석 되지 않고 진과 마 양한도 방위 이외에 거듭 그 어의를 구할 수 밖에 없다. 여기에서 마한은 말한 즉 촌락정치로 이름난 한이요, 진한은 신계 종족의 한이며 변한은 불계 종족의 한이었다고 해석된다.

지의 품계(品階) 중에 막리지(莫離支)가 있으니 머리지로 두지(頭支)를 뜻한다. 그 기원은 마을지인 촌락정치의 수장에서 된 것일 것이며 연개소문의 막리지는 그 질에서 크게 변동된 제국의 대관이다. 일본의 무라지(連)의 실례가 있는 것같이 이것은 마을 정치의 남은 흔적이 아닐 수 없다. 그들은 촌락의 주위에 말(杭)을 둘러박아 방호물을 삼고 영토의 관념은 성립하기 전이로되 오직 언어동일체에 인하여 사회적 유대를 이루었으며 식료의 공평한 분배를 위하여는 이미 말(斗) 양을 사용 할 줄 앓았다. 글을 몰랐

---

169) 모퉁이.
170) 정북, 정남, 정동, 정서 네 방향의 사이.

으되 말(言)에 의하여 정령(政令)[171]과 교화가 행하게 되었으리라고 추측하는 것도 흥미 있는 바이다. 어쨌든 역사과정의 보편성으로 보아 마을정치의 필연성을 단정하는 터에 마한이 말한인 것은 드디어 의심할 바가 없다(『조선일보』, 1930년 3월 6일, 4면).

○ 1930년 3월 7일 마한 고도는 진위

백제 위례성의 위치와 관련해서 충남 직산(稷山)설을 비판하고 하남 풍납동 위례성설을 긍정적으로 보고 있다. 또한 마한이 풍납리에서 서남으로 백여 리에 있다는 문헌을 근거로 익산(益山) 마한도성설을 비판하고 마한 고도는 진위(振威)임을 주장하고 있다.

진위(振威)는 그 지명과 전설에 관하여 필자가 미세한 부분까지 아는 바이다. 그 고호 송촌(松村), 금산(金山)이 솔말과 쇠뫼이니 금마(金馬)의 쇠말과 유사한 점에서 평상시에 연구하던 바이다. 기아리 유지(遺址)와 주륵성(周勒城)의 발견으로 단정을 얻게 되었다. 대체에 관하여는 역사가 대원리무(大原利武)씨가 금년 1월 조선 지상에 발표한 바 있으니 그가 조선역사지리에 약간 지적한 것 함께 경의를 표하는 바이다.

마한의 어의는 전술한 바에 의하여 대체가 천명된 줄로 믿는다. 이제부터 그 수도인 금마저(金馬渚)의 소재지를 천명하고 아울러 기타 일반을 서술할 필요가 있다. 마한의 고도들 고증하는 데에 첫째로 긴요한 것은 백제에 대한 '오할동북일백리지지안지(吾割東北一百里之地安之)'라고 한 마한왕의 문책(問責)한 문구이다. 이로써 거리들 측정함에는 백제 초년의 국가도읍의 지점이 중요조건이다. 하남위례성이 충청도의 직산(稷山)이라고 하

---

171) 정치상의 법령과 명령.

되 그것이 믿을 만한 것이 아닌 것은 식자가 아는 바이다.

마한 50여 국 중의 하나인 백제국의 소소한 전도지(奠都地)가 직산인 성거산의 곡지(谷地)에 있어 역대 와전(訛傳)의 구비(口碑)들 이루었다. 옛 목천(木川)인 천안군의 북면 양곡리(陽谷里)는 조씨(趙氏) 세거의 명촌으로 말소리상에 베장골이라 하여 태양의 볕을 의미하는 듯 실상은 백제동(伯濟洞)의 베지앙골의 유운(遺韻)과 비슷하다. 제원루(濟源樓)[172]의 소재지인 옛 직산의 성거산 바깥지역은 15리쯤의 근거리로 협중(峽中)에 있어 전도지되기에 걸맞지 않는 점이 있다. 마한 54국 중의 하나로서 소국 6~7천 호의 수장의 근거지로 되기에는 방어의 방편상 몰려 알맞은 바 있으니 이 지점이거나 혹은 그 인접지에 백제의 공성(公城)이 있었다고 보고 그로 인하여 직산 위례성설이 오인된 것이라고 추측 할만하다.

동국여지승람(東國輿地勝覽) 직산조에 '고구려취지(高句麗取之)위사산현(爲蛇山縣)'의 사산(蛇山)은 뱀뫼, '신라잉지(新羅仍之)위백성군령현(爲白城郡領縣)'의 백성(白城)은 배어홀 혹은 배어기로 배지앙과 배어기가 같은 어원에 속하니 온조왕이 처음에는 한강인 열수(列水)의 연변에 열지아를 건설하여 십제(十濟)를 일컬었고 후에는 백제의 영역과 더욱이 마한을 수복한 후 붉지아혹은 붉나라(백제) 또는 붉달의 존대한 국호를 가지게 되었을 것이다. 직산의 북방 10여 리 산록에 있는 도감리(都監里)(大原의 의견에 의함)는 토함산의 그것처럼 따감의 옛터를 전함일 것이니 이 부근은 백제와 같이 소소한 지방군장(따감)의 전도지인 것이 분명하다.

백제 초기의 도성인 위례성은 광주군 춘궁리설, 광주군 구천면 풍납리 토성지설, 기타 선배 유학자들의 설이있으나 이제 편의상 백제시대의 유물일 출토품이 나온 관계 등으로 풍납리 위례성설

---

172) 조선시대 문인 서거정(徐居正)이 천안 직산을 지나며 백제의 첫도읍은 직산이라고 한제원루기(濟源樓記)가 전한다.

(大原氏說)을 승인하기로 하고 예서부터 전기동북 100리 문구에 의하여 서남 100여 리의 지점에서 마한고도의 유지를 찾아내어야 할 것이다(신채호씨의 『朝鮮史研究草』에 「東西兩字相換考」의 글은 귀중한 논문이나 이 글에서 동북 100리를 서북 100리로 정정한 바는 수긍하기 어렵다).

   풍납리 일대로부터 서남 백여 리의 지점을 가리기로 하면 자연 진위군과 그 부근에 닿는데 진위군이 어찌하여 마한 고도인 금마저일까? 그 외에 어떠한 고찰과 고증의 요건이 있는가? 이것이 문제이다. 더욱이 진위 금마저설을 입증하기 전에 먼저 익산 마한도성설을 타파하는 것이 필요하다. 백제의 초기 도성이 광주인 풍납리에 있는 이상 460리를 관한 전라도의 익산군이 마한고도로 될 수 없다. 익산 마한도성설은 삼국사기 지리지에 이야기 한 바 없으니 김부식의 당시 생각지 않던 바이다.

   이제 익산군 금마면에 고도리가 있고 왕궁면에 왕궁탑이 있어 마한 유적으로 인정하던 바이나 오인이 건축 순례 9(작년 가을 본지)에서 주장하였던 것과 같이 왕궁탑의 양식은 목조탑과 비슷하여 평제탑(平濟塔)이라고 하는 부여의 왕흥사탑과 그 유형이 근사하니 백제유물임을 추정하겠다. 신라 통일기에 고구려의 안승(安勝)을 금마저에 봉(封)하였음으로 후세에 착오된 것이라고 하겠다. 익산 마한도성설은 이로써 당연히 파괴되는 것이다 (『조선일보』, 1930년 3월 7일, 4면).

○ 1930년 3월 8일 진위, 마을 정치시대 마한의 수도

   진위가 마을 정치시대 마한의 수도였으며 금마저는 금마, 이는 소말로 진위 지역의 지명에 금산(쇠뫼), 소말(송촌, 솔밭) 등이 남아있음을 근거로 제시하고 있다.

어제 서술한 바에 의하여 익산군이 마한고도가 아닌 것으로 밝혀졌다. 무강왕릉(武康王陵)은 백제 무왕장(武王璋)의 능인 것, 왕궁탑은 무왕생장(武王生長)의 영인 것을 축복하는 원탑으로 백제왕을 의미한 왕궁탑인 것, 금마면의 고도리는 고구려 빈폐왕(賓蔽王)의 왕생(王甥)인 연정토(淵淨土)의 아들 안승의 고도(古都)임에 의하여 와전된 것 등을 추정하게 되었다.

그러면 진위 마한도성설을 성립시킴에는 풍납리인 백제의 위례성지로부터 서남 100여 리에 상당한 것의 외에 진위가 금마저와 동일한 지격을 가졌어야 할 것과 기아리 혹은 지아의 옛 도읍으로써 그에 해당한 신빙할 바 있어야 할 것과 해산(海山)의 형세가 삼국지에 설명한 바와 걸맞는 바 있어야 할 것이다. 이제 이 모든 점을 차례로 고찰하여야 한다.

신채호씨는 그의 연구초에서 금마국은 마한 54국 중의 하나인 건마국(乾馬國)의 동음이자(同音異字)이라 하여 금마와 건마가 동일한 지역인 것을 주장하였다. 이는 경주의 금성을 웅진의 곰나루와 동일한 어계로 보는 것처럼 근리(近理)하면서 수긍할 수 없는 바이다. 앞서 언급한 혁거세 추대하던 회의의 우이(牛耳)를 잡았던 신라의 소벌공(蘇伐公)은 돌산고허촌장(突山高墟村長)이니 소벌공이 서불한, 서발한, 각간과 한 가지 소물의 기(公)이었고 소물은 성벽을 두른 도시국가로써 동일한 부족국가 사이에도 가장 수요부(首要部)에 해당한 지위에 있는 자이어야 할 것이다.

아직도 마한의 형태를 멀리 벗지 못하였을 육촌수장의 회의에서 소벌공이 홀로 권위를 발휘한 것은 그 자연인의 인격신망으로서 보담도 그 정치적 지위가 상당히 우월했어야 할 것이다. 소불기의 어의는 당연 그것을 수긍케 하는 것이어야 한다. 돌산과 고허도 모두 솟물을 방불케 하니 돌의 솟(聳)과 산의 부리(뫼부리)가 한 송부리요 고는 솟, 허는 즉 원야(原野)의 벌이다.

홍주(洪州) 속현에 고구려 현이 있고 그의 일명 우견(牛見)이니 진위의 견산리가 몰뫼(城山)로 부르는 예에서의 같이 우견이 소몰이오 고구(高丘)가 또한 솟물의 전형이어야할 것이다. 소벌공은 돌산촌장이며 다른 예로서 보매 소부리공, 사벌공으로 돌려 쓸 수 있는 명칭이다. 드디어는 서불한, 각간 등의 관직의 전형으로 된 자이니 금마는 쇠말 즉 소말이어야할 것이요, 소말은 소물, 서울 등이 도시국가시대의 수요지인 것처럼 마을 정치시대의 또 마한의 수도로 되지 아니하면 아니 될 것이다.

춘천의 소양강안에 있는 우두산 우두촌이 소말로써 소머리이니 소양의 소도 우(牛)의 소가 미화된 대응하는 글자일 것이다. 옛명칭 소명(昭明)은 더욱 소말과 비슷하며 신라시대의 삭주(朔州)도 소의 두음을 취함일 것이다. 합천 가야산의 일명 우수산(牛首山)이니 합천(陜川)이 5가야의 하나인 성산(星山)에 인접하여 가야의 전대(前代)에는 마을 정치의 하나인 소말로 되었을 것이다. 의성의 소문국(召文國)도 하나의 소말을 상상하게 하며 삭녕군(朔寧郡)의 옛이름이 소읍두(所邑豆)니 그도 한 소말일 것이며 주륵(周勒)과 함께 백제에 반항하였다고 보이는 소마시(蘇馬諟)는 주륵이 지으리와 비슷한 것처럼 소말지(金馬公)의 음역인 것 같은 것도 하나의 추측이다.

발해국을 건설한 고왕 대조영은 속말말갈(粟末靺鞨)의 원수이다. 속말(粟末), 말말(沫沫), 속수(粟水) 등이 모두 속물(裡河)을 의미하며 동시에 소말을 소리나는대로 적은 것이다. 속말이 송아리(松花江)의 고형으로 되어 금마(金馬) 우수(牛首) 혹은 소밀(蘇密) 등의 조선 사상에 관계 깊은 지명이 소말의 이두식의 한 역인 것은 반드시 일본 문헌상에 나타나는 소시모리의 방증을 기다려 결정될 바 아니다.

마두리의 말머리, 말마리의 마무리 등은 조선의 지명 발음상에 현저한 예이다. 진위의 송촌은 솔말, 송촌활달의 활달은 여진어의 합달(哈達)(하다)처럼 산봉 혹은 고지의 뜻이며, 금산의 쇠뫼도 즉 솔말과 같이 소말의 전형어일 것이다. 그리하여 익산의 금마저와 같이 진위의 송촌 금산 등은 마한의 수도로써 소말되기에 타당한 것이다. 이제 소말의 중요부이었을 듯한 진위군 송탄면의 고려의 송장폐현(松庄廢縣)인 옛 송장면(松庄面) 장안리(長安里)는 북으로 불악산(佛岳山)(俗稱 부락산, 붉산?)을 기대어서 자못 평연한 지세로 되었다. 이는 고려 이래의 구습인듯이 송장으로 부르되 주륵성의 소재지인 송산리는 솔뫼라고 불러서 거기에도 소말의 유운을 부쳤다. 오인은 먼저 소말의 역사지리상의 어격을 상술과 같이 추정하고 이에 진위군과 그 인접지에 있는 마한고도의 유적의 편편(片片)을 엮어 내려 한다(『조선일보』, 1930년 3월 8일, 4면).

○ 1930년 3월 9일 진위와 부근 지역의 지명

진위와 주변 지역의 지명을 분석하고 있다. 개실은 이 시기 지배계급인 기의 요지로 지앙안들, 지아울, 지장지어리, 오지아울 등의 지명에서 이곳이 지아리의 전도지(중심지)였다고 주장하고 있다. 또한 계루지 일대의 개리, 개아리, 월멸산, 백금산, 소시동, 개뫼 등 주변 지명을 설명하고 있다.

이제 우선 진위와 그 부근 일대의 지명과 그 어음상의 관계를 살펴보겠다. 진위 구읍인 북면 무봉산 부근 진위천 상류 원야부들 앞에 놓은 여러 지점에서 개실이라는 가곡(佳谷)이 있다. 그 서방 수리 토성유지(土城遺址)를 가진 몰뫼의 견산리(見山里)가 있고 다시 그 북서로 성북리(城北里)의 성뒤가 있다. 진위 일명이 연달(淵達)이요, 또는 부산(釜山)인데 가곡리로부터 정북 십리 미만의 지점에 가마뫼라는 부산리(釜山里)가 있다. 연달(淵達)의 연은 감돌의 감과 통하고 달은 뫼와 통하니 연달도 즉 부산(釜山)의 다른 풀이일 것이다.

가곡리의 남부 하천을 건너 오지아울의 오좌동(梧佐洞), 지아울의 좌동(佐洞), 지장지어리의 지장사유적(地藏寺遺跡?) 등이 각각 대소의 봉대(峰臺)를 끼고 있다. 이 중간에 진위천(振威川) 양안의 평야부에 지앙안들이라는 장안평이 있어 임신역에 삼도근왕병이 둔취(屯聚)[173]하였던 곳이다.

서정리역 부근에 와서 동북으로 불악산(佛岳山)이 있으니 일경(一境)에서 초대(稍大)한[174] 산악(높이 148M)으로 부락산이라 일컫는다. 그 남으로 송장폐현인 장안리가 있어 지형이 자못 평연한 바 장안의 명칭은 목장(牧場)에서 유래한 것이 통상이다. 기타 그 지명 기원이 분명치 아니 하니 지앙아들 지앙안말이 통상 장터의 장대리(場垈里)와 그 어의를 혼동 할 바 아니다.

장안리의 남으로 가재울의 가재리는 계류(溪流)[175]에 가재가 산출함이라 할지라도 방예울의 방혜동(芳惠洞)이 베어울과 비슷한 것도 흥미 있다. 개실이 지실, 기벌(伎伐), 강성(綱城) 등과 한 가지 기의 요채(要砦)인 것은 명백하고 지앙안, 지아울, 지장지 어리, 오지아울 등 허다한 지앙의 지명을 가진 것은 이 일경이 지아리의 전도지(奠都地)이었던 것을 추정할 만하다.

불악산의 북방에 우곡리(牛谷里)(소골)가 있어 주륵장군의 혈전장인 우곡성을 연상케 한다. 또 그의 북방 진위천을 북으로 두른 곳에 예촌(藝村)으로써는 숯말이 소말을 연상케 하는 것이 모두 흥미를 끈다. 진위군 고덕면은 고려의 종덕 폐현의 유적으로 두릉리의 남으로 기루지 혹은 지루지의 계루지리(桂樓地里)가 있다. 다시 그의 남방 우회한 소산맥을 지나면 밤개울인 율포리 구역이로되 두 마을의 거리 거의 4리에 달하며 중간에 다수의 작은 지명을 가졌으니 계루지로부터 소산맥을 지나 마분리(馬墳

---

173) 여러 사람들이 한 곳에 모여있음.
174) 작은.
175) 산골짜기를 흐르는 시냇물.

里)¹⁷⁶⁾의 동부 산야 일대들 개리 혹 개아리라 하고 그 동부를 두머리라 하고 두머리의 동남이 장터거리 거기서 복검(복신?)산을 지나 율포이다. 개아리의 북부에 평저한 토산이 있으니 그의 북서부로 통한 계루지의 상류가 왕곡(旺谷) 혹은 왕곡(王谷)으로 쓰는 왕골이다.

토산의 서록(西麓)에 불사유지(佛寺遺址)가 있어 불당산(佛堂山)의 명칭을 가지는데 승정(僧井)의 중우물, 그의 동편으로 천제정(天祭井)의 천제우물이 있다. 그 북안의 작은 산이 천제산(天祭山)이고 계루지의 진산격인 작은 산이 있어 천재라하니 그 동록에 불사유적이 천왕사(天王寺) 고지(古址)인줄 상상되나 천왕의 명칭이 주목된다. 천왕재의 동북 여러 마을에 상대한 것이 대왕산(大王山)이라는 작은 산이다. 이것은 초동야수(樵童野叟)¹⁷⁷⁾들이 댕당산이라고 하여 마치 잡산의 의미와 같으나 또한 고사유지(古寺遺址)를 가졌다. 천왕재의 동편 끝에 핑구꼴의 빙고동(氷庫洞), 그 곁으로 중창골의 충창동(忠倉洞)에서 서정리까지 오는 동안 원(院)터가 있고 구호리(九互里)라고 하는 아홉 거리가 있어 무슨 대로(大路)의 유적인 것 같으나 근년 신도로가 있기 이전에는 세소(細小)한 초로(樵路)이었다.

계루지의 남부 개아리에 넘는 작은 산이 월명산(月明山)이라는 달뫼, 그의 통로처가 달은굿재 혹은 단굴새도 소리의 예가 균일하지 아니 하나 그 북록에는 사(射)□지라고 전하는 솔터재로써 소도(蘇塗)와 유사한 것이 흥미 있다.

이 산의 서북으로 계루지의 서남부가 백금산(白金山)으로 빼검뫼, 그의 남편 단굴재의 서방 평탄한 전야부(田野部)가 견산리의 서방 대정리(大正里)라고 근년에 사객(寫客)된 대쟁이와 같이 대지앙이, 거기서 남안 소산은 대쟁의 산, 그 서방의 소강(小崗)은 정마니부리로 전자는 당폐(唐蔽)을 연상하는 따지앙이, 후자

---

176) 현재의 고덕면 해창 2리.
177) 아이들과 늙은이들.

는 조선고유의 지기묘격(地祇廟格)인 것같이 추상되는 지앙마님 부리인것이 호기심을 일으킨다.

율포(栗浦)의 남방 성두리의 성머리, 지제리(芝制里)의 지제을, 만성리(萬城里)는 책성유지(柵城遺址)를 생각케 한다. 거기서 남으로 궁리라는 궁말의 북방 작은 언덕의 위인 위성리(蔚城里), 서측 수십 마을의 지점에 우곡을 의미하는 소시동(小侍洞)이라고 쓰는 소실앙골이 있어 자고이래로 소소한 불사(佛寺)가 있었다. 계루지의 서북방 십수 정(町)의 평야 중앙에 위도(逶道)한[178] 작은봉우리는 가산의 개뫼로써 동시의 한 부락의 명칭을 이루었다. 이것이 개아리 일대를 중심으로 한 기준의 전도지인 것같이 추정되며 전기 각종의 지명에 따라서 구비를 이룬 고래의 전설이 자못 흥미 있으니 이를 서술함에 의하여 일단의 흥미를 자어낼 수 있다(『조선일보』, 1930년 3월 9일, 4면).

○ 1930년 3월 11일 진위와 부근 지역의 지명

앵골(하양곡), 해창리, 왕곡, 아홉거리, 금각리와 양성면 고성산, 양감면 송산 일대의 지명을 분석하고 마분리(현재 고덕면 해창 2리)는 마한 고분으로 양감 송산의 소륵성은 마한의 주륵성으로 추정하고 있다.

개아리의 북부 소소한 곡지(谷地)가 앵골이라는 하양곡(河陽谷)이니 예서부터 서남 수리의 지점 진위강의 북안에 있는 해창리는 고려 하양창의 유지(遺址)를 이으므로 인함이라 하려니와 고려 고종 4년에 진위현인 이장대(李將大)가 몽고난 중에 반란을 일으키어 정국병마사(靖國兵馬使)를 자칭하고 하양과 종덕 2

---

178) 구불구불한.

개 창(倉)의 속(粟)을 열어 인민을 호응케 하며 수(水), 광이(廣二)의 관군과 여러 개월간에 대전(對戰)하였다 하니 이는 근고(近古)의 일이다.

마분리(馬墳里)의 촌락에는 고래(古來)로 마정승(馬政丞)의 고분이 있어 동명이 기원되었다고 한다. 석년의 어떤 탐남한(貪婪漢)이 마분을 파굴하였든 바 예상하였든 보화가 많지 않고 오직 주옥으로 꾸민 갓끈(冠纓)을 얻었는데 그날로 병에 걸려 수일에 급사하였다는 옛이야기가 전한다. 앵골의 서북 단굴재의 토산이 적이 웅후(雄厚)하고 장풍(藏風)하기 적호(適好)한 지점이 고지 앙자터라 하여 고씨장자(高氏長者)의 구지(舊址)라고 그 번화하던 당년의 가옥과 생활상태를 전하되 그 연대를 모른다. 부근에 누누(累累)한 많은 무덤은 근년에 많이 삭파(削破)되었으나 옛기와의 파편이 수십 년 전까지 자못 많아서 종덕현의 규모로는 좀 지나치는 바 있었다.

왕곡(王谷)의 천제정(天祭井)은 고대 제천하던 성정(聖井)으로 초단(初壇)들은 무지개(虹)의 뿌리박는 곳이라고 전한다. 더욱이 고대에 장자(長者)가 살다가 병란이 나서 멀리 쫓겨갈 때 금속의 기명을 천제우물에 집어 넣었는데 그 우물이 파연(破捐)되어 대석(臺石)[179]이 무너져서 예전에 그 대석에 올라서서 구르면 속에서 금속기명(金屬器皿)이 덜거덕거리는 소리가 났다. 만일 탐욕이 있는 자 석괴(石塊) 젖히고 기명을 꺼내려 하면 반드시 뇌전(雷電)[180]이 대작(大作)하므로 어찌하지 못하였다 한다.

이는 마치 수렵을 핑계로 졸사(猝死)히 암호(暗號)한 백제군에게 쫓겨 창황히 달아난 마한 패망의 전설을 이름과 같다. 아홉 거리로부터 평저한 구릉이 두릉·율포·해창·마분리 등 여러 촌락을 형성하였는데 고래로 '구거리지하(九巨里之下)구대왕후지지(九代王侯之地) 혹은 승상지지(丞相之地)'가 있다 하여 감여가

---

179) 받침돌.
180) 천둥과 번개.

(堪輿家)[181]의 명당비기(明堂秘記)로 인정하고 호사자가 왕후지지를 탐사하기에 분망(奔忙)한 바 있었다. 생각건대 이는 기준(箕準)이 남천(南遷)한 이래 8~9대를 바꾸어 수백 년에 가까운 전도지(奠都地)로 되었던 옛 역사를 후대에 와전한 것 같다. 이제 기씨후예로 믿는 기한(奇韓) 제씨의 후대의 조작이라고 하는 마한연대기에도 왕준(王準)으로부터 무강오(武康五)(百濟武王으로 착오된 것은 회술하였음)를 지나 왕학(王學)이 백제에게 병탄되던 것은 전후 합하여 9대이다.

마분리는 결국 마한 왕릉의 와전으로 보려니와 마분리의 서방 평야의 일부가 버틀로서 유경(柳京)의 버돌을 연상케 하며 그의 북방에 어제쯤 배검뫼의 서방이 배다리로 주교(舟橋)라고 하지 않고 고대 해만(海灣)이 배검뫼까지 들어와서 선박이 배다리에 닿았음을 이름이라고 전설한다. 산해변천의 전설은 후문(後文)에 기록하기로 하고 계루지의 북방 수리(數里)의 작은 산이 들린 곳에 금각리(金角里)라고 하는 쇠뿔어가 있어 아주 소부리(所夫里) 그대로인 것도 유의할 점이오 계루지의 서방 진위강을 건넌 십리의 지점에는 벽동(璧洞)이라고 하는 구실리가 있다.

서정리에서 동방 10여 리 옛 양성지계에 고성산(古城山)이 있어 표고 300M로 인근 일대 최고한 산악인데 산상에 무한성의 고적과 운수암의 명구(名區)가 있으니 여지승람에 그 형승을 실었고 향토인이 그 고전장(古戰場)인 것을 전하는 바 무한(無限)이 또한 마한의 전화어가 아닐는지 흥미 있는 바이다. 일명이 적성산(赤城山)이니 신(新)□의 진위적성(振威赤城)이 인접 군현으로 이 일대에 해당한즉 적성산은 그에 기원함일 것이다. 주륵혈전(周勒血戰)의 터인 우곡성(牛谷城)은 당연 이 일경에 있어야 할 터인데 우곡성(大原氏設)이 남으로 불악산(佛岳山) 북으로 진위천(고대에 해수가 침입하여 이 부근도 수량이 많았을 것)에 임

---

181) 풍수지리를 공부해 묘지나 집터의 길흉을 가리는 사람.

하여 한 추요지(樞要地)됨도 유의할 점이다.

어제 기록한 소시동(小侍洞)의 소실앙골도 우곡성으로 난성(蘭城)과 성두(城頭) 등의 성벽지대에 접한 것이 한 착안점이다. 고덕면으로부터 서북 십리여의 수원군 양감면(元卄味 개미면) 송산(솔뫼) 이외 남동에 표고 113M로되 오히려 준험한 형세로 된 산맥이다. 산상에 일좌(一座)의 토성유지(土城遺址)가 남북이 수백 보 동서는 수십보의 소규모이나 부근 수십 리를 일모(一眸)에 거두며 서쪽으로 남양만과 아산만의 해수가 백랑접천(白浪接天)의 기세를 보인다. 이것을 한문학자들이 소륵성(疏勒城)이라 하여 춘계유상(春季遊賞)의 땅으로 삼으며 그 정상에는 고래로 신당(神堂)이 총사(叢詞)를 겸하여 초록당이라고 하며 지금까지 영험의 소문으로 신축(神祝)이 끊이지 아니한다. 그 서안에는 조리을인 조리동(操里洞)이 있으니 이제 동쪽으로 신왕리(新旺里), 초록당, 소륵성, 조리을이 모두 주륵성을 의미한다. 주륵성이 이미 여기이면 개아리의 마한고도설은 확실히 성립될 것이다. 율포의 밤개울도 개야리의 위에 배음의 관사(冠詞)를 더한 것으로도 볼 수 있다(『조선일보』, 1930년 3월 11일, 4면).

○ 1930년 3월 12일 진위와 부근 지역의 지명

주륵성 관련 지명에 대해 추가 서술하며 화성 개월리와 덕지산, 진위 백봉리와 계양나루 등의 지명을 소개하고 있다. 또한 진위와 그 일대 지역이 마한 200년의 수도가 된 지리적 여건과 그 당위성을 주장고 있다.

주륵성에 관하여 아직도 두어가지 기술할 바 있다. 초륵산의 남용(南龍)은 신상골의 지명이 지금도 있다. 어제 쓴 토성(土城)의 북쪽 시내 아래에 일개 고정(古井)이 있어 태반이 인몰(湮沒)

되었으나 오히려 청렬한 물이 넘쳐 흐르는데 이 부근에는 장군 치마(馳馬)[182] 하던 곳을 지점하는 바 있다. 이미 언급한 아산만(牙山灣) 중앙 수면 이십장(丈)에 솟은 영바위(永岩)가 왕왕히 이 초릉당(堂)에 장가 온다는 속설이 있어 성하 최우기에 풍우회명(風雨晦冥)한 날이 그때라 한다. 무엇이나 모두 주릉이 망국숙(亡國宿)□으로 혈전 패몰한 참사를 조위함이 마치 덕물산(德勿山)의 최영장군사(崔瑩將軍詞)가 무축의 도회(都會)로 된 것과 방불 캐한다.

〈사진 5〉 진위는 마한고도
(『조선일보』 1930. 3. 12)

그러나 이 부근의 지과 그 지형이 또 마한성에 인연이 있으니 이 주릉성에서 서북으로 수십정을 격한 130M의 표고를 보이는 중기앙산에 의하여 주□된 산악부 속에 자연한 병장을 이룬 개월리(開月里)의 개을이 있어 개실 지아을 개아리 등과 전연 동형의 지명인데 상하 두리(斗里)의 두머리, 왕꼴과 유사한 새왕이(신왕리)와 개실의 독골(獨谷), 개아리의 독우머리(篤柱里)와 유사한 독주측(篤柱測) 그리고 명봉산(明峰山)으로도 일컫는 덕지산 등 지명 배포가 일정한 체계를 가진 것도 흥미 있다.

한편으로 구거리의 아홉거리가 있는 반대 방향으로 계루지의 서남 8~9리 진위강을 건너는 서안에 지앗이라 부르는 백봉산과

---

182) 말을 타고 달림.

그 동명을 가진 것도 전혀 무의미하지 않아 보이는 것이다. 진위천의 옛이름이 장호천(長好川)인 것도 눈에 뜨이려니와 개아리의 서남 10여 리 안성진위 양강 합류한 곳이 계두진(鷄頭津)의 달기머리 나루로써 진왕(辰王) 치월지(治月支)(달기?) 나라의 달기를 하상(嚇想)[183]하게 한다. 그의 하류가 계양진의 계양나루로 고려 경양고현의 명칭을 멈무렸으나 지앙 달기 기앙 등이 대부가 국일류(局一類)□의 지명이다.

그러면 이 고장이 어찌하여 마한 200년의 수도로 되었을가? 황해, 발해 등 조선에서 서해라 하는 일대의 해수가 상대에는 내륙에 깊이 들었던 것은 이제 논증을 요치않고 현대에도 서류하는 대소의 하천이 충적토(沖積土)를 돌아 하구를 메꾸므로 서해안은 점차 육지가 살아나는 현상이다. 전술한 계루지의 배다리 일대는 이제에도 원넘어의 작은 지명이 있고 문곡리(文谷里)라고 고상하게 변한 민곳은 해만을 매축(埋築)하였다는 어의를 묻혔으며 그의 서방 청북면에는 지금 전연 내륙부임에 불계(不計)하고 사진(沙津)의 톳나루, 강포(綱浦)의 망개, 송포(松浦)의 솔개 등 지명은 모두 상대의 해저로 되었던 곳이 차차 육지로 노출되었음을 증명함이다.

아산만의 한나루(流津)가 함몰될때 진위천 유역의 평야가 해저로부터 솟았다는 이야기가 부풀려 향사전설로 되었다. 생각건대 기준이 좌우궁인으로 해상에 떠서 남하하는 도중 한나루의 해협을 지나 안성천 방면을 거슬러 산악부에까지 갔다가 다시 기앙나루로부터 진위강의 하곡에 들어와 마분과 율포 사이에 개아리의 도성을 만들어 서남북은 해만과 하류를 액(阨)하고[184] 다시 소물이(金角里), 숙성, 울성, 마한성(無限城), 기타 대소의 성책을 두며 따로이 오산(烏山)(오뫼)의 동북으로 금곡(金谷)의 소실(혹은 소일)과 원산(圓山)과 고륵성(固勒城)으로 된 산성 등을

---

183) 감탄하여 생각함.
184) 막히고.

싸서 그 방어선을 만들었던 것이다.

　산재산해(散在山海)간 무성곽(無城郭)은 전술한 고대 지리에 걸맞으니 그는 도성(都城)이 완비치 못함을 이름일 것이다. 더욱이 후기에 무수한 성책을 가졌던 것은 명백한 바이다. 근대식의 도시와 달리 산만한 그 생활의 양식은 개아리와 계루지 중심시대, 또는 개실로 장안리 중심시대, 말년 백제와 항의기(抗議期) 중에 유우(流寓)[185]하였던 형적이 있는 개월리와 신왕리와 주륵성, 파선(播選)시대 등을 지내온 것 같다.

　궁평(宮坪), 궁대(宮垈), 상궁(上宮), 하궁(下宮) 등 마을명이 이 경계의 원근에 있는 것은 그것이 즉 고도성(古都城)의 유지(遺址)인 것 같으나 이는 전대 궁가소유의 원야(原野)와 전지를 개척하고 그를 관리하고 경작하는 부락과 그 대리자의 주소를 궁집, 부말 혹은 궁터로 일컫던 예가 있다. 현재 평북 용천 불이농장으로 넘어간 부라면(富羅面) 일대의 옛 궁토에도 관리자의 가택을 궁집이라고 하며 궁촌, 궁평 등의 칭호를 부치는 예가 있다. 이는 향토 풍속을 익히 아는 자의 수긍할 바이다. 어찌했던 진위마한 고도설(古都說)은 이로써 대체가 확증되는 줄 믿는다 (『조선일보』, 1930년 3월 12일, 4면).

○ 1930년 3월 13일 구 마한국과 그의 흥망

　북부여의 해모수와 고구려의 주몽은 일자조선의 주요 인물임을 소개하고 고구려 유리왕, 마한의 주륵과 발해의 철리부 등 기아리의 역사를 서술하고 있다.

　　마한은 그 방위로 보아 남한을 의미하고 그 형태로 보아 촌락

---

185)　임시로 살다.

한(村落韓)을 의미하는 바는 중술한 바로서 명백하다고 믿는다. 그러나 준왕(準王)이 금마저(金馬渚)에 와서 마한왕이 되기 전에 평양인 왕검성에 있어 일찍이 한(韓)으로 일컬었을 것이다. 삼국지에 위략(魏畧)을 인용하여 '기자급친유재국자인모성한씨(其子及親 留在國者 因冒姓韓氏)'라고 한 것은 기아리 조선이 처음부터 한환(韓桓)을 병(並)하였음을 인함이다. 인정성한(因情姓韓)은 국조(國朝)[186]의 명칭을 개인의 씨칭(氏稱)으로 인견(因肩)하였음을 명시함이다.

위만(衛滿)이 한사(漢士)의 도포(逃逋)들을 규합하여 기아리의 조선을 습파(襲破)하였으되 혼자 힘으로 이 부업(副業)을 부지하지 못했다. 사기(史記)에 원봉이년(元封二年) 조선비왕(朝鮮裨王) 장(長)은 기아리의 별칭인 지앙을 알름일 것이다. 조선상한음(朝鮮相韓陰)은 기아리의 자급친(子及親)이 한(韓)을 문성(門姓)[187]한 자의 일족이려니와 기씨로 한(韓)을 문성한 것은 스스로 환족(桓族)임을 인함이다.

위만 패몰한 후의 평양은 낙랑군의 중심지로 대동강 유역에 걸터 앉아 한의 한군현으로 되었다. 기아리의 후예로서 오히려 낙랑왕을 따로 일컫는 자가 있었으니 고구려 태무신왕(太武神王)의 왕우(王于)인 호동(好童)이 옥저(沃沮)에 출유(出遊)[188]할 때 그를 보고 반겨 맞이하면서 북국신왕의 아들이냐고 묻고 데리고 가서 부마를 삼은 낙랑왕 최리(崔理)는 한화된 성명이지마는 지아리의 어음을 방불케 한다.

낙랑군의 극복은 미천왕 14년의 일로 대무신왕 15년을 격하기 280년 후의 일이니 낙랑군의 기세가 그 영요(榮耀)를 극하였으므로 때로는 그 태수를 낙랑왕이라고 일컬었다는 것은 쉽게 수긍할 수 없다. 호동이 출유한 옥저는 어느 지점인지 단정치 못

---

186) 자기 나라의 조정.
187) 문벌을 이룸.
188) 다른 곳으로 나가 놂.

하나 옥저와 가까웠고 북국신왕을 추찬한 태도로는 한낙랑 태수의 짓이라고는 보이지 않는 점이 적지않다. 기아리의 어음이 처음에는 군장의 업위(業位)를 이름이었으되 나중에는 해씨와 명자(名字)의 형식으로 분해된 형적이 없지 아니 하나 해모수(解慕漱)의 북부여도 일족인 해씨조선의 하나요 아시일자(我是日子), 하백외손(河伯外孫)이라고 자칭한 해주몽(解朱蒙)의 고구려가 일자조선의 중요한 자인 것은 거듭 말할 필요가 다시 없다.

고구려의 제2세왕이 해유리(解類利)로서 이것이 개아리로 볼 것이나 유리가 이름이 누리(累利)이니 맞지 않는다고 하고 제5 찬목왕(簒木王)이 해애류(解愛留)이니 한 개아리요. 제13 서천왕(西川王)의 해□노도 □가 머지지의 리의 표음으로되는 예로 보아 한 개아리 라고할 것이다. 삼국지에 대방군(帶方郡) 기리영(崎離營)의 문구가 있으니 대방의 지명은 각지에 있어야 할 터이나 이 대방군은 낙랑에 접한 바로 현재 봉산(鳳山) 일경으로부터 임진강의 유역에 걸쳐 있었을 것이니 기리영이 전국시대 한(漢) 문화적 색채를 가지지 아니한 점으로 기아리의 어음과 유연인 것만이 흥미 있다.

주륵(周勒)이 한 기아리로 볼 것이니 마한 옛장수이라고 기록된 주륵은 그 왕실유친(王室遺親)으로 기□을□ 복하여 최후까지 혈전하였다. 낙랑에 들어간 구마시(舊馬諟)는 소말의 수장(首長)(지)이다. 신지(臣智), 읍차(邑借)라 회열(回列)하던 자로 종국(宗國)의 회복이 절망일진대 차라리 이민족의 나라에서 그 한가한 일월(日月)[189]을 보내고자 함일 것이다. 발해의 여러 부 중에 철리부(鐵利部)가 있었으니 이것도 지아리의 사음이라고 하기에는 천착이 과하다고 던져두자. 그러나 불열(拂涅), 부루가 불사(不謝), 위나암(慰那岩), 읍루, 낙랑 등과 동일 유연의 것이라면 철리(鐵利)의 그것도 무엇인지 조선적인 어휘에 속한 것이

---

189) 세월.

어야 한다.

앞써 쓴 진위 일대를 중심으로 한 지아리 날샌다로 설명되는 제사에 대한 속칭은 결코 우연이 아님을 추단할 것이다. 증설한 아홉거리는 9대왕후(九代王侯)의 전설로 보아 9대의 걸 혹 기아리의 전도처라고 함이 전혀 전회(傳會)[190]만이 아닐 것이다. 백봉(栢峰)(古名 六栢)의 6지앗은 6인의 지아가 그곳에 있었다는 구전에 인함인것도 같다. □성리(城里)의 동남으로 괄이뫼라는 강만(岡巒)이 있으니 속설에는 이괄(親山)의 부친묘(父墓) 소재지라 하고 이괄이 왕업을 도모할 때 괄이뫼의 부친의 시체가 □성리 방죽(池)에 들어가서 용으로 변하는 도중에 있던 것을 조가(朝家)[191]로부터 잡아내어 도끼로 찍어 죽였다는 왕왕히 듣는 명당발복(明堂發福) 실패 전설을 전하니 이괄의 친산이 거기에 있었든지 없었든지는 이제 고증치 못할 바이나 괄이뫼와 기아리뫼가 그 소리가 유사인 것도 기이하다.

개아리의 일자는 기에서 관념되어 태양에 부합되었을 것이다. 나라(날아, 즉 日子)가 신생어인 날로부터 출발하여 나라의 관념을 형성한 것 같은 것도 착안할 점이다. 기아리의 시대가 마한의 멸망으로 전혀 막을 내리고 내을(날) 신을 숭배하는 국가(完全한 의미로) 건설의 시대를 열어서 부여국의 고구려, 백제, 신라 삼국의 건설을 본 것은 의의 많은 일이다(『조선일보』, 1930년 3월 13일, 4면).

○ 1930년 3월 14일 마한국의 멸망 과정

마한국의 멸망 과정을 서술하고 있다. 진위 지역의 지산리 우곡(소골)과의 관련성, 수원 금곡 소시앙골(소륵성)의 지명을 근거로 제

---

190) 전해오는 것.
191) 조정(朝廷).

시하고 있다.

　　기아리 정치는 극히 산만해서 부족연합이 일개의 민족국가를 형성한 과도적인 형태를 다분으로 보유하였다. 왕검성의 기준이 위만(衛滿)을 서비(西鄙)에 두었다가 하루 아침에 그 기업(基業)을 돌려 엎은 것도 퍽은 소루산만(疎漏散漫)[192]한 짓이었다. 마한의 말기에는 동북 100리의 땅을 십제(十濟)에게 나눠줘서 도리어 그 패망을 재촉한 것은 어찌 그 전철을 밟음인지 소루(疎漏)에 웃게 한다. 온조왕이 마한을 정벌할 때 돌연 맹습한 것이니 그 침입자가 큰병사를 거느리지 아니 하였음을 알 것이다. 마한 자신이 산재산해간(散在山海間), 무성곽으로 완전한 도피(都披)와 병비(兵備)가 몹시 산만하게 전시대를 마친 것을 알 것이다. 계루지 천제정에 기명을 던지고 난리에 쫓겨 달아났다는 전설은 그 창황 낭패한 정도가 짐작하게 된다.

　　고대에 있어서 반드시 중시(重視)하는 왕의 신상에 일언한 바 없으니 그 간의 소식은 명언할 바 없었음으로 인함이다. 원래 산만한 조직이라 쇠망의 형태에서도 유기적인 비장미를 결하여 그 원수(元首)인 자는 준왕(準王)의 고사(古事)대로 진한과 변한의 방면에 남주하여 마한국의 형해(形骸)를 보유하고 혹은 주륵과 같이 왕실의 주(胄)[193]로서 구업을 광복코자 혈전하는 자도 있었을 것이다. 주륵이 우곡성으로써 의사(義師)를 일으키매 호응하는 군민은 오히려 많았던 것 같아서 온조 왕은 궁헌병(躬憲兵) 5천의 거역(巨役)을 일으킨 바일 것이다. 2년에 걸쳐서 난전을 겪었으니 이는 전술한 동쪽과 북방어선의 방면에 상응한 견고한 성이 있었음을 의미함이다. 원산(圓山)은 오산의 동남쪽 가곡의 정북에 있어서 오산이 오뫼, 원산은 동산이로 현재 원산으로 대

---

192) 거칠고 엉성한.
193) 무사. 투구.

우함이 차이가 없다.

　원(圓)도 둥글, 원(園)은 원래 동산으로 어의가 우연 동일하니 원산성은 원리(園里)(大原氏說) 이미 명백하고 금현(錦峴)은 현재 용인군 이동면 삼봉산 서록 평야부를 액(阨)한 요지로서 금현(金峴)(大原氏設)의 지명이 있으니 금재와 김재가 동일한 지명인 것이 의심없다. 서남북의 삼면이 해만과 하류들로 액(阨)하되 오직 서동북이 육지에 연하고 서남이 평정하되 동북에는 백제와 말(靺) 등 강적을 공격하므로 이 방면에 성란(城欄)을 둔 것은 필연의 일이다.

　그러나 이 성이 필경 함락되매 주륵은 다시 우곡성에 일어남이니 우곡은 지산리 우곡의 소골이 그 제일 추정지이나 가벼이 믿기 어렵고 증술한 위성리(蔚城里) 서방 소시동(小侍洞)의 소실 양골이 하나로 예로부터 불사(佛寺)가 있어 누구인지의 명복을 빌용이 한 착안점이다. 소실은 솟실(山城)로 산성을 의미하매 금곡이 또한 소실로 되니 오산의 동북 수리의 지점 수원군 동탄면인 금곡리는 구어로는 소실 혹은 소일로 부르되 제법 준초한 산맥이 연장접봉(連嶂接峰)을 이루어 방전지(防戰地)로 흡사하니 여기가 한 우곡(牛谷)으로 추정할 것이다. 만일 우곡을 솟실의 산성 그대로 이두식 문자로 본다 하면 송산리의 소륵성(疏勒城)이 소소한 산성이다. 이 소륵성에 오르매 서남으로 서해의 물이 호망(浩茫)하게 널리어 천연한 한계가 후고(後顧)[194]의 근심이 없고 동으로 고성산이 서쪽으로 서정리역과 오산 부근 또는 임진왜란의 격전지인 병점역 서방 독성산(禿城山)일대와 정북으로 수원의 서봉산(棲鳳山)과 건달산(乾達山) 등 모든 산의 산악부까지도 모두 한눈에 거둘 수가 있다.

　하물며 일국 혈전의 범위로는 우곡, 금곡, 소시동, 소륵성을 통털어서 10여 리 혹 20리의 거리에 넘지 아니 하니 주륵이 개

---

194)　뒷날에 대한 걱정.

월리의 책성에 근원지를 두고 소륵성으로 그 주력부를 삼고 소시동 혹은 우곡리 방면에까지 진퇴하며 그 최후의 항의을 혈행하였을 것이다. 이것을 전대에 보건대 중조선(中朝鮮)이라는 평양 800년의 기아리 시대가 극히 산만한 통치의 형태이었고 후에는 금마저(金馬渚) 200년의 마한국의 정치가 60~70여 국을 □□하는데 극히 원심적인 자유연합의 국가형태로 된 것다.

북에서 배어들 어의을 그대로 가진 부여국이 최초의 나라 건설자로 일자(日子)사상의 최진보의 형태에 달하였다. 다음은 조분배어(卒本夫餘)의 고구려, 다음에는 남부여로 된 백제, 또 다음이 소벌(金城)에 붉(朴)도(道) 중심의 나라를 건설하고 그 탄강(誕降)의 근원(根源)을 날(柰乙)로 신앙한 신라제사지(新羅祭祀志) 신라의 출현을 봄에 미쳐서 문화발달의 특수성은 그 대부의 형태를 갖추게 된 것이다(『조선일보』, 1930년 3월 14일, 4면).

○ 1930년 3월 15일 민족이동과 삼국 건설

조선상고사의 전개 과정을 요약하고 있다. 이 시기는 민족 이동이 활발했던 시기이며 이후 고구려, 백제, 신라 등 삼국이 출현했음을 서술하고 있다.

이제까지 서술한 바를 종합하여 조선선민의 민족이동의 대체를 일별하고 고구려, 백제, 신라 삼국의 건국사정을 고찰함이 흥미 있는 문제일 것이다. 최초 북방에 있던 선주민을 대 되 혹 닥으로 보는 것이니 북방의 인민을 되라 함은 현재까지 적(狄) 혹은 호(胡)를 일컫는 자이다. 닥이 따기의 전어(轉語)일 법하나 속단할 바 아니다. 신 혹은 물 혹은 붉으로 일컬은 제 사정은 전술한 바 있다. 배어와 불과 붉이 서로 본말근지(本末根枝)가 되어 따로 떠날 수 없으니 지명과 국명, 위호(位號)등에 보건대 배어의 어의가 잉(孕) 혹은 원생(原生)[195]에 있으되 원시 지역(壤)으로 배어들 산악 중심으로 배달(배달-백산-백아강), 하천 중심으로 배나(浿河-평나), 그리하여 오늘날 패영의 평양으로 되었다.

국명에서 크고 작은 여러 부여로 되었으므로 그리하여 부여(扶餘) 혹은 부여(夫如)등의 지명을 남겼다. 붉, 불, 부루 등이 신성(神聖), 왕위(王位), 도성성시(都城城市)로 되매 시(市), 불(弗), 벌(伐), 부루(夫婁), 부리(夫里) 등 여러 명칭과 발(發), 맥(脈), 박(朴), 불구내(弗矩內) 등 족성(族省), 국명(國名), 씨칭(氏稱), 조대(朝代)의 명칭(名稱)으로 되었으니 단군(檀君)을 대부여왕(大夫餘王)으로 일컬음에 해당하니 만큼 북부여, 동부여, 졸본부여의 부루(夫婁)로 일컫던 모든 제왕(帝王)이 모두 단군(檀君)이다.

단군의 자(子)요 혹은 단군의 존호(尊號)인 탁리(橐離)(가리-당걸)도 왕(王)의 승통자(承統者)이었던 것이다. 배달(倍達), 맥(貊), 부여(夫餘)의 제문자(諸文字)로 족칭(族稱)을 달리 쓰는 것이 모두 동체이칭(同體異稱)인 것은 이제는 표명(表明)된 지 오래다. 한(韓), 조선(朝鮮)의 남북제족(南北諸族)을 가리는것도 그 체계의 크고 작음은 있으나 크게 서로 차별할 자 아니다. 동이(東夷)의 이(夷)가 이의 자칭(自稱)을 소리로 취한 것은 윗글에서 표증(表證)되었지만 예(濊)의 예는 그의 한 이칭(異稱)으로 전렵(田獵)과 전투를 잘하는 동적인 특징을 가진 부족에게 부쳤던 명칭이다. 예(濊)와 맥(貊)이 별종(別種)이 아니며 한(韓)과 진(辰)과도 근친(近親)의 종족(種族)이었다.

부여(夫餘)와 고구려(高句麗)도 예(濊) 혹은 맥(貊)의 종족(種族)이다. 백제와 신라도 한(韓)과 예맥(濊貊)의 혼성한 민족국가(民族國家)이었다. 예한잡처(濊韓雜處)의 문구는 두 종족의 차이

---

195) 원시(原始).

가 적이 눈에 뜨임을 의미함이다. 예의 따기인 석탈해(昔脫解)가 맥(貊)의 해꼬지인 박혁거세(朴赫居世)에 귀의하여 신라(新羅)의 건국에 합작한 것은 그 상호(相互)의 근친종족이었기 때문이다.

김알지(金閼智)의 적손(嫡孫)인 김미추(金味鄒)는 그 유래를 신화 가운데 감추었으나 김(金)의 김은 알지(閼智)에서 보이는 기 즉 공족귀족(公族貴族)의 출(出)로서 기의 음을 취하여 김(金)으로 된 것이다. 박석(朴昔) 양씨 보담 늦게 출현하였으되 제17대 내물왕(奈勿王) 이후 거의 대대왕통(代代王統)을 독점하여 태종(太宗)·문무(文武) 통일의 업(業)을 이룬 점으로 보아 토착 최대 다수인 한족(韓族)의 혈통을 대표하는 자이었음을 추측해 단정할 바이다.

북부여왕은 해모수(解慕漱)로 입도칭왕(立都稱王)하였으되 생자(生子) 이름은 부루(夫婁)이니 한 부루(夫婁)요. 해부루(解夫婁)의 상아난불(相阿蘭弗)도 불이며 따로 이 영품리왕(寧禀離王)의 문자가 있으니 품리(禀離)도 부루(夫婁)이다. 단군기(檀君記)에서 서하하백지녀(西河河伯之女)와 요친(要親)하여 유산자명부루(有産子名夫婁)이니 그도 한 부루(一夫婁)로서 번식의 의미에서 자손이 부루요, (男丸의 불에 유의) 동명성왕(東明聖王)의 성(聖)과 유리명왕(類利明王)의 명(明)과 태무신왕(太武神王)의 신(神)의 예에서처럼 왕(王)에 붉의 존호(尊號)를 더한 바 있던 것이다.

부두와 붉, 부루(夫婁)와 명(明)이 서로 병칭(並稱)되었음을 알 것이다. 배어와 부루, 불, 붉이 동일 유형이면서 오히려 차이가 나는 어의(語意)를 가진 것은 이제 다시 말하지 않겠다. 송화강(松花江)의 유역에서 동해의 승나라에까지 그 수뇌적(首腦的)인 세력(勢力)을 부식(扶植)한데서 상대조선(上代朝鮮) 민족이동의 왕성하고 급격함을 알 것이다. 이 왕성한 이동과 한가지 국가건설의 운동이 진행된 것은 고구려, 백제, 신라 삼국의 출현으로 된 것이다(『조선일보』, 1930년 3월 15일, 4면).

○ 1930년 3월 16일 민족이동과 삼국건설

민족 이동 과정과 그 결과로 부여, 고구려, 옥저와 삼한 등이 세워지고 마침내 3국에 의한 국가 건설을 서술하고 있다.

북부여왕 해부루(解夫婁)가 아란불(阿蘭弗)의 말을 쫓아 동해지빈(東海之濱)에 이도(移都)하였다는 것이 민족이동의 한 기록인 것은 어제 쓴 것과 같다. 왕검성(王儉城)의 기아리가 유구위만(流寇衞滿)의 북새에 밀리어 주팔해거한지(走八海居韓地)의 운동을 일으킨 것도 한 이동이다. 신, 불 제족(諸族)이 또한 유사한 이유에 의하여 속속 남하 하였으니 낙동강의 동서로 진변제한(辰弁諸韓)이 출현한 것도 한 이동이다. 김부식(金富軾)이 삼국사(三國史)를 쓰매 '선시조선유민(先是朝鮮遺民) 분거산곡지간(分居山谷之間)'이라 한 것을 현대의 사가(史家)가 그 날조(捏造)임을 운위하는 자가 있으나 수긍하기 어렵다. 북방풍진(北方風塵)이 많은 때에 신, 불 제족(諸族)이 이에 남하하였고 박혁거세(朴赫居世)와 같은 이는 불(불) 종족의 대표적 위인이었을 것이다.

북부여(北夫餘)가 근대식 국가건설의 으뜸으로 된 것은 사가(史家)가 다 아는바이다. 삼국지(三國志)에 소위 '부여별종(夫餘別種)언어제사(言語諸事)다여부여동(多與夫餘同)'이라고 한 고구려(高句麗)는 동일종족이다. 옥저제국(沃沮諸國)도 '기언어여구록대동(其言語與句鹿大同)'으로 동일종족이며 오직 읍루(挹婁)가 '언어불여부여구여동(言語不與夫餘句麗同)'이라고 그 종연(種緣)[196]이 적이 멀은 것을 표(表)였으나 기인형사부여(其人形似夫餘)라고 또 유사(類似)함을 알 것이다. 후대에 물길(勿吉)과 말갈(靺鞨)의 명칭은 고구려의 뒤를 받아 진단제국(震旦帝國)(渤

---

196) 종족의 관련성.

海)을 건설(建設)하였던 점(點)으로 거의 동족의 인민인 것이 판명된다.

예종족(濊種族)이 즉 복종족(種族)으로서 부여(夫餘)와 고구려(高句麗)가 모두 동일 종족인 것은 어제 말하였다. '자위여구여동종(自謂與句麗同種)언어법속(言語法俗)대저여구여동(大抵與句麗同)'이라는 예전(濊傳)의 서술(叙述)은 이를 증명한다. 신채호씨(申采浩氏)가 그의 연구초(硏究草)에 말함과 같이 마한(馬韓)과 진변제국(辰弁諸國)의 사이에는 신지(臣智)·읍차(邑借)의 동일한 관명(官名)이 있어 언어와 법속이 동일함을 표시하다. 진한전(辰韓傳)에 언어불여마한동(言語不與馬韓同)은 위작(僞作)에 불과하다. 신라악곡반섭조(新羅樂曲般涉調)를 백제인이 노래하고 고구려의 내원성(來遠城)과 백제의 무등산(無等山)을 신라인이 노래하고 호동(好童)이 고구려 궁중의 미성년 동자(童子)로 낙랑(樂浪)에 들어가 최리왕녀(崔理王女)와 연애를 성취하며 서동(薯童)이 백제궁중 16세의 묘령태자(妙齡太子)로 신라에 도입하여 군동(群童)을 꼬이어 노래를 부르고 선화공주(善花公主)를 유혹하여 백년가약을 맺은 것 같은 것은 부여(夫餘)·예(濊)·옥저(沃沮)·고구려(高句麗)·낙랑(樂浪)·삼한(三韓)·백제(百濟)·신라(新羅) 등 북남 만주와 전조선반도를 통하여 동족동어(同族同語)의 인민으로 채웠음을 알 것이다(硏究草).

최초에는 소이(小異)한 각 씨족과 부족으로부터 시작하여 이토록 광범한 영토에 동일한 민족적 유대를 형성한 것은 그들의 천도왕래(遷徙往來)가 극히 왕성한 민족이동의 결과에 의한 것이라 하겠다. 고구려(高句麗)의 건국에 주몽(朱蒙)이 대이동을 일으킨 것은 그 본기(本紀)의 기록이 이를 명시하는 바이다. 백제(百濟)의 온조왕(溫祚王)이 그 형 비류(沸流)(夫婁)와 함께 왕위계승의 쟁란을 피하여 졸본부여(卒本夫餘)로부터 패대이수(浿帶二水)를 건너 하남(河南)의 땅에까지 남하(南下)한 것은 기아리와 진변제족(辰弁諸族)의 남하한 후의 또한번의 이동이다.

온조왕(溫祚王)이 건설한 열수변(列水邊)의 십제(十濟)는 여울지아인 것을 증설(曾說)하였거니와 그 국력(國力) 신장된 후 백제(百濟)라고하여 붉지아 혹은 붉나라 혹은 붉날의 국호(國號)를 가진 것은 스스로 붉 종족이 그 수요부(首要部)를 차지하였음을 나타냄이다. 은기자(殷箕子)가 동래(東來)하여 요수(遼水)의 서동(西東) 어느 지점에서 어느 정도의 문화적 기여가 있었는지는 속단할 수가 없다. 유구위만(流寇衛滿)의 왕검성(王儉城) 건국과 그를 계승한 한낙랑군(漢樂浪郡)의 설치가 고대 조선문화상에 심상치 아니한 기여를 한 것은 부인할 바아니다. 다만 한낙랑군(漢樂浪郡)의 교래민(僑來民)도 대부(大部)는 산동(山東)과 하북(河北) 방면의 옛 동이인(東夷人)의 혼혈아(混血兒)의 자손이 많았을 것이니 그 혈연의 관계가 풍마우(風馬牛)[197]가 아닌 것은 추측할 만하다.

고이(高夷)구려(句麗)의 명칭(名稱)이 늦게 진한(秦漢)의 시대로부터 한토문헌(漢土文獻)에 나타나니만큼 그 건설의 연대는 삼국 중 가장 먼저이겠으니 군(郡)의 고을은 촌(村)의 마을의 바로 다음에 출현한 정치적 계단으로 북방에 있어서는 인접 민족과의 단련으로 일찍부터 고을정치를 형성함에 인(因)함일 것이다. 국가 건설의 연대가 전도(顚倒)되어 고구려가 최초이고, 백제가 다음이며 신라가 최후인 것은 사가(史家)가 공인하는 바이다(『조선일보』, 1930년 3월 16일, 4면).

○ 1930년 3월 16일
현실세계(現實世界)와 관념세계(觀念世界)

관념세계에 빠진 봉건적 유한계급의 삶을 비판하고 생존 투쟁을

---

197) 관련성이 없는 일.

위한 현실 인식의 중요성을 강조하고 있다.

　　조선인은 지금 중대한 현실의 고통에서 부대끼고 있다. 이 현실의 고통은 세계의 대세에 따라서 세계의 한시민으로서 당하는 바 있고 또 조선인된 인과의 관계에서 한층 호되게 당하는 바 있다. 정치의 대국(大局)[198]이 한번 엎어진 후 그에서 파생하는 온갖 풍상에 남녀와 노유(老幼)가 아울러 그 곤액(困厄)[199]에 만나는 것은 다시 더 말할 바가 아니다. 더욱이 청년의 남녀들이 힘에 넘치는 듯한 계속하는 수난의 속에 사회는 살벌의 풍조 속으로 벗어나기 어려울 쯤이다. 도시와 농촌에서 천재와 인재의 밑에 비상한 생활고·인간고에 시달리는 대중적인 궁핍의 경향은 새로이 말하지 말고 수다한 청소년들의 취학·취직·취업의 고난지옥에서 신음하고 있는 것만도 거의 미증유의 일이다. 이것은 현실세계의 엄정 또 냉혹한 사상이다. 누가 이것을 못 보고 못 듣고 못 체험하는 자일까?
　　그러나 조선에는 이러한 불타는 현실사회에서 홀로 차디차며 기쓰고 악다귀하는 극렬장리(劇烈場裡)에 홀로 회색의 꿈만 꾸고 독자의 별건곤(別乾坤)[200]을 그 무자각과 무관심한 주관의 세계에서 지내고만 있는 이가 퍽은 많다. 보라 거리에 다니는 자가 헐떡이는 분수로는 입에 풀칠이 아니되고, 사무소에 들어닫는 기술가·식자·사업가인 자들이 그 노력의 각 찰나(刹那)에서 성패의 기로를 다투고 있는 동안 어제부터 오늘, 작년에서 금일, 하루 네 차례의 직무화(職務化)한 호곡(號哭)[201]의 소리를 으름한 분만(憤懣)의 거리로 내보내고 있는 가느단 유족(裕足)에 봉건적인 유한계급의 본색을 그대로 지니고 있는 자들이 있다.

---

198) 일이 벌어진 형편이나 사정.
199) 딱하고 어려운 사정이나 불행.
200) 별세계.
201) 목놓아 슬피 욺.

이러한 참통(慘痛)²⁰²⁾조차 느꺼운 현실세계에서 이 종류의 담 안의 세계에 농성(籠城)하고 시대의 권외(圈外)에 전혀 제외된 무의미한 생활을 하는 자가 얼마나 되는가?

유림일세, 향약일세, 혹은 서인일세, 남인일세, 귤중세계(橘中世界)에서 천고몽을 꾸고 와각(蝸角)²⁰³⁾ 천지에서 촌수의 명리를 다투었다. 진부한 옛 생활에 자취가 현대에는 너무 인연이 멀게 아주 이미 선천사(先天事)로 되었는가 여겨서는 의외의 실책이다. 장의직원(掌議直員)²⁰⁴⁾의 추구희양(芻狗餼羊)²⁰⁵⁾을 쫓아 아까운 두뇌를 헛되이 쓰고 문인(門人)일세, 연원(淵源)일세 맑고도 엷은 옛생활의 쓰러져 가는 그림자로 해서 죽느냐 사느냐?의 급격한 경쟁의 사회를 자기들만이 등지고 배돌고 유리(遊離)하고 회피하여 지내며 옛선생의 문벌(門閥)이 인연으로 권력의 그림자가 언젠가 지나 갔던 허름한 자국에 끄들리어 하사비(何事非), 하사비의 어림없는 처세철학에 어리어 춤추고 있는 자가 있으니 이는 홀로 엄정한 현실세계를 떠나서 몽환적인 관념의 천지에서 표탕(漂蕩)하고²⁰⁶⁾ 있는 것이다. 알지 못하는가? 그 꿈이 이분네의 세계로 반영됨이더냐. 이 분네가 취생몽사(醉生夢死)²⁰⁷⁾의 선천적인 소장(疎障)²⁰⁸⁾을 깨칠 수업승이더냐? 그렇지 아니하면 어찌해 홀로 험난한 고통의 세계에서 기쓰는 생존투쟁의 광야에서 그 관념의 독주에만 얼빠져 지낼 것이냐?

옛날 퇴계씨는 그 학을 즐거하여 혼란한 정계에 나서지 아니하매 당대의 제왕으로 산계야목(山鷄野鶩)²⁰⁹⁾을 호탄(浩歎)²¹⁰⁾하

---

202) 비참함과 아픔.
203) 매우 좁은 세계.
204) 성균관이나 향교의 으뜸자리.
205) 희생양과 같은 쓸모없는 제물.
206) 떠도는.
207) 한평생 흐리멍텅하게 살아감.
208) 장애물.
209) 산꿩과 들오리. 성질이 사나움.
210) 크게 탄식함.

였다 하고 율곡씨가 시류의 광구(匡救)[211]를 뜻하여 건건한 일생을 마쳤다. 정암 조씨 일세 징청(澄淸)을 꾀하다가 도리어 유배지의 땅에서 그 비참한 최후를 이루었다. 이제의 유생이란 자 원래 비전의 그들이 아니지만 다난한 현실의 세계를 못 보는 체, 그릇된 관념의 천지에서 기지개켜니 또한 한심한 일이지 아닐 수 없다(『조선일보』, 1930년 3월 16일, 1면 1단).

○ 1930년 3월 17일 고구려의 건국 과정

북부여에서 나온 고구려의 건국과 발전 과정을 서술하며 해의 고음이 개이며 역대왕의 이름에 해라는 명칭이 들어가는 것으로 보아 이는 개아리의 명칭을 베껴 사용한 것으로 고구려의 왕은 단군천제의 유업을 계승하고 있다고 주장했다.

그 나라는 부여(夫餘)나 배어로 한 평양(平壤)이요 그 왕은 부루(夫婁)이니 태백신인(太白神人) 또는 평양군장(平壤君長) 그 대로인 단군(檀君)인 것을 알것이다. 백제(百濟)의 왕호(王號)인 어라하(於羅瑕)와 한가지 동일한 언어(言語)에 속하는 바로 연개소문(淵蓋蘇文)의 얼캐쇠, 해주몽(解朱蒙)의 언씨(言氏)가 모두 그러하고 현대어의 어른과 송축(頌祝)의 사(詞)인 어루하가 모두 이에 근인(根因)함일 것이다.

해씨(解氏)로 일컬었기는 후대(後代) 일로 일자사상(日子思想)이 구성된 때에된 바이다. 해(解)의 고음(故音)이 개로 고구려(高句麗)가 드디어 고씨(高氏)로 일컬은 전음(轉音)의 경로이다. 그들은 다 천제자(天帝子)로 일컬어 일자(日子)와 병칭(並稱)하게 되었으니 내을신(柰乙神) 숭경(崇敬)의 신라(新羅)가 그들과

---

211) 잘못된 것을 바로 잡음.

또 동일(同一)하였다. 고구려(高句麗)의 구려(句麗)는 고을이니 치구루(置溝婁)와 책구루(幘溝婁)가 모두 북구려(北句麗) 상구려(上句麗) 즉 고구려(高句麗)를 의미함인 것은 앞에서 언급한 바가 있다. 고을의 구려(句麗)가 걸의 계루(桂婁)와 어음성취(語音成就)의 과정과 어의발생의 경로에서 반드시 일정한 인연이 있어야할 것이다.

덩걸의 걸이 자연도태의 경로를 밟아 고을과 걸의 제도와 그 개념을 형성하였을 것은 거듭 말한 바 있다. 그러나 고구려(高句麗)가 북부여(北夫餘)에서 나와 졸본부여(卒本夫餘)가 하나의 소국(小國)이었고 언씨(言氏)로서 열씨(烈氏)의 족통(族統)을 이었으며 다시 해씨(解氏)로 되어 일자(日子)의 승통(承統)을 가졌으니 그의 제실적(帝室的)인 문지(門地)에서 개아리의 연원(淵源)을 이어 해유이(解類利), 해애류(解愛留), 해여율(解如栗), 해약로(解藥盧) 등 역대제왕(歷代帝王)의 씨명(氏名)으로 된 바가 모두 개아리의 사음(寫音)으로 됨인것도 전술(前述)하여 두었다.

'본연노부위왕(本涓奴部爲王), 초미약(稍微弱)'이라고 고구려 초대 미약한 시기에는 연노(涓奴, 椽那)부가 왕통(王統)을 가졌던 것을 표시한다. 동명성제(東明聖帝) 성(姓) 언(言)씨의 언(言)과 연노(涓奴)의 연(涓)이 서로 합치되고 거슬러서는 불여지국(不與之國) 성렬(姓烈)의 부여시대(夫餘時代)의 그것과도 동일한 것임을 깨닫게 한다. 그러나, 이제 '계루부(今桂婁部)대지(代之)'라고 고대에는 서방에 근거를 두었던 연노(涓奴)(西部)부(部)의 특권인 왕통이 필경에는 중앙부인 계루부(桂婁部)로 넘어온 것을 기록에 남겼다.

계루(桂婁)가 구월산(九月山) 궁홀산(弓忽産)의 산이름과 파기루개리(己婁蓋裏), 고이(古爾), 계구이신(契久爾辛)등 백제(百濟)의 5부명과 한 가지 모두 걸의 사음(寫音)인 것도 또 앞서 말했다. 그럼으로 고구려(高句麗)의 계루부(桂婁部)는 즉 걸부(部)로써 제왕부(帝王部)를 의미함인 것은 이제 다시 논증함을 기다리지 않는다. 천도왕래(遷徒往來)와 전렵전투(田獵戰鬪)를 좋아하는 예(濊)종족의 특성이 주위 강대한 민족 사이에 포위되어 있는 지리적 조건에 의하여 한층 단련된 바 있음을 표시하는 것이다.

성제신왕(聖帝神王)으로 자부하여 일찍이 그 민족적 자존심을 굽히려한 바 없는 것은 더욱 착안되는 점이다. 5부의 명칭은 그 어의(語意)를 다 고증할 수 없다. 관직(官職)에 상가(相加)가 한 고관(高官)이니 대보(大輔)이다. 대로(對盧)는 마리로서 좌보(左輔)이니 대대로(大對盧)가 머리지의 막리지(莫離支)와 동어(同語)이다. 패자(沛者)는 평자(評者)와 함께 배어지아를 생각하게 하니 우보(右輔)이다. 고추가(古雛加) 혹은 고추대가(古雛大加)는 신라(新羅)의 거타지(居陁知) 또는 거세(居世) 등의 명칭과 비슷하다. 주부(主簿)는 원래 이름이 오졸(烏拙)이니 옛지명에 주부토랑(主夫吐郎)이 장제(長堤)[212]로 한역(漢譯)된 예(例)에 보이니 장(長)을 의미(意味)하는 주부관(主簿官)이다. 우태승(優台丞)은 아직기(阿直岐)의 음과 뜻의 혼역(混譯)이다. 즉 우태(優台)는 아치, 승(丞)은 기(岐)를 의역(意譯)한 듯 상상된다. 사자(使者)는 사리로서 누살(耨薩)의 살(薩)과 같다고 주장한 자가 있다. 조의선인(皁衣先人)은 신관(神官)의 종류이며 차자(笮咨)의 치악쟈는 작제건(作帝建)의 지악지아와 동일한 직명(職名)일 것이다.

동명주몽(東明朱蒙)을 별개 인격으로 따지는 사가(史家)가 있으니 가볍게 믿을 바가 아니다. 주몽(朱蒙)이 첨 즉 시조(始祖)의 의미인가 혹은 걸출(傑出)의 춤을 의미함인가는 둘다 이치에 가까운 바이다. 고구려(高句麗)의 국초(國初)의 세대(世代)와 기년(紀年)은 원래 정확을 결(缺)한 바이나 동명왕(東明王)의 건국 이후 90년에 제6대왕인 태조대왕(太祖大王)이 있어 국조왕(國祖王)으로 병칭(並稱)하는 바 있다. 왕대(王代)와 연대(年代)의

---

212) 기다란 둑.

누락과 축소가 있을 것은 면치못하거니와 국초의 규모와 세력이 극히 미약하여 온조(溫祚)의 백제, 혁거세(百濟赫居世)의 신라(新羅)처럼 오직 개창(開創)의 원두(源頭)만 되었다가 4~5대 100년 내외의 세월을 겪어 비로소 성강(盛强)을 이루었을 것은 고구려 동명왕본기(東明王本紀)가 가장 잘 그 초창(草創)한 정황을 설명하는 바이다.

생각건대 걸로 일컫던 고구려(高句麗)의 제왕(帝王)은 당시에 있어 단군천제(檀君天帝)의 유업(遺業)을 잘 계승하며 또는 스스로 한 단군(檀君)인 것을 의식하고 왔을 것이다. 거기서 분해되어 온 비류(沸流)와 온조어라하(溫祚於羅瑕)의 십제(十濟)도 필경은 백제(伯濟)를 아우르고 밝신도(神道)와 박종족의 명분을 바로잡아 혹은 걸의 명칭에서 고구려(高句麗)의 그것을 대비하고 혹은 성명왕(聖明王)의 예에서처럼 왕호(王號)에 밝을 병칭한 바 있던 것이다(『조선일보』, 1930년 3월 17일, 4면).

○ 1930년 3월 18일 기아리 조선의 형성과 발전

기아리 조선은 예와 맥을 거쳐 장백산, 송화강, 요하와 압록강 일대가 그 발상지이며 여기에서 북부여와 고구려 등이 세워지고 일본으로 이주하기도 했음을 주장하고 있다. 또한 고구려의 건국은 말갈인과의 우호적 관계 속에서 이루어졌음도 강조하고 있다.

고대 동방에 삼대 강족(强族)이 있었으니 흉노(匈奴)와 한(漢)과 맥인(貊人)이다. 맥(貊)을 예(濊)로 병칭(並稱)하여 조선선민(朝鮮先民)의 최초 표현으로 되었다. 하상주(夏商周) 3대 동안 혹은 대행산맥(大行山脉)의 북으로부터 산서(山西)와 하북(河北) 지방에 진출하며 발해(渤海)의 연안으로 산동(山東)과 강소(江蘇)의 방면에 이동했다. 풍이(風夷)·남이(藍夷)·방이(方夷)·견이(畎夷)·발(發) 등이 모두 불 혹은 박의 소리와 뜻으로 붙이고 있다.

조선(朝鮮)은 붉조선(朝鮮)의 예처럼 맥인(貊人)의 국가와 병립하였던 자이다. 기아리의 조선(朝鮮)도 그대로 발조선(發朝鮮)이요, 맥(貊)이요, 또 예(濊)인 것을 여기에서는 되풀이 하지 않는다. 그러나 한토방면(漢土方面)에 향하여 왕성한 운동을 일으키던 맥(貊)을 중추로 한 동이(東夷)의 사람들은 진멸육국(秦滅六國) 산위민호(散爲民戶)하는 막(幕)으로써 한족(漢族)과 교쟁(交爭)하던 선대사(先代史)의 일단락을 지었다.

진한(秦漢) 이래 묵들(冒頓)[213]이 나타나고 흉노(匈奴)의 세력이 북방에 웅강(雄强)할때 30만의 한군(漢軍)이 백등(白登)에서 위곤(圍困)되어[214] 미증유한 대치욕을 맛보았으니 이는 사기(史記)와 한서(漢書)가 모두 꺼리는 바이지만 묵들(冒頓)의 흉노(匈奴)와 동호(東胡)라는 맥인(貊人)들이 일대 전쟁을 일으켰던 것은 사기(史記)의 흉노전(匈奴傳)이 그 일반(一斑)을 설명함이다.

되놈이 북로(北虜)를 의미하니 수북사상(讐北思想)이다. 하누앙놈이 서방인(西方人)이요 또 흉노방인(匈奴方人)을 의미함이니 배서의식(排西意識)을 표함이다. 서와 북의 한(漢)과 흉노(匈奴)들은 선민(先民) 수천 년에 가장 대립 투쟁이 격렬하던 수족(讐族)[215]이다. 요(遼)일세, 몽고(蒙古)일세, 추후로는 청(淸)까지도 모두 되놈의 부류에 들며 한인(漢人) 그것조차 되놈 혹은 하누앙놈으로 지칭 되던 것이다. 여기에는 역대 생민휴척(生民休戚)[216]이 달린 점이었고 또는 전대사 단락 이후 민족이동이 급격하게 되던 원인이어야한다.

그리하여 내몽고(內蒙古)의 동부와 북만(北滿)의 장백산(長白

---

213) 묵들, 튀르크어 바야투르(bayatur).
214) 빙둘러 에워싸 곤욕을 줌.
215) 원한이 깊은 민족.
216) 안락과 근심.

山)의 곡지(谷地)송화강(松花江)의 유역으로부터 요하(遼河)와 압록강(鴨綠江)의 곡지(谷地)까지가 그들이 서식(捿息)하여 그 정력(精力)을 잠축(潛蓄)하고 혹은 움직여 그 세력을 펼치는 발상지(發祥地)로 되었다. 위급한 국면이 그들의 이동을 더욱 급속하게하니 전술(前述)과 같은 북에서 남에 서에서 동에 또 대륙에서 해도(海島)에까지 왕성한 발자국을 떼친 것이다. 그 중에 최고부터 견고한 국가를 가진 자가 북부여(北夫餘)이니 선진(先秦) 이전 구원(久遠)한 역사가 있을 것이다.

 5부의 조직이 모두 군국전진(軍國戰陣)의 편제(編制)로써 되어 가장 스파르타적인 강용미(强勇味)를 발휘한 것은 또 고구려(高句麗)이다. 고구려(高句麗)는 예종족(濊種族)의 중추부(中樞部)이다. 이에서 분파된 강릉(江陵)과 춘천(春川)을 중심으로 한 동해 방면의 예(濊)가 일본(日本)에 이주하여 그 국민의 수뇌부(首腦部)를 이룬 것은 윗글에서도 지적한 바 있지만 언어족제(言語族制)가 서로 유사한 바가 많다. 만일 주객전도(主客顚倒)의 견해를 부치는 자가 있으면 그는 곡학(曲學)에 지나지 못할 것이다.

 고구려(高句麗)의 건국은 말갈인(靺鞨人)에게 힘 입은 바 많으니 읍루(挹婁)가 하류(河流)요, 말갈(靺鞨)이 물겨레임은 일반(一般)이다. 서하하백(西河河伯)의 서하(西河)는 대하(大河)(한내)로서 숭아리 혹은 엄이대수(掩利大水)와 그 음과 뜻을 함께하는 바이다. 하백(河伯)은 물기아리 즉 하천민족(河川民族)의 수장(首長)으로 유화(柳花)는 말갈(靺鞨) 또는 마자(馬眥)의 수장(首長)의 애양(愛孃)이다. 해모수(解慕漱)는 단군(檀君)의 대통(大統)을 계승(繼承)하는 천제(天帝)의 우(于)[217]이다. 맥족(貊族)의 고귀자(高貴者)인 부여옥(夫餘玉)과 신흥부족의 맹자(猛者)인 말갈수장(靺鞨首長)의 애녀(愛女)가 결혼(結婚)하여 여기에서 북방의 양대 세력이 서로 결탁하매 그 패제(覇制)는 타수

---

217) 비슷하다. 닮다.

(唾手)²¹⁸⁾하여 기(期)할 수 있었다. 탈주하는 해주몽(解朱蒙)이 엄이대수(掩利大水)(淹漉水-마자수-압록강)에 당도하여 추격하는 병사가 이 뒤를 밟을 때에 "나는 천제(天帝)의 아들이요 하백(河伯)(靺鞨)의 외손(外孫)"이라고 하니 이 수빈(水濱)에 서식하여 주즙어렵(舟楫漁獵)으로 생계를 삼는 마자(馬訾)(靺鞨)의 사람들은 일시에 모두 선척(船隻)²¹⁹⁾으로 건네게 해주고 추격병이 올 때 이는 그 선척(船隻)이 통하지 못하게 한 것일 것이다.

이러한 혈연상의 관계로는 고구려 700년 전시기를 통하여 항상 긴밀한 연맹의 관계를 가졌다. 수당(隋唐)의 대적(大敵)을 항전할 때에도 협동의 전선(戰線)을 꾸몄으며 고구려(高句麗)가 넘어 진 후 오히려 그 옛날의 기업(基業)을 광복(光復)함일 것이다 (『조선일보』, 1930년 3월 18일, 4면).

○ 1930년 3월 19일 고구려와 백제의 교류의 발전

고구려의 5부 관직, 백제 초기의 형성 과정과 도읍 이전, 고구려와 백제의 관계 등을 밝히고 있다. 백제는 일본 문화에 영향을 주었으며 백제는 반도의 패자, 고구려는 대륙의 패자였다고 평가하고 있다.

고구려 5부에 관하여 구태여 그 어의의 해석을 붙이자면 전혀 불가능한 바가 아니다. 계루부(桂婁部)기 내부황부(內部黃部)로서 중앙의 제왕부(帝王部) 즉 걸이거늘 이는 통율부(統率部)를 의미하여 병(兵)·정(政)의 원수(元首)인 것은 가장 명백하다. 순노부(順奴部)는 신나 혹은 시나부(部)로 신라와 비슷하니 동부(東部)요 동시에 신성찰전(神聖察典)의 직을 겸하였다. 관노부

---

218) 기운을 내서 다시 시작함.
219) 배.

(灌奴部)는 개나 혹은 기안나부(部)로 일방(日方)인 남부(南部)이다. 기의 부로 전위부(前衞部)며 연노부(涓奴部)는 연나 혹은 열누부(部)로 장상부(長上部) 혹은 창부(槍部) 즉 군부(軍部)라고 추측할 수 있다. 절노부(絶奴部)는 치나 혹은 치을나부(部)로 북부 또는 후부(後部)를 의미한다고 하여서 맞지 않아도 멀지 않은 편일 것이다.

이것을 5개 부족의 연합으로보니 희랍(希臘)과 로마 건국의 도정(途程)에서 모든 부족을 연결하고 통합한 예는 명백하여 의문을 가질 바가 아니다. 고구려와 말갈이 연립(聯立)한지 백 년(百年)에 일찍이 동화와 합동(合同)하지 않은 것으로 보아 두 민족의 차이가 자못 먼 것을 알 것이다. 전에 기아리 군민(君民)의 남천(南遷)이 있고, 후(後)에 온조(溫祚)가 졸본부여(卒本夫餘)의 맥족(貊族)을 이끌어 남하한 관계로 백제(百濟) 말한의 한종족(韓種族)에게 적지 않은 맥족(貊族)의 파를 섞은 것은 본장(本章)의 앞에서 말했다.

어라하(於羅瑕)의 왕호(王號)와 한가지 어륙(於陸)(柳)이라는 후호(后號)가 신라(新羅)의 알영(閼英)과 동일한 것이 착안할 점이다. 백제가 열수의 하나인 한강(漢江)의 수빈(水濱)[220]에 시작하여 마한(馬韓)을 아우르고 백제(伯濟)를 합하여 백제(百濟)의 국호(國號)를 일컬었다. 호태왕(好太王)의 비문(碑文)에 나오는 백잔(百殘)의 사음(寫音)에 의(依)하여 밝지아의 칭호가 반드시 후기적(後期的)인 밝나라 혹은 밝달과 병용되었음을 추정할 이유로 된다.

온조왕(溫祚王)이 동명성제(東明聖帝)의 의자(義子)[221]로서 동명(東明)과 그 후(后)의 묘(廟)를 세우고 또는 고구려 5부(五部)에 해당한 5방(五方)의 제(制)를 두어 양국의 관계가 저절로 친화(親和)한 바 있었다. 고국원왕(故國原王) 39년 고구려가 백제

---

220) 물가.
221) 의붓아들.

의 근초고왕(近肖古王)과 격전하기까지는 아무 충돌과 계쟁(繫爭)한 바 없던 것은 양국의 세력이 직접으로 저촉(抵觸)한 바 없는데 인(因)함이다. 또 한편 혈연의 근친(近親)임을 인(因)함이었을 것이다. 그러나 개로왕(盖鹵王)이 한성(漢城)에서 패망하매 백제가 남(南)쪽 웅진(熊津)에 옮겼으니 곰나루는 지금도 곰의 전설을 보유한 바 있어 동물과의 수연(囚緣)을 생각할 만하나 웅진(熊津)의 곰이 왕검(王儉)의 감처럼 신(神) 혹은 군주(君主)를 의미하는데서 전화(轉化)한 것은 나루가 나라와 동일한 유연(類緣)인데 비추어 명백하다.

고구려의 졸본부여(卒本夫餘)가 조분배어 즉 소경(小京), 위나암(慰那岩)이 얼나바위로 얼배어, 즉 강도(江都)이며 고을나안으로 국내성(國內城)과 동일한 뜻이 되며 환도(桓都)가 환터로서 신역(神域), 신도황성(神都皇城)을 의미함은 명백하다. 황성(黃城)은 황부(黃部) 즉 제성(帝城)을 의미하며 평양(平壤)은 부여(夫餘)의 변형어인 것을 거듭하여 해설(解說)하였다.

곰나루로 남천(南遷)한 백제국은 실패와 퇴축(退縮)의 형태(形態)가 역연(歷然)하나 반드시 그렇치 아니하니 북진에서 실패한 백제가 남으로 마한제국(馬韓諸國)을 갈수록 경략(經畧)하고 남동으로 가라제국(加羅諸國)을 잠식(蠶食)하여 도리어 그 융성을 뽐낸 것은 사가(史家)가 인정하는 바이다. 곰나루에 머문지 62년에 다시 소부리(所夫里)에 남천(南遷)하니 이때에는 육상에 단념하고 차라리 해상에 진출하기를 계획한 것 같다. 사비수(泗沘水)가 또 소부리하(所夫里河)의 축음(縮音)으로 사비(泗沘)는 잘못 베낀 것일 것이다. 남으로 중국 절강성(浙江省)의 월주(越州)를 경략(經畧)하고 서북으로 요서진평(遼西晋平)을 거유(據有)[222]하였다는 송서(宋書)와 양서(梁書) 등의 문자(文字)는 아직 확증(確證)을 얻지 못하여 여러설이 하나로 일치하지 않은 바이다.

고구려와 백제가 한창 흥국(興國)의 기분중에 날뛸 때에 일본

---

222) 웅거하여 제것으로 만듦.

에는 야마대(耶馬臺)라 하는 여왕국(女王國)이 있어 대방(帶方)과 함께 그들에게 교통(交通)한 바 있었다. 이는 줄잡아서 여계중심(女系中心)의 원시국가(原始國家)가 그의 서남부에 있었다는 매우 후진적인 사정을 이야기함이다. 오직 백제의 사실(史實)은 가장 상실(爽實)하여 그 대체(大體)를 고찰(考察)하는데 지나지 아니하나 좌평(佐平)과 달율(達率) 등 반한화(半漢化)·반국풍(半國風)의 관직을 두는 한편 아직기(阿直岐)의 아치기는 대신(大臣)이며, 왕인(王仁)의 왕이는 대인(大人)이요, 조각사(彫刻師)를 깍거지라 하여 모두 일본 문화상(文化上)에 중대한 매개와 유도(誘導)를 주었다.

삼국 중에 백제가 가장 미약하였고 그 역사가 빈약하다고 생각하는 것이 세간의 견해이지만, 그것은 실로 속견(俗見)이다. 신라가 진흥(眞興)·진평(眞平)·태종(太宗)·문무(文武)의 대를 거쳐 그 적세(積世)의 공(功)과 외교의 승리로써 융강(隆强)의 운을 이루기까지 백제가 항상 반도, 고구려는 대륙의 패자(覇者)로서 국제적 지위에서 신라는 장구(長久)한 동안 그 부용(附庸)[223]의 관계를 벗지못하던 것을 사가(史家)로서는 주지하는 사실이다(『조선일보』, 1930년 3월 19일, 4면).

○ 1930년 3월 20일 백제 위례성은 강성(江城)

백제 초기의 역사에 대해 언급하고 있다. 위례성은 강가에 위치한 강성(江城)으로 강과 관련한 지명도 검토하고 있다. 열수(洌水)인 한강의 어원을 분석하면서 한강과 압록강도 평양과 같은 패수(浿水)로 보고 있다.

---

223) 작은 나라가 큰 나라에 의지함.

백제 초창(草創)의 시기 비류(沸流)는 미추홀(彌鄒忽)에 전도(奠都)하여 '토습수함(土濕水醎), 부득안거(不得安居)'라고 그 실패사를 말하였다. 미추(彌鄒)의 미추는 미동(彌凍)의 미트처럼 물을 의미(意味)함이다. 매(買)의 매와 미추, 미트가 모두 물의 전형어(轉形語)로 예한(濊韓) 제족(諸族)에게 사용되던 말이었을 것이니 일본어가 이와 유사한 것은 이 사정에 인(因)함이다. '이십신위보익(以十臣爲輔翼)국호십제(國號十濟)'는 물론 부회(附會)[224]이다 그러나 십제(十濟)는 결코 가공설(架空說)이 아니다. 한강(漢江)의 옛 이름 열수(列水)로서 욱리하(郁里河)는 그 전기(前期)의 명칭(名稱)이요 위례성(慰禮城)은 위나암(慰那岩), 오열홀(烏烈忽)과 한가지로 강성(江城)을 의미함이다.

성(城)의 어음(語音)이 여럿이어서 책성(柵城)이 울이요, 고구려와 백제의 초기에는 대부(大部)가 원책(圓柵) 혹은 책성(柵城)으로 울의 현대 어의와 부합(符合)되는 바가 있다. 위(慰)의 음(音)이 위에 있고 성자(城字)가 아래에 붙는 경우에는 위(慰)의 음(音)은 대체로 강(江)을 표시함이니 위나오열(慰那烏烈), 불내(不耐), 위례(慰禮)가 모두 그러하고 이는 결국 강안(江岸)에 임(臨)하여 그 성곽(城廓)을 베풀었음을 표시함이다.

읍루원자(挹婁元刺), 오자(烏刺)가 모두 여진어(女眞語)의 하류(河流)를 의미함은 주지의 일이다. 엄이낙랑(掩利樂浪), 욱리아례(郁利阿禮), 오열(烏烈), 아리(阿利) 등의 모든 수명(水名)이 아르 혹은 아리의 대자(對字)인 것도 노노(呶呶)[225]할 바 아니다. 이러한 만물영시(萬物靈視)의 애니미즘적의 경향은 본 관견(管見) 2에서 지적해 둔 바이지만 단군시대(檀君時代)를 과정(過程)하여 밝도(道)가 생장(生長)되는 도정(途程)에서 하류(河流)가 도시(都市)의 근접지(近接地)를 관류(貫流)하는 부분(部分)을 배어나(浿河)라 하고 그의 전체(全體)는 얼 혹은 아리로 하며 그

---

224) 이치에 맞지 않는 주장이나 견해.
225) 자질구레하게 지껄이다.

의 하류(下流)는 탄부(灘部)의 의미로서 의얼(여울)이라 하였을 것이다. 이는 타이울리(拖利郁里) 등의 대자(對字)가 열(列)로 전화(轉化)한 유래를 말함이다.

이제 한성(漢城)에 부아악(負兒岳)과 백악(白岳)이 있어 완전히 백아강(白牙崗)인 평양(平壤)의 음운(音韻)을 가졌거늘 수빈(水濱)에는 오직 배다리가 있어 배나의 모습(貌習)을 상상하게 할 뿐이다. 전도(奠都)한 부근만은 한강(漢江)도 얼마동안 패하(浿河)라고 일컫던 시기가 있었을 것이다. 통칭 열수(洌水)로써 고전적 취미를 부쳐서 혈구(穴口)인 강화(江華)는 열구(列口)의 변형어(變型語)이다. 왕성강(王城江)으로 의역된 평양(平壤) 부근의 대동강(大同江)이 패수(浿水)이던 외에 그의 하류(下流)는 열수(列水)로써 낙랑(樂浪)의 속현(屬縣) 중에 열구(列口)가 대동강구(大同江口)에 있는 것은 혈구(穴口)와 동격(同格)이다.

압록강(鴨綠江)은 조선상고사상 민족생장의 근저부(根底部)이다. 엄리(掩利), 마자패(馬訾浿), 압록(鴨綠) 등의 여러 지명이 사상(史上)에 즐번하고 위나암(慰那岩)의 위나(慰那)도 강명(江名)의 한 편린(片鱗)이다. 개사수(蓋斯水)와 갈사수(曷思水)는 장진강(長津江) 따위의 동(東)에서 서류(西流)하여 엄이대수(掩利大水)에 들어부어든 강동천(江東川)의 어음(語音)이다.

파저강(婆豬江)과 동가강(佟家江)(지아강)의 제명칭(諸名稱)을 가졌고 또 상류(上流)를 이하(爾河)라 하여 동명제(東明帝)의 비류수(沸流水)도 고증(考證)되고 옛 국내성(國內城)의 남부에 흐르는 염난수(鹽難水)도 역시 패수(浿水)의 명칭을 함께 가졌던 것이다. 압록강(鴨綠江)이 한 패수(浿水)이던 것은 의혹(疑惑)할 자가 없다.

무수(無數)한 부여(夫餘)(平壤)가 배나의 패하(浿河)를 데리고 있고 무수(無數)한 패하(浿河)가 이어르의 열수(列水)를 꼬리달고 있으니 압록(鴨綠)은 어르와 아리로도 표음(表音)되고 현대 한음(漢音)의 실제에 보아서 얄두의 이얼(여울)로도 되어 패하

(浿河)와 열수(列水)의 근지(根支)와 상하(上下)의 관계를 가장 잘 보이고 있다. 그럼으로 온조(溫祚)씨가 처음 욱리하(郁里河)의 여울(列)에 점거(占據)하여 그 존호(尊號)는 어라하(於羅瑕)이오 그 도성(都城)은 우레골이며 그 왕후(王后)는 어륙(於陸)이오 그 국명(國名)은 열지아였을 것은 십제(十濟)의 대자(對字)에서 거의 명백(明白)하다.

이제 마한(馬韓) 50여 국의 하나인 여래비리(如來卑離)는 이릉부리(爾陵夫里)로서 능주(綾州)이니 지불강(砥不江)의 여울에 걸어앉아 일렬성(一列城)(열불)이오 마한고도(馬韓古都)로 판정(判定)된 진위군(振威郡) 구읍(舊邑)의 조금 상류 진위천(振威川)의 연변(沿邊)에 월경으로 부르는 월경리(月境里)가 있으니 여기에서 열경(列境) 혹은 열(列)기앙의 십제(十濟) 유사의 음운(音韻)을 듣는 것도 흥미가 있다.

강류(江流)를 혹은 예라하여 일본어 에와 합치(合致)되니 이는 마치 천도왕래(遷徙往來)[226]가 왕성하게 진행되는 활발한 민족에서 예(濊)가 명명(命名)된 것같이 이에서 십제(十濟)의 열지아가 가공설(架空說)이 아니요, 열앙(여랑)의 낙랑(樂浪)이 열수(列水)의 연변(沿邊)에 있으면서 게다가 평양(平壤)에 추수(追隨)[227]하여 중요한 역사·지리적 의의(意義)를 가지게 되는 이유일 것이다.

낙랑(樂浪)은 하방(河方)의 얼앙(어랑), 읍루(挹婁), 그대로의 아라, 그리고 열방(列方)의 열앙으로 될 수가 있는 것이다. 엄리(掩利), 욱리(郁利), 읍루(挹婁), 위나(慰那)와 열수(列水), 열구(列口), 혈구십제(穴口十濟) 등은 모두 동일 어휘에서 분화된 지명과 국명이 아닐 수가 없다(『조선일보』, 1930년 3월 20일, 4면).

---

226) 무리지어 옮겨 다님.
227) 어떤 것을 따라서 다님.

○ 1930년 3월 21일 신라의 건국과 그 기원

고구려, 백제, 신라의 건국 연대를 서술하고 신라의 어원은 시라로 이는 동쪽에 위치했다는 의미이며 사로국에서 기원한다고 봤다.

오인(吾人)은 민족이동의 착종(錯綜)[228]한 자취를 일별(一瞥)하면서 그것이 고구려·백제·신라 삼국의 건국의 계단(階段)을 열어놓은 사정까지를 약술(畧述)하였다. 그래서 여제(麗濟) 양국에 관한 다소의 견해를 서술한 바 있다. 이제는 신라의 건국 그 특수한 국정(國情)에 관하여 따로 그 견해하는 바를 부치려한다. 삼국사가 현존한 조선 상대사(上代史) 중에 가장 상세한 문자(文字)가 된다하더라도 그 문헌이 매우 산만소루(散漫疎漏)한 바 많고, 그 중에 신라는 여제(麗濟)양국에 비하여 얼마큼 상세한 바 있기 때문이다.

신라의 건국이 삼국 중에 가장 늦다고 하는 것은 사가(史家)의 견해가 이미 일치된 바이다. 부여(夫餘)가 최고(最古)요, 고구려가 그 다음이요 백제가 또 그 다음이요 신라가 맨끝으로 되었을 것은 당대 인문발달의 조만(早晩) 관계로 보아 동해안의 일우(一隅)에 있던 것이어서 당연하다. 고구려 건국의 극히 미미하던 초기는 앞서 서술한 진한(秦漢)의 시대가 있었다고 보거니와 온조왕(溫祚王)의 남하와 백제국의 건설이 어느때쯤 될는지 만일 고구려의 유리왕(瑠璃王) 2년에 그와 왕위계승 문제로 인(因)하여 남주(南走)한 것이 곧 입국(立國)한 연대라 하면 이것이 서기전(西紀前) 18년에 해당 하니 고구려(高句麗)는 입국한지 이미 2세기가 가깝고 국가의 형세는 바야흐로 그 발흥할 기운(氣運)을 가지게 되었다고 보겠다. 그러나 진한(秦漢) 이래 고구려가 오직 국가발생의 한 과도형태에 지나지 못했다면 고구려로서 근대국가

---

228) 뒤섞임.

적 신면목을 가지기는 삼국사기(三國史記)의 동명왕(東明王) 기원(紀元)인 서기전 37년 전후로 보아도 큰 차이가 있을 것이다.

　백제의 건국도 삼국사(三國史)의 연대대로 시인(是認)하고 신라의 건국연대를 백제와 고구려간의 건국 연차(年差)에 준하여 백제보담 약 20년 후쯤으로 추정하는 현대사학자의 설(說)을 쫓아도 좋을 것이다. 만일 이와같이 하면 신라의 건국 기원(紀元)은 현행하는 연표(年表)보담 약 60년이나 늦게되어 기원 후인 서기(西紀) 1년에 해당하려니와 이렇게 하거나 혹은 백제의 건국 연대를 다소 끌어 올리거나 그는 오히려 지엽적인 문제이다.

　백사초창(百事草創)한 강원시대(橿原時代)[229]의 사회형태가 얼마큼이나 간이소박(簡易素樸)에 지났던 것을 생각하면 신라로서 6촌부족(六村部族)의 합동으로 민주적인 합의에 의한 국가의 건설은 상술(上述)의 연대로써 추정해서 불가(不可)할 바가 없을 것이다. 더욱이 신라로도 사로(斯盧)라고 하던 진한12국(辰韓十二國) 시대에 소급(溯及)할진대 현행 신라 기원(紀元)보담도 훨신 오랜 연대(年代)로 될 것이니 이러한 번쇄(煩瑣)한 고찰은 이로써 족하다.

　신라(新羅)가 신라 혹은 시라로서 동국(東國) 즉 시나라의 의미인 것은 천명된 지 오래다. 그러나 그 전신(前身)은 전술 진한 12국(辰韓十二國) 중에 하나인 사로(斯盧)에 기원된 것이다. 사로(斯盧)는 진한(辰韓)에 한(限)하지 아니하여 마한 54국 속에도 사로(馴盧)가 있고 후대 말갈(靺鞨)실위부(室韋部)의 실위(室韋)도 이와 유연(類緣)이 가깝다. 진마(辰馬) 제한(諸韓)의 대소 국명(國名)은 다 고증(考證)할 바가 못 되나 불사국(不斯國)이 송국(松國), 불사분사(不斯濆邪)는 부시배어로 송경국(松京國)이요, 고이고납(古爾古臘)과 구로(狗盧)는 결국 혹은 강국(江國)이다. 막로(莫盧), 만로(萬盧)는 마을 즉 촌락정치(村落政治)의 형

---

229) 초기 시대.

태를 가진데서 기원(起原)된 자이다.

용리모로(容離牟盧)는 지아리 마을국(國)이니 진서(晋書) 사이전(四夷傳)에 지유리모로국(芝惟離模盧國), 지우이말리국(芝于離末里國), 북사물길전(北史勿吉傳)의 대모로국(大模盧國等) 등이 모두 동일 혹은 유연(類緣)의 것이다. 비리(卑離)는 불로, 추후(追後)에는 부리(夫里)의 지명(地名)으로 변환된 것이다. 비리국(卑離國)은 불국, 감해비리(監奚卑離)는 검불로, 신성(神城) 혹은 웅성(熊城)에 해당하여 웅진(熊津)인 공주(公州)에 의정(擬定)[230]되는 바이다.

내비리(內卑離)는 내불 즉, 천(川)불, 벽비리(辟卑離)는 배어불, 즉 백성(白城), 여래비리(如來卑離)는 여울불 외에 다시 수개(數個)의 비리국(卑離國)이 있다. 이외에 불미국(不彌國), 성산국(城山國)과 구소국(狗素國)은 굿, 국군미국(國軍彌國)은 신산국(神山國)과 반로국(半路國), 베얼국은 성산국(星山國), 미리미동(彌離彌凍)은 용만국(龍灣國), 고자미동(古資彌凍)은 갑해국(岬海國), 감로(甘路)와 구사(狗邪)는 가라국(國), 호로국(戶路國)과 해로비리(奚盧卑離)는 동일 유연(類緣)의 나라이다.

신라의 사로(斯盧)도 또한 그따위 소소한 제 국가중의 하나로서 필경(畢竟) 그 발군(拔群)한 대성(大成)을 가지게 된 바일 것이다. 사로(斯盧)의 시로가 반드시 배어실, 굿실 등 실의 어음(語音)에서 기원하였는지, 혹은 전혀 동국(東國)의 시라로 된 바인지는 그다지 중대치 아니하나 사로(斯盧)의 시로는 어찌되었든 신라의 그것은 대체로 동국(東國)의 어의(語意)로 전변(轉變)되고 만 것 같다. 그러나 사로육촌(斯盧六村)으로부터 출발(出發)하여 왕국천년(王國千年)의 기업(基業)을 이룬 것은 원래 다른 인연이 있어야 할 것이다. 복과 예와 혹은 신의 여러 세력을 망라(網羅)하면서 실상은 토착한 원주민인 한족(韓族)의 세력을

---

230) 사실이 아닌 것을 사실로 정함.

토대로 점차 성장의 길을 걸어나아간 것은 신라사의 특색을 짓는 것이어야 한다(『조선일보』, 1930년 3월 21일, 4면).

○ 1930년 3월 22일 신라의 종족 관계

신라의 종족 관계에 대해 언급하고 있다. 박혁거세는 백종족의 명문호족으로 예맥 종족의 근거지인 강릉과 덕원 방면에서 남하한 것으로 보았다.

이제는 먼저 신라의 건국요소로 종족 관계를 서술하고 그 국가조직의 경로와 형태를 약술할 필요가 있다. 제일로 먼저 생각할 것은 신라 건국 이전 경주에 근거를 둔 사로(斯盧) 혹은 신라의 원시국가(原始國家)가 있어 주로 진(辰) 부족의 집단으로 되었던 것이니 사로(斯盧)가 진한십이국(辰韓十二國)의 하나인 것은 그로 인함이다. 원래부터 접근하였던 박(弁)종족은 추후로 더욱 남하하였을 것이니 강릉(江陵)과 춘천(春川) 방면에 있어 예맥(濊貊)으로 혼칭(混稱)되던 박종족은 해안을 따르고 혹은 해상을 항해하여 속속 진한제부(辰韓諸部)에 이동하여 그들은 신래종족(新來種族)이던 만큼 그 문화정도에 있어서는 도리어 선진적(先進的)인 상태를 가졌다. 산업·기술·사상·제도 등에 있어 선주(先住)한 진한(辰韓) 구민(舊民)보담 일단의 고급(高級)을 보였음으로 진한인민(辰韓人民)보담은 우월한 지위를 차지하게 되었다.

예라고도 하는 박(편의상 白으로함)종족은 육상에서 신라만 건설함이 아니다. 해로로는 벌써 예전부터 울릉도(鬱陵島) 남방에 회류(回流)하는 흑조(黑潮)의 동향을 이용하여 독본주(獨本舟) 또는 범선(帆船)으로 능등반도(能登半島)로 상륙하여 파마(播磨)를 중심으로 북일본(北日本)에 이주하고 혹은 또 울산(蔚

山)·동래(東來)·마산(馬山) 등 방면으로부터 현해(玄海)를 건너고 탄진(灘津)(博多)에 하륙(下陸)하여 축자(筑紫) 방면의 북구주(北九州)와 더욱이 해안(海岸)을 돌아 일향국(日向國) 방면을 중심으로 한 남구주(南九州)에까지 가서 강원(橿原) 중심의 신국가(新國家)를 초창(草創)하게 되었을 것이다.

강릉(江陵)이 한 가섭원(迦葉原)[231]인 것처럼 경주(慶州)에는 선세불교(先世佛敎)의 유적(遺跡)이라고 전설화(傳說化)하게되는 가엽연(迦葉宴)의 유적(遺跡)을 전(傳)하는 것이 무엇인지 동해지빈(東海之濱) 가섭원(迦葉原)의 그것과 맥락(脈絡)이 닿는 것 같다.

고구려 동명왕(東明王) 12년 경으로 고증되는 일본의 건국연대가 신라 건국과 서로 전후되는 등 사정이 퍽은 많이 유사하다. 삼국사의 신라 건국사정을 서술하여 '선시조선유민(先是朝鮮遺民)분거산곡지간(分居山谷之間)위육촌(爲六村)'이라는 것은 북방에서 조선의 명칭으로 일정한 국가형태를 구성하였던 백(白)계의 인민이 6촌에 침투하여 그 수뇌부(首腦部)가 되도록 세력이 부식(扶植)[232]되었던 소식을 전함일 것이다.

제1세왕인 거서간(居西干)으로 추대된 박혁거세(朴赫居世)는 밝도(道)를 받드는 백종족(白種族)의 명문호족의 주(胄)[233]로서 일찍부터 6촌 인민의 신망을 받아서 신정한 대표자로 선정됨을 의미하는 것이다. 박성(朴姓)은 조선특유의 대성(大姓)으로 상주(尙州)에는 사벌국왕손(沙伐國王孫)으로 따로이 박씨(朴氏)가 있는 예처럼 대체로 백족중(白族中)의 밝도(道)의 요직을 받드는 가계(家系)를 이은 자임이 명백하다. 청학집(靑鶴集)에 박씨(朴氏)와 백씨(白氏)는 단군지후(檀君之後)라고 하였다. 문박(文朴)씨라는 자가 단군(檀君)의 도를 전하였다는 문자가 있거니와

---

231) 강원(江原)지역에 있던 고대 동부여의 도읍지.
232) 뿌리 박아 심음.
233) 우두머리.

박(朴)은 등걸박으로 훈(訓)하여 등걸, 덩길에 통하고 박은 밝에 해당하며 문(文)도 부(父)로 된 자는 등걸문으로 훈(訓)하여 박(朴)의 어음(語音)과 같은 것이 흥미있다.

혁거세왕(赫居世王) 38년에 마한(馬韓)에게 사절(使節)로 가서 왕과의 항변(抗辯)에 그 종국(宗國)의 면목(面目)을 들어내었다는 호공(瓠公)은 '본왜인(本倭人), 초이호(初以瓠), 계요도해면래(繫腰渡海面來), 고칭호공(故稱瓠公)'이라고 한 삼국사(三國史)의 해석(解釋)이 전혀 수긍할 바 못된다. 호(瓠)와 박(朴)은 마찬가지의 밝으로 음역(音譯)하면 박(朴)이요, 의역(意譯)하면 호(瓠)이어서 원래 차별할 바 아니다. 호(瓠)의 박이 주(舟)의 배와 그 어음(語音)이 유사하고 계(繫)의 차(佩)와 승(乘)의 타가 또 유사한 바 그는 반드시 강릉(江陵)과 덕원(德源) 방면인 예맥(濊貊)종족의 근거지(根據地)로부터 배를 타고 남하하여 경주(慶州)의 동안(東岸)에 하륙(下陸)한 자일 것이다.

호공(瓠公)과 밝이 본시 동근(同根)의 종족관계임으로 당시 마한(馬韓)과 같은 대국(大國)에 파송(派送)되는 중임(重任)을 맡았을 것이다. '남여근왜(男女近倭), 역유문신(亦有文身)'이라고 전혀 남양계(南洋系)의 왜(倭)로서 남부해안에 기류(寄留)한 자가 있었던 것도 사실이나 예한잡처(濊韓雜處)의 기록(記錄)이 왜한잡처(倭韓雜處)의 문자(文字)와 병출(並出)하는 것은 예(濊)를 왜(倭)로 혼칭(混稱)함으로써 진정한 왜(倭)가 신라 건국에 간섭하는 일은 지리와 역사상의 상례에 의하여 거연(遽然)히 신빙할 수 없다.

석탈해(昔脫解)의 전설이 자못 장황하나 백족(白族)의 별칭인 예종족(濊種族)의 따기로 예는 의역(意譯)하매 석(昔)이 되고 따기는 음역(音譯)하매 토해(吐解) 혹은 탈해(脫解)로 된 것이 드디어 의심할 수 없다. 북방에서 해로천리 김해(金海)의 남안(南岸)에까지 회항(回航)하여 신천지를 개척하려다가 대해를 건너 삼도(三島)로 향하기는 너무 모험이오 김해벽추(金海僻陬)의 땅은 용신(容身)하기 어렵고 오직 사로방면(斯盧方面)의 신흥(新興)하는 기세가 족히 풍운(風雲)의 뜻을 펼수 있겠음으로 필경(畢竟)은 단연 북귀(北歸)하여 남선왕조(南鮮王朝)의 한부마(駙馬)되기에 미친 바일 것이다(『조선일보』, 1930년 3월 22일, 4면).

○ 1930년 3월 23일 신라와 박·석·김의 연합

신라는 박혁거세와 호공(瓠公)으로 대표되는 백족(白族), 석탈해로 대표되는 예족(濊族), 그리고 김미추(金味鄒)와 그 후손으로 대표되는 진한인(辰韓人)인 원주민 혼성의 민족집단으로 기반을 이루었고, 국호 서라벌(徐羅伐) 또는 서벌(徐伐)의 소불은 도시국가의 형태로 존속했다고 보았다.

그러나 한문헌(漢文獻)에 었어 예(濊)와 맥(貊)이 병칭(竝稱)되었다. 조선어에 있어서도 예와 박이 얼마쯤의 까닭이 있어야 할 것이니 백족(白族)의 직계(直系)일 박혁거세(朴赫居世)와 호공(瓠公)과 예계(濊系)인 석탈해(昔脫解)는 다소의 종계적(種系的) 차이가 있어야할 것이다. 석(昔)의 씨칭(氏稱)을 따로 가짐이 이유(理由)가 없을 수 없다. 석탈해(昔脫解)의 본국(本國)은 정명국(正明國)으로 환에 해당하고 완하국(琓夏國)·화하국(花廈國)이 보다 환을 이름이니 그가 북방□국계(國系)의 한 예(濊)사람로서 그 혈연이 퍽은 가까운 자인 것은 의혹할 바 아니다.

혁거세(赫居世)가 알지거서간(閼智居西干)으로 아기이던 것을 자칭(自稱)한 바이거니와 제4탈해왕(脫解王)으로 건국 이후 이미 백여년을 산(算)하는 시기에 월성서리(月城西里) 시림중(始林中)에서 금독(金櫝)에서 나왔다는 김알지(金閼智)의 전설은 매우 흥미를 느끼게하는 바이다. 백계(白系)와 예계(濊系)의 군왕(君

王)이 주권을 잡은 지 100여 년에 국내의 원주민인 진한계(辰韓系)의 인민들은 바야흐로 진보 각성하여 그 권위와 면목을 발휘하기를 운동하였을 것이니 김(金)의 어음(語音)은 지방수장인 진한계(辰韓系)의 명가(名家)인 기에서 기원하였을 것이다.

'호공야행(瓠公夜行)월성서리(月城西里)'의 야행(夜行)은 그 원주민의 세력이 잠묵(潛默)한 중에 성장됨과 비슷하고 월성서리(月城西里)의 서(西)는 해로교통편이 있는 동부해안이 백(白)예(濊)계의 번영지(繁榮地)가 되었을 대신으로 서부내륙 방면에는 원주민인 진한계(辰韓系)의 수장(首長)들의 세력이 이제 차차 흥륭(興隆)하여 왔음을 상상하게 한다.

요컨대 신라는 박혁거세(朴赫居世)와 호공(瓠公)으로 대표되는 백족(白族), 석탈해(昔脫解)로 대표되는 예족(濊族), 그리고 김미추(金味鄒)와 그 후손으로 대표되는 진한인(辰韓人)인 원주민의 혼성합동(混成合同)의 민족집단(民族集團)으로 그 기반을 이루었다. 그의 동화와 결합이 비로소 견고하여 김씨(金氏)의 주권이 확고하게 된 때에 미쳐서 비로소 반도(半島)에 웅비하는 활력을 발휘하게 됨이라고 봄이 매우 타당할 것이다.

돌산고허촌(突山高墟村)이 소불의 첩사(疊寫)로써 고허촌장소벌공(高墟村長蘇伐公)은 소불의 기요, 소불은 성벽(城壁)을 두른 도시국가로서 외타(外他) 촌락상태의 부족사회들에 비하여 일단(一段)의 세력과 권위를 가졌을 것은 전술한 바 있다. 고허촌(高墟村)이 나중에는 사탁부(沙啄部)로 되어 사부리의 이두식 표음을 찾을 수 있고(今西氏說), 사탁(沙啄)과 병칭(並稱)된 사량(沙梁)도 또한 사벌이거니와 사량리알영정(沙梁里閼英井)에 계룡(鷄龍)이 동녀(童女)를 탄생하여 혁거세(赫居世)의 후(后)가 되고 인하여 이성(二聖)의 칭호(稱號)를 가졌다는 것은 남녀의 지위가 아직도 평권적(平權的)인 형태를 보유하였던 것을 보이는 바이다.

붉신도(神道)를 숭배하는 산악계의 혈족과 미리(龍神)신(神)을 존숭(尊崇)하는 하천계의 한 민족이 연맹결합(聯盟結合)하여 한

국가를 형성함을 전(傳)한 것도 같다. 알이영후(閼利英后)가 목욕하였다는 지명연기(地名緣起)를 전하는 발천(撥川)은 볼내로 한 패하(浿河)이자 또한 평양(平壤)이다. 국호 서라벌(徐羅伐) 또 서벌(徐伐)의 소불은 의연히 도시국가의 형태를 존속하며 오직 6촌 부족을 연맹합동(聯盟合同)하여 후일의 완전한 국가가 성립되는 과도직능(過渡職能)을 발휘하게 되었던 것을 짐작하게 된다.

그러면 고허촌(高墟村)은 원래 이주민인 백족(白族)들의 근거지로 그의 촌장(村長)인 소벌공(蘇伐公)도 한 백인(白人)이요, 그의 발론(發論)으로 추대된 것은 그중에서 세습적으로 군무수장(軍務首長)을 가져서 해꼬지(日槍)로 일컫는 집안의 공자(公子) 즉 아기였을 것이다. '육부조각율자제(六部祖各率子弟)구회어알천안상(俱會於閼川岸上)'이란 것은 마치 오논다까호(湖)의 북안(北岸)에서 회의(會議)를 진행할새 상호방위를 위한 동맹관계를 깔아놓으매 그 동맹운용의 충천(衝天)에 해당한 중심인물로서 하요웬트하의 출현을 전하는 이로코이 연합의 전설적인 사실을 그대로 그려내인 보편적인 역사성을 나타내인 것이 퍽은 가치있는 기록이다.

'일월청명(日月淸明)인명혁거세왕(因名赫居世王)'이라는 것은 혁(赫)이 해에 해당함에 착상된 바이다. 광명이세(光明理世)임을 인하여 불구내왕(弗矩內王)이란 것은 붉은왕(王)으로서 고구려와 백제의 명왕(明王)의 음역(音譯)에 지나지 않는 것이다. 석탈해(昔脫解)의 아진의선(阿珍義先)이 성모(聖母)의 아지어머인 것 같이 혁거세왕(赫居世王)의 모후(母后)가 서술성모(西述聖母) 혹은 선도성모(仙桃聖母)인 것은 앞서 쓴 여계중심(女系中心)인 성모시대(聖母時代)가 있어 국가건설 이전 촌락정치시대의 전대(前代)에 있었던 소식을 전함으로 그 묘연(杳然)한 고시대(古時代)의 형태가 퍽은 독사자(讀史子)의 흥미를 돋우는 바이다(『조선일보』, 1930년 3월 23일, 4면).

○ 1930년 3월 25일 신라의 역대 왕명과 의미

박혁거세의 혁은 해(日)이고 거세는 꼬지로 이는 태양의 아들이자 태양 숭배의 해꼬지를 뜻하며 군무수장의 명칭이며 거서간은 굿간, 남해는 생식신, 내물은 생명을 담당하는 주명신(主命神)의 의미를 담고 있다.

박(朴) 그것이 일개 가족의 성씨(姓氏)가 아닌 것은 물론이며, 한 씨족(氏族)에만 국한된 것도 아니요 자못 광의의 종족(種族)의 칭호에서 모칭(冒稱)[234]한 것임은 의심할 바가 없다. 혁거세(赫居世)도 또한 일인(一人)에 한하여 명명(命名)되었던 특별명사는 아니요, 군무수장(軍務首長)이라는 직장(職掌)에 대한 명칭인 것을 추측할 만하다. 혁거세(赫居世)로부터 22대 지증마립간천(智證麻立干)까지 왕호(王號)도 일정치 아니하다. 거서간(居西干), 차차웅(次次雄), 이질금(尼叱今), 마립간(麻立干) 등의 존칭이 각별하고 개인의 이름을 그대로 시호(諡號)의 대신으로 썼다. 법흥왕(法興王) 이후의 시호(諡號)는 한토문화(漢土文化)의 영향을 입은 바이지만 남해(南解), 노례(弩禮), 탈해(脫解), 파사(婆娑), 기마벌휴(祇磨伐休), 내해(奈解), 기림(基臨), 걸해(乞解), 내물내지(奈勿內只), 비처(毗處) 등 기타 제왕(諸王)은 모두 일정한 직명(職名)이 개인 이름으로 되고 그리하여 또 왕자(王者)의 존호(尊號)처럼 된 것임을 짐작하게한다.

혁거세(赫居世)의 혁(赫)은 본음(本音) 하루 해, 즉 일(日)에 해당하고 거세(居世)는 꼬지의 사음(寫音)으로 창(槍)을 의미하니 해꼬지는 일창(日槍)으로 후대 병부경(兵部卿)을 창부경(槍部卿)으로 한 국조(國朝)가 있는 예처럼 고대사회에서 군무수장(軍務首長)에 명명(命名)하던 것이다. 일(日)은 일자사상(日子思想)

---

234) 이름을 거짓으로 꾸밈.

그대로 태양숭배에서 나와 태양이 즉 천계(天界)의 대장인 것같이 관념하였음에서 인(因)함일 것이다. 신라가 숭배하던 내을(奈乙)신(神)은 즉 일신(日神)이요, 국가가 나라제왕(帝王)을 나라님으로 현대적 어의로도 뚜렷한 일자주(日子主)를 이름이다. 해꼬자의 일창(日槍)은 어의(語意)가 명백하고 박(朴)은 밝으로 천(天)을 의미하니 박혁거세(朴赫居世)는 밝·해·꼬지의 종합어로 천일창(天日槍)으로 의역(意譯)되는 자이다.

이를 고대에 사회학적으로 고찰하면 즉 일자사상(日子思想)을 체현(體現)하는 군무수장(軍務首長)을 대칭(代稱)하는 명사로 되는 것이다. 박혁거세(朴赫居世)는 퍽은 많았으니 결코 일개(一個)의 모갑(某甲)이 아니었다. 그중에 영명(英明)한 자는 묘망(杳茫)한 시대에 사로육촌(斯盧六村)의 화백(和白)이란 회의에서 가장 민주적인 절차를 밟아 군무수장(軍務首長)이던 지위로부터 집정관(執政官)인 지위에 추대되어 마치 고대 희랍(希臘)의 아테네 사회가 테시우스의 치하로부터 솔론의 입법을 지나 국가의 체계가 점점 완비되던 것과 같은 경로(經路)를 밟았다. 이 점으로는 혁거세(赫居世)도 소벌공(蘇伐公)이란 입법자(立法者)와 서로 얼리어 그 영웅적 출현을 이룬 역사적 인물이다. 거서간(居西干) 혹은 거슬한(居瑟邯)으로 일컫는 굿간(干)은 그렇게 일대에 그치지 않코 적어도 수대(數代)의 중첩(重疊)이 있었을 것이다. 남해(南解), 내해(奈解), 내지(內只), 눌지(訥祇)는 남기, 남지 혹은 나기의 사음(寫音)으로 생식신(生殖神) 혹은 주곡신(主穀神)에 해당한 명칭일 것이다. 내물(奈勿)은 예군(濊君)의 남은(南閭)와 한가지 남이 혹은 나미의 사음(寫音)으로 주명신(主命神), 자식신(滋殖神)의 명칭이어서 남기 혹은 나기와 서로 음양과 내외가 되어야할 것이다.

노례유례(努禮儒禮)는 원래 동일한 누리로서 세속을 주관(主管)하는 신직적(神職的) 명칭이거나 그렇지 아니하면 주병신(主病神) 또는 주병관(主病官) 나으리의 사음(寫音)일 것이다. 탈해

(脫解) 혹은 토해(吐解)가 토함산(吐含山)의 따감산과 같이 따기의 사음(寫音)임은 이미 적확(的確)하다고 하고 기림(基臨), 걸해(乞解)가 무엇인지 걸의 어휘(語彙)에 속한 신직적(神職的) 명칭인 것 같다. 비처(毗處)가 비치로 광명(光明)이요, 자비(慈悲)는 지업어이를 연상케 하고 기마(祇磨) 혹은 기미(祇味)는 감의 전음(轉音)과 같고 아달라(阿達羅), 미추(味鄒), 조비벌휴(助賁伐休), 일성(逸聖) 등은 일정한 대어(對語)를 찾을 수 있다.

상고(上古)요, 성골(聖骨)이라 일컬은 이 22왕(王)의 시대는 그 대수(代數)와 연수(年數)가 전혀 정확을 기할 수 없으니 이는 아마 진한십이국(辰韓十二國)의 1인 사로시대(斯盧時代)로부터 서서히 그 사회적 진도를 이루어 오던 동안의 전설적인 역사의 총기록으로 볼 수 있다. 창(槍)의 창은 한화시대(漢化時代)에 수입된 우승어(優勝語)인 것이 의심없거니와 둘르기가 칼이라 하면 그 창(槍)에 관하여는 제작의 규모에 따라 여러 명칭이 있을 수 있으니 방예(方銳)한 자를 모구쇠(矛), 통칭(通稱)하여 박쇠 혹은 박, 다르게 꼬지로 모두 어의(語意)가 적합하다. 일본어에 야리와 보꼬의 전와(轉訛)가 있는 것은 그 일부의 방증(傍證)이다. 방천(防川)의 말둑이 말창이요 건물의 정류(釘類)가 말꼬지로 창과 꼬지가 병용(並用)된 증거이다. 추(錐)를 송곳으로, 손꼬지 즉 수창(手槍)의 전화어(轉化語)인 것이 명백하니 꼬지 그것이 열, 박 등의 단어와 함께 창류(槍類)의 명사인 것은 용의(容疑)[235]할 바 아니다(『조선일보』, 1930년 3월 25일, 4면).

○ 1930년 3월 25일 결사 구속의 산물

언론·집회·결사의 자유가 제약되는 현실을 비판하고 있다.

---

235) 의심하다.

언론·집회·결사의 자유를 획득하자는 것은 현하 조선의 큰 부르짖음이다. 그는 현하 조선의 정세가 이것을 요구하여 말할 수 없음에 인함이다. 언론·집회·결사의 자유는 원래 일정한 제한이 있는 것으로 국정의 여하를 물론하고 각각 그에 배치되는 자를 제한하는 형편이니 그에 대한 절대의 자유를 요구하는 것은 오늘날의 조선에 있어 그 실현이 불가능할 것이다.

그러나 정미(丁未)·경술(庚戌)의 시기에 대국(大局)이 번복되는 때에 극도의 구속과 억압으로 이목을 싸매고 수족을 묶던 것과 같은 보안법과 집회·취체령과 따로이 제령 제7호란 자와 치안유지 법안등이 적용되어 결사·집회·언론·출판 등이 과도한 제한 앞에 있게 되며 초왕(楚王), 호고초(好高髻), 성중고일척(城中高一尺), 유(流)로 법규 적용의 한도가 한갓 방임의 경향을 가지며 천견(淺見)[236]한 이료(吏僚)들이 거기에 사견을 겹들이어 무수한 결사에 관한 사안이란 자가 멋대로 적용되니 무수한 청소년의 법정수난은 대체로 이에 말미암아서 많은 것을 알겠다. 이에 만일 결사·집회·언론·출판의 범위를 넓히어 그 자유의 표현을 신장케 하고 사회의 의식이 분해(分解)·정련(精鍊)[237]되는 데 미쳐서는 시대의 진운이 또한 일단의 광명을 가져올 것이다. 작금 조선의 제사건은 극단적인 구속으로 인하여 생산된 것이 대부분이다.

(『조선일보』,1930년 3월 25일, 1면 1단).

○ 1930년 3월 26일 박혁거세 등 신라 왕명의 의미

박혁거세는 천일창(天日槍) 즉 해꼬지로 군무수장을 뜻한다. 꼬지는 부족사회의 수장이며 거서간은 굿간으로 승직(僧職)의 우두머리,

---

236) 견해가 얕은.
237) 잘 단련함.

이질금(이사금)은 임금, 마립간은 황제를 의미한다고 보았다.

　　박혁거세(朴赫居世)를 한자로 직역하면 천일창(天日槍)이다. 의역하면 군무수장(軍務首長)이니 군무수장(軍務首長)은 각개의 부족사회의 사이에 따로따로 있어서 이를테면 아시량(阿尸良) 실직(悉直) 음즙벌(音汁伐)과 기타제국에 각각 일개(一個)의 혁거세(赫居世)가 있었을 것이다. 상주(尙州)의 사벌국(沙伐國)도 그 왕손(王孫)의 후예(後裔)가 현재 박씨(朴氏)로 되었으니만큼 별개의 박혁거세(朴赫居世)가 있었다고 보인다. 일본(日本)의 파마풍토기(播磨風土記)에 천일창(天日槍)이 한국(韓國)으로부터 도래(渡來)하여 위원(葦原)의 대국주명(大國主命)과 파마(播磨)의 땅을 다툰 것을 기록(記錄)하여 그 연대가 신대(神代)라는 아득한 옛적에 닿는 것이다.

　　그의 후예(後裔)가 매우 번연(繁衍)[238]하여 단마국(但馬國)의 수장(首長)이 되었고 천일창(天日槍)은 출석신사(出石神社)의 주신(主神)으로 숭봉(崇奉)되었으니 이는 해외에 진출한 박혁거세(朴赫居世)이다. 상서태서(尙書泰誓)에는 관채(管蔡)의 난(亂)에 엄국(奄國)의 군장(君長)인 박고씨(薄姑氏)가 관채(管蔡)를 선동(煽動)하여 주실(周室)을 기울이던 소식(消息)을 기록(記錄)하였다. 한서지리지(漢書地理志)의 포고(蒲姑)는 박고씨(薄姑氏)의 유적으로 남은 것이다. 박고씨(薄姑氏)도 한 밝꼬지로 보아 옳다고 할 자이다. 혁거세(赫居世)가 추대(推戴)되어 근대식인 군주로 되고 거서간(居西干) 마립간(麻立干) 등이 드디어 왕의 존호(尊號)로 변한 후에는 거이(居陁)가 다만 무직(武職)의 명칭으로 남았던 바일 것이다.

　　어제 쓴 진성대왕조(眞聖大王朝)의 사요전설(射妖傳說)에 관련한 거타지(居陁知)는 한 병관(兵官)의 장(長)이었던 것을 미

---

238) 성하게 퍼져 일어남.

루어 단정할 만하다. 그리하여 고대사회에서는 꼬지가 한 수장(首長)으로 각개의 부족사회에 있었을 것이니 현재 고잔리(高棧里)(高座)의 고지안, 고장촌(高長村)의 고서앙말, 고장자대(高長者垈)의 고지앙지아터라는 것이 기다(幾多)한 소지명(小地名)으로 남은 것은 이 시대의 유운(遺韻)을 생각하게 하는 바이다. 중고(中古)에는 지방에 있어 군주(軍主)로 되고 궁중(宮中)에 있어 창부관(槍部官)으로 상시호가(常侍護駕)하는 꼬지앙 혹은 꼬지아로 되었을 것이다.

근고(近古)에는 한토(漢土)의 풍속이 영향되어 환자(宦者)가 내밀(內密)에 상대(常待)하는 고지아로 되어 당년에는 군무수장(軍務首長)으로 국왕황제(國王皇帝) 등의 최고형(最古型)으로 되었던 꼬지가 드디어 소위 훈부여생(熏腐餘生)[239]이라는 뭇사람의 천시(賤視)하던 명칭으로까지 전화(轉化)한 것 같다. 그럼으로 박혁거세(朴赫居世)가 추대(推戴)되어 신라 6부의 집정자(執政者)로 거서간(居西干)의 존호(尊號)를 띄우던 것은 반드시 현행 연대에 맞지 아니하니 기록 이전의 상당 구원(久遠)한 시기에 소급되어야 할 것이다.

거서간(居西干)의 굿간(干)은 혁거세(赫居世)의 군무수장(軍務首長)인데 비하여 승직(僧職)의 장(長)을 겸하였음을 이름이니 희랍(希臘) 로마(羅馬) 초창(草創)한 고대 원시국가 발생하던 과정(過程)의 그것과 부합(符合)되는 바이다. 거서간(居西干)의 존호(尊號)가 60년을 이세(理世)하였다는 혁거세赫居世) 1대에 한하고 제2세인 남해(南解)는 차차웅(次次雄)이니 무직(巫職)의 장(長)으로 춤추는 이라는 어의(語意)가 있는 것같은 것이 착안할 점이다.

거서간(居西干)과 차차웅(次次雄)이 일대식(一代式)에만 그친 것이 의혹(疑惑)하려면 이유(理由)가 닿으며 이 초기에 있어서

---

239) 남은 생애를 남자의 생식기를 자르는 형벌을 당함.

세대(世代)에 궐(闕)²⁴⁰⁾한 바 있을지 모르겠다. 제3세인 노례(弩禮)부터가 이질금(尼叱今)이니 치리(齒理)의 닛금은 우연한 전회(傳會)에 지나지 아니할 것이다. 닛금과 님검은 왕감과 한가지 고유한 군장(君長)의 명칭으로 된바일 것이다. 노례(弩禮)로부터 제18세 실성(實聖)까지 전후 16대를 이질금(尼叱今)²⁴¹⁾으로 일컬었고 제19세 눌지(訥祇)로부터 마립간(麻立干)으로 하였다. 간(干)이 한(韓)과 한가지 견(犬) 혹은 장(長) 혹은 신성(神聖)을 의미하여 몽고(蒙古)와 김(金)의 한(汗)이 모두 동일어계에 속한 바인 것은 의심이 없다. 막리지(莫離支)가 머리지로 두지(頭支)인 것처럼 마립간(麻立干)은 머리간으로 두간(頭干)을 이름이다.

가락(駕洛)의 구간중(九干中)에 수로왕(首露王)이 실간이다. 갈나라 여러 부락(部落) 중에 요채부(要砦部)의 수장(首長)으로 실간을 일컬었을 것 같이 각간(角干) 혹은 서불한류(舒弗邯流)의 속료(屬僚)적²⁴²⁾인 간(干)의 위에 성길사한(成吉思汗的)의 두간(頭干)을 일컫던 바를 전함인 것이 명백하다. 굿간, 차차웅, 닛금 등의 제존호(諸尊號)를 지나 4대(四代)의 마립간(麻立干)을 일컫고 23대 법흥왕(法興王)에 미쳐 한문화(漢文化)에 영향(影響)된 법흥(法興)의 익법(謚法)²⁴³⁾과 한가지 왕(王)의 존호(尊號)로 쓰게 되었다.

마립간(麻立干)이 황제(皇帝), 천왕(天王)에 상당(相當)하고 상감이 천자(天子)에 상당하며 상감마마의 마마가 폐하(陛下)에 필적할 바이다. 도도한 한문화(漢文化)에 풍미(風靡)된 후세 한화파(漢化派)의 사람들이 다만 왕으로서 황제(皇帝)에 종속시키고 이속비비(夷俗卑鄙)의 자폄(自貶)²⁴⁴⁾을 한 것은 이제로서는 고소(苦笑)할 일이다. 그리고 전후 16대 수백년 동안 칭호(稱

---

240) 차례가 빠짐.
241) 이사금(尼師今)의 다른 표기.
242) 계급상으로 아래인 동료. 요속(僚屬).
243) 시호(諡號).
244) 스스로 낮게 부르다.

呼)하던 닛금이 현대까지 군(君), 왕(王), 황제(皇帝) 등 님검의 훈의(訓意)로 된 것은 왕감의 그것에서처럼 그 유래가 오래되었기 때문일 것이다. 어찌 되었던 군무수장(軍務首長)으로 집정관(執政官)에 취임한 혁거세(赫居世)의 사실(事實)로 비롯하여 남기 혹은 나기의 주곡관(主穀官), 신(神)과 남이 혹은 나미의 생식관(生殖官)(神) 혹은 주명관(主命官)과 나와 우리의 주병관(主病官)과 기타 고대사회의 제관직(諸官職)과 비슷한 열왕(列王)의 명칭을 가득 실은 상고(上古) 22대의 역사를 비교적 상세히 기록한 것은 신라사(新羅史)가 자못 세계적인 학적 가치를 가지게 되는 까닭이다(『조선일보』, 1930년 3월 26일, 4면).

○ 1930년 3월 27일 신라 육촌의 의의

신라 육촌에 대해 설명하면서 이는 성모시대를 거쳐 단군시대를 지나 서벌(소불)의 도시국가 형성이라는 조선상고사의 발전 형태와 유사하다고 주장했다.

신라(新羅)의 초대사(初代史)와 그 국정(國情)을 살피는데 가장 흥미있는 것은 그 상고(上古) 22대사에 있어 조선상고사(朝鮮上古史)의 발전형태와 전적으로 비슷하다는 점이다. 신라 육촌(六村)의 이야기를 하되 알천(閼川)이 얼내, 양산(楊山)이 배달, 알평(謁平)이 어베, 표암봉(瓢岩峰)이 배음뫼, 급량(及梁)이 기불로 모두 조선고대사에 인연이 깊은 명사(名詞)이다. 급량부(及梁部)는 중흥부(中興部)로 금속중흥부위모(今俗中興部爲母)는 알평(謁平)의 어베와 양산(楊山)의 배달이 모두 관련된다. 돌산고허촌(突山高墟村)이 소벌부(蘇伐部)로, 후에는 사탁(沙啄) 혹은 사량(沙梁)의 소불로 된 것 등이 모두 그러한 예이다. 장복부위부(長福部爲父), 임천부위자(臨川部爲子), 가덕부위녀(加德

部爲女)의 기록은 성(性)을 기초로 하던 원시사회 조직으로부터 단체 혼인과 여계중심시대의 씨족성원의 구별과 그 부모와 자녀의 혈연관계를 설명함이 근대 북미(北米)와 호주(濠洲) 등의 고형태(古形態)의 사회에서 목격하는 바와 부합(符合)된다.

'육부조각율자제(六部祖各率子弟)구회어알천안상(俱會於閼川岸上)'은 그 전하는 바 화백(和白)이란 회의가 각 부족의 세습수장(世襲首長)과 보통수장(普通首長)과 기타의 연설자와 참회인(叅會人)까지 총합한 희랍과 로마 등의 민중공회(民衆公會) 혹은 참의당(叅議堂)의 제도를 상상하게 한다. 양서(梁書)에 나오는 '기곡호성왈(其谷呼城曰)건모라(健牟羅)'는 금성(金城)의 음역(音譯)이 아니다. 그보담도 전기적(前期的)인 육촌(六村) 시대의 유형(遺型)으로 볼 것이다. 건모라(健牟羅)가 감마을로 부족사회의 군장(君長)의 촌부(村部)에서 기원된 바임을 짐작하게 한다. '재내왈탁평(在內曰啄評)재외왈읍륵(在外曰邑勒)'으로 탁평(啄評)이 불의 어의(語意)만은 분명하나 알 수가 없고 국유육탁평(國有六啄評)으로 육부(六部)를 가리키는 것은 명백하다.

읍륵(邑勒)은 울의 사음(寫音)으로 외방(外方)의 부락(部落)은 □성(城)을 둠에 지나지 않던 상황임을 추측하게 된다. 그리하여 군무수장(軍務首長)으로 굿간(干)인 교정(敎政)의 장(長)을 겸한 것은 박혁거세(朴赫居世)에서 그대로 단군(檀君)의 유형을 볼 것이다. 그의 모후(母后)가 선도성모(仙桃聖母)인 것은 단군(檀君)의 전대(前代)가 성모시대(聖母時代)임과 틀림이 없다. 앞서 언급한 나기, 나미, 누리 등의 왕명(王名)은 주곡(主穀), 주명(主命), 주병(主病) 등 단군 삼백육십여사(檀君三百六十餘事)의 일부 형식을 맡았다는 제도를 바라보게 한다. 국호 서라벌(徐羅伐), 또 서벌(徐伐)의 서벌(徐伐)은 기노(期盧) 혹은 신라(新羅)와는 달라서 소불의 사음(寫音)임이 명백(明白)하다. 테시우스의 시대로부터 아티카의 인민은 항상 성벽(城壁)을 두른 아테네의 도시 가운데에 거주하고 그 자신이 공동이자 유일한 참의회(叅議

會)와 공빈관(公賓舘)을 두었다. 마침내 상호방위(防衛)를 위하여 공통의 군대를 지휘할 군사지휘관을 두고 그것이 드디어 집정관(執政官)인 국가의 원수(元首)로 되게했다. 위성(衞城)과 종속지(從屬地)와 신구(新舊)의 지앙까지도 모두 아테네라는 공통 명칭으로 통일하여 수개의 부족이 한 지역에서 합체(合體)하여 한 국민을 형성(形成)한 희랍(希臘)의 발전같이 소불의 서벌(徐伐)(金城)이 일정한 시기까지 신라 전체의 명칭이 되어 도시국가로서의 대표적인 국명을 독천(獨擅)[245]하던 것이라고 하겠다.

성골(聖骨)과 진골(眞骨)의 족제(族制)는 희랍(希臘) 고대귀족(古代貴族), 공민(公民), 공장(工匠)의 계급분화의 상층적인 숫자만을 표시한 것으로 볼 것이다. 혹은 사라우사노는 아테네의 외에 아티카의 명칭이 오히려 존속한 그대로이다. 일설에 의하면 '탈해왕(脫解王時)득김알지(得金閼智)이계명어배중(而鷄鳴於杯中)내개국호위계림(乃改國號爲鷄林)'은 알지전설(閼智傳說)은 어찌 되었던 앵림(鸚林)이 닭숲으로, 탈해(脫解)의 따기와 서벌(徐伐)의 소불을 연결하여 따기와 소불의 명칭이 시작된 것을 추측함이 허망하지는 않을 것이다.

신라(新羅) 헌강왕(憲康王) 대에 '경도민옥상속(京都民屋相屬)가취연성(歌吹連聲)'이라 하여 그 번화(繁華)의 경상(景象)이 상상(想像)된다. '전성지시경중십칠만팔천구백삼십육호(全盛之時京中十七萬八千九百三十六戶)일천삼백육십방(一千三百六十坊)오십오리(五十五里)'로서 대가족제인 상대(上代)의 사정은 넉넉히 백만도시의 대번영을 자랑하였을 것이다. 이는 로마 7구(七丘)에 건설되었던 도시국가의 후신(後身)과 공통됨이 아니고는 실현되기 어려운 상태였을 것이다. 이를 제도의 위에 보건데 화랑(花郞)과 원화(源花)의 제도는 국풍적(國風的)인 풍류선사(風流仙史)의 원류(源流)를 계승한 자로서 남아 있는 가장 완전한

---

245) 제 마음대로 행동함.

기록이다.

연오랑(延烏郎)과 세오녀(細烏女)의 일정왕래(日精往來)의 전설(傳說)을 비롯하여 미추왕(未鄒王)의 죽엽군(竹葉軍), 진평왕(眞平王)의 천사옥대(天賜玉帶), 신문왕(神文王)의 만파식적(萬波息笛), 효소왕대(孝昭王代)의 죽지랑(竹旨郎), 헌강왕대(憲康王代)의 처용랑(處容郎), 도화녀(桃花女), 비형랑(鼻荊郎), 파장춘랑(長春郎)의 현령(顯靈), 수로부인(水路夫人)과 거타지(居陁知)의 허다(許多)한 여러 전설(傳說)과 기타 흥법(興法) 감통(感通)의 모든 전설(傳說)은 조선 고유한 정취(情趣)와 습속(習俗)에 대하여 가장 풍부한 연총(淵叢)으로 되었다.

신라(新羅)는 그 지대가 동남해빈(東南海濱)에 있어 서북풍진(西北風塵)을 대륙(大陸)으로부터 받음이 드물었다. 또 가장 후진적인 그의 역사발전의 여러 형태는 도리어 유사이후까지 그 전래하는 설화(說話)를 보유하여 조선고유의 향토색(鄕土色)을 표시함이 명료하니 이는 신라국정을 논함에 극히 유의할 점이다 (『조선일보』, 1930년 3월 27일, 4면).

○ 1930년 3월 28일 군무수장인 꼬지와 관련한 지명

고대사회의 군무수장인 꼬지와 관련한 지명에 대해 언급하고 있다. 진주, 거창, 고창, 남원, 언양, 김해, 창원, 구례, 장성 등의 옛 지명이 꼬지와 관련 있다고 주장했다.

이를 고대 지명상에 나타난 바에 일별(一瞥)하건대 꼬지 혹은 꼬지앙으로서 군무수장(軍務首長)의 전도지(奠都地)가 되고 부족국가의 한 중심지가 되었던 자가 곳곳에 볼 수 있다. 진주(晋州)의 옛이름 거이(居陁)로써 한 꼬지의 소경(小京)으로 꼬지앙의 지명을 가졌던 듯하다. 다른 이름으로 거열성(居列城)으로 걸의 하천과 한가지 통솔자로서 걸의 유지(遺址)인 것을 생각하게 하니 진주(晋州)의 형승(形勝)은 부족국가의 한 중심이었을 것이다. 거창(居昌)의 옛이름도 거이(居陁)이니 한 꼬지앙이다. 일명 거열군(居烈郡)으로 천류(川流)를 액(阨)하고 서북으로 분계산맥(分界山脈)을 등져서 산하형승(山河形勝)이 또 걸의 전도지(奠都地) 되기에 합당하다. 안동속현(安東屬縣)에 고이야(古陁耶)가 있었으니 분명한 꼬지아로 현대어로는 환자(宦者)에 해당하며 일명 고창(古昌)은 꼬지아와 꼬치앙이 병칭(並稱)되던 유운(遺韻)을 찾을 것이다. 남원(南原)의 옛이름 거녕(居寧)이오 또 청웅(靑雄)이오 또 거사홀(居斯忽)이다. 이도 한 꼬지의 전도지(奠都地)를 상상하게 하며 나주 속현(羅州屬縣)에 장산(長山)이 있으니 지앙의 유지(遺址)일 것은 설명하였다. 일명(一名)이 거지산(居知山)이니 이는 명백한 꼬지뫼로써 지앙과 꼬지앙이 전후하여 출현과 존립하였던 기록이라할 것이다.

언양(彦陽)의 거지화(居知火)도 꼬지불이오, 김해(金海)에 구지봉(龜旨峰)이 있어 가락구간(駕洛九干)의 계음(禊飮)하던 터전이다. 김수로왕(金首露王)이하 5가야(加耶)의 군장(君長)으로 되었다는 여러 인물의 난생(卵生) 성지(聖地)로 되었다. 기 혹은 기앙으로 일컫는 수장(首長)을 중심으로 한 부족정치가 일정한 발전계단에 미치면 그의 병정(兵政)의 수뇌자(首腦者)로 군무수장(軍務首長)의 출현을 필요로 하게되는 것은 고대사회에 있어 필연의 과정으로 된다. 김해(金海)가 남해안의 한 요지로서 고시대(古時代)의 종족생활의 한 근거지 되는 것은 최근에 각종 출토품에 의하여 확증되는 바이다. 수로왕(首露王)의 출현전설은 박혁거세(朴赫居世), 석탈해(昔脫解), 김알지(金閼智) 등과 그 범주를 같이하되 그 전후의 형식이 군무수장(軍務首長)으로부터 집정관(執政官) 선거쯤에 해당한 바 구지봉(龜旨峯)도 한 꼬지봉(峰)으로 볼 수가 있다.

제(祭)의 굿, 갑(岬)의 고지 등이 모두 이에 유사(類似)하다.

'중수봉일인위주(衆遂奉一人爲主)'는 군주수장(軍洲首長)으로 작은 군장(君長)이 되고 기타 동일 부족내의 영웅적인 여러 수장(首長)은 '각귀위오가야주(各歸爲五伽耶主)'하는 막(幕)으로 되었을 것이다. 수로(首露)의 수로(首露)는 대가야(大伽耶)로 된 김해(金海)에 한 개의 실이 있어 작은 왕경(王京)에 해당한다. 소불기가 소벌공(蘇伐公)이고 혹은 서벌이질금(徐伐尼叱今)이 신라왕(新羅王)으로 될 수 있는 것처럼 수로왕(首露王)은 가나열국(加羅列國)의 맹주(盟主)였으므로 그 성채(城砦)의 주(主)인 실왕(王)으로서 수로왕(首露王)의 존호(尊號)를 가지게 되었을 것이다.

'생우금합(生于金合)인성김씨(因姓金氏)'는 금독전설(金櫝傳說)이 김알지(金閼智)의 득성연기(得姓緣起)로 되고 '난가호(卵加瓠)이호위박(以瓠爲朴)'의 연기(緣起)로 되었다는 박혁거세(朴赫居世)의 박씨(朴氏)와 같이 그대로 신빙할 바는 아니다. 앞서 언급한 소씨족(氏族)의 출(出)인 고로 의역(意譯)하여 김(金)이 되었을 것도 한 고찰(考察)이지만은 수장(首長)의 기가 그대로 김의 김(金)으로 되었다 봄이 더욱 타당하다고 생각된다. 가야구사(伽倻狗邪)는 기아, 지아 등의 사음(寫音)이라고도 하려니와 가락가라(駕洛加羅) 김관(金官)등이 갈의 사음(寫音)으로 동남방의 갈나라임을 의미한 것은 신라(新羅)가 시나라 동국(東國)인 데 비하여 명백하게 되는 사정임을 전술한 바 있다. 남해 해안 민물교통(民物交通)의 편의(便宜)한 고장에서 수장(首長)될 여러 인물이 배출하자 거기에서 갈나라 관하(管下)의 여러 부족 사이에 흩어져 나가서 일시에 모두 봉건적(封建的)인 연방국(聯邦國)을 건설하고 스스로 갈의 공동명칭으로 국가건설(國家建設)이 이어지던 당시의 세국(世局)[246]에 출현함일 것이다.

이외에 창원(昌原)도 굴자(屈自)요, 구례(求禮)도 구차지(仇次

---

246) 때.

知)이다. 장성(長城)도 고시이(古尸伊)로 또 갑성(岬城)이라 하니 모두 해빈(海濱)에 들어있고 강만(江灣)을 끼어 상응한 반도형(半島形)을 이룬 단순한 지형상의 명칭으로 된 바도 있을 것이다. 개중에는 일개의 꼬지의 전도지(奠都地)되었던 고장도 없잖아 있을 것이다. 고구려의 고추대가(古雛大加)는 군직(軍職)의 장(長)을 겸하여 꼬지기인 본색(本色)이 거의 명료하고 백이(伯夷)의 고국(故國)인 고죽국(孤竹國)도 한 꼬지의 유음(遺音)인가? 고잔(高棧), 고좌리(高座里), 고장촌(高長村), 거이(居陁), 고이야(古陁耶), 거지산(居知山), 혁거세(赫居世), 환자(宦者), 고이지(古陁知) 등이 군무수장(軍務首長)이나 군주(軍主나 기타 군직(軍職)의 장(長)으로서 고대사회 발전과정에서 일정한 노릇을 하였던 것은 드디어 부인할 수 없다.

박혁거세(朴赫居世)가 군무수장(軍務首長)의 한사람으로 집정관(執政官)의 지위에 추대되어 신라(新羅)의 천년 기업(基業)을 개창한 것 만은 이미 명백하다 하겠다. 그리고 신라와 가라(加羅)의 여러 나라를 거쳐서 동남해도(東南海島)의 중심에 이주한 것이 고대 민족 이동상의 사실(事實)인데 북은 정천(井泉), 가슬양(迦瑟良), 실직(悉直), 음즙벌(音汁伐) 여러 나라로부터 고이(古陁), 사벌(沙伐), 우산(于山), 대가라(大加羅) 여러 나라의 인민이 각각 상응한 대이동을 일켰다. 신라육부(新羅六部) 방면을 거쳐 다시 해외로 건너간 자는 연오랑세오녀(延烏郞細烏女)의 전설(傳說)을 담고 있는 영군(迎郡)과 같은 데가 민족이항(民族移航)의 한 기점에 이르게 되었을 것이다(『조선일보』, 1930년 3월 28일, 4면).

○ 1930년 3월 29일 동방문화와 조선소

조선인 동방문화 발전에 끼친 영향력에 대해 언급하고 있다. 조선적 요소는 중국 문화 발전에 기여했으며 일본어의 주요 어휘에도 유사성을 발견 할 수 있고 중국 치우와 복희, 순임금 등이 동이계 혹은 백족계의 인물임을 강조하고 있다.

 조선인의 동방 문화사상의 지위는 자못 중요하여 스스로 그 문화창성(文化創成)의 중요한 직능을 다한 자이니다. 동방문화의 대종(大宗)으로 된 지나문화(支那文化)에 대해서도 상대(上代) 이래 아주 많은 조선소(朝鮮素)를 기여(寄與)하고 있다.
 먼저 고대 동방 지리상(地理上)의 변동을 살편보건대 발해(渤海)의 북빈(北濱)이 멀리 만주(滿洲)의 내륙에 들어가서 요하(遼河)의 상류가 해저(海底)의 일부로 되었던 것은 중고(中古)까지의 일이었다. 상고(上古)에 있어 산동성(山東省)이 동이문화권(東夷文化圈) 내에 속한 한 도서(島嶼)로써 황하백하(黃河白河)의 홍류거랑(洪流巨浪)이 무한한 충적토(冲積土)를 돌아다가 태산산맥(泰山山脈)을 중심으로 고립하였던 이 도서(島嶼)로써 지나대륙(支那大陸)의 한 반도(半島)되게한 것은 유사 이전 멀지 않은 때의 일인 것이다.
 동조선해(東朝鮮海)(日本海)의 함몰(陷沒)이 언제이던지 논의 할 범위의 밖이나 해금강(海金剛)의 기초(奇峭)인 석봉(石峰)이 육상에 나열되었던 위로 상상보다은 이를 것이다. 대마해협(對馬海陝)을 통하여 조선과 일본이 연륙(連陸)되었던 것은 지질학자가 모두 승인하는 바이다.
 뇌호내해(瀨戶內海) 일대 해저부(海底部)에 패여나오는 맘모스의 유골(遺骨)은 육상의 거물이 도저히 해협(海峽)을 유영(游泳)하였으리라고 믿을 수 없다. 반도(半島)와 도서(島嶼)가 연륙(連陸)되었던 것은 아득한 중고기(中古紀)의 일일 것을 식자가 아는 바이다. 고고학자의 답사에 의하여 산동(山東) 일대는 지나(支那) 내륙과는 달라서 전연 조선계(朝鮮系)의 생활의 자취를

남긴 바이지만 이를 문헌상에 비추니 뚜렷하여 논증을 요하지 않는다. 사회발달의 도정(途程)에 있어 상형문자를 가지는 것은 미개기(未開期)의 시대부터의 일이거니와 조선어에 문(文)을 글이니 거울을 의미하고 일본어의 フミ는 봄(見)의 변형어이니 거울과 동일한 유연(類緣)이다. 그러나 글이 긁(搔)과 동일하고 그으(劃)이 각(刻)을 의미하며 일본어에서 서(書)의 カキ가 소(搔)의 カキ와 동일하여 골각(骨角) 혹은 철물(鐵物)로써 목석골각류(木石骨角類)에 각자(刻字)로 하던 매우 원시적인 시대부터 글의 개념을 보유하여 왔다고 볼 수 있다.

그으, カク, 각(刻) 등이 모두 동일한 K행음(行音)인 점에서 고대 동방문화가 동일체계를 밟아온 소소한 증거로 된다. 복희씨(伏羲氏)는 동이지인(東夷之人)이라고 홍사(鴻史)와 노사(潞史)가 한가지로 기록하였다. 복희(伏羲) 혹은 포희(庖犧)가 모두 부여(夫餘) 배어와 동일한 어음(語音)이다. 이용기관(以龍紀官) 하는 습속(習俗)이 마가(馬加)와 우가(牛加)의 부여소(夫餘素) 그대로이다. 팔괘(八卦)가 역리(易理)의 인소(因素)이다. 기일우이(奇一偶二)의 수(數)의 변화가 또 팔괘(八卦)의 인소(因素)로 되었거니와 천일(天一)(奇), 지이(地二)(偶)의 사상이 한(桓·天)과 둘(들=壤·地)의 조선어와 기교(奇巧)하게 암합(暗合)하는[247] 것도 주목되는 점이다. 그가 풍성(風姓)인 것은 밝인(人)의 방계(傍系)인 풍이(風夷)의 계통으로 본 것이다. 주역(周易)의 한(漢) 문화사상의 위치는 노노(呶呶)할 바가 아니다. 문자를 창작하였다는 창힐(蒼頡)이 복희씨(伏羲氏)와 전후(前後)한 인물이거니와 치앙히가 동이적(東夷的)인 명칭이요, 문자에 관한 언어가 전동방(全東方)을 합하여 동일한 것은 흥가 있다.

치우씨(蚩尤氏)는 구려군장(九黎君長)이라 동이계(東夷系)의 인물인 것은 이제 의심할 바가 아니다. 치우(蚩尤)가 치우이니

---

247) 우연히 맞음.

지아의 한 전형(轉型)이요, 강성(姜姓)은 기앙으로 기 계급(階級)의 영웅적인 여러 수장(首長)이었을 것이다.

삼황오제(三皇五帝)의 제(帝)가 탱이(撐犁)와 대가리 등 북방적·동이적(東夷的)인 인소(因素)에 인연이 있는 것은 이미 논자(論者)가 있어 가부(可否)가 아직 판단되지는 않는 바이다. 복희(伏羲)에 비롯하여 순(舜)에 미친 제(帝)의 제와 지아가 동일한 유연(類緣)임도 수긍할 것이다. 제석환인(帝釋桓因)의 제석(帝釋)이 반드시 불교사상에 모방한 바 아닌 것을 짐작할 만하다. 순(舜)이 동이지인(東夷之人)이라고 이미 명문(明文)이 있다. 요전순전(堯典舜典)이 한유(漢儒)의 위작(僞作)일지라도 순(舜)에 인하여 동이적(東夷的)인 제정(祭政)이 한 진경(進境)을 이룸인 것은 추측할 만하다.

하(夏)·상(商)·주(周) 삼대에 동이(東夷)가 황하북안(黃河北岸)으로 장강(長江)의 하류까지 분천점거(分遷漸居)한 사정은 전술한 바 있거니와 강성(姜姓)이요, 태공망(太公望)으로 된 동해빈(東海濱)의 여상(呂尙)이 그 족칭습상(族稱習尙), 생활(生活)과 전설에 있어 동이계(東夷系)의 인물인 것과 비슷하며 고죽군(孤竹君)의 아들 백숙이제(伯叔夷齊)가 동이지인(東夷之人)인 것도 명문(明文)이 전하는 바이다. 이 제왕장상(帝王將相)의 여러 인물의 사적(事蹟)은 그 명확한 단정을 내릴 바가 못되나 지나(支那) 문화발전 사상(史上)에 조선적(朝鮮的)인 요소가 중요하게 작용된 것만은 부인할 수가 없다(『조선일보』, 1930년 3월 29일, 4면).

○ 1930년 3월 30일 고대 동방문화와 조선계 동이족

고대 동방문화는 중국과 조선계 동이족의 협력에서 성장했으며 일본문화에는 근간이 되어 기여했음을 밝히고 있다.

복희(伏羲)·복희(宓犧)·포희(庖犧)로 쓰는 태호씨(太皞氏)가 동이계(東夷系)의 한 위인(偉人)인 것은 내외사적(內外史籍)이 이를 증언(證言)한 바이다. 어제 쓴 천일지이(天一地二)의 조선어 어의상의 관계 이외에 성수(星宿)와 신선(神仙) 등의 고대신앙의 대상되던 자가 한음(漢音)에 있어 모두 동일한 어원(語源)에서 나왔다. 더욱 그것이 조선적 인소(因素)를 가진 점으로써 식자(識者)의 흥미를 돋우는 바이다. 성(星)이 별로 배얼의 생신(生神)을 의미하는 것은 앞선 언급한 바이다. 부여, 예(濊), 고구려 등이 상고(上古)로부터 영성(靈星)을 숭사(崇祀)하던 것은 고문헌(古文獻)이 증명하는 바이다 일본어의 ホシ(星)는 별의 변형어로써 독자적 어의(語意)는 명백하지 못하나 지나(支那)의 성(星)이 생(生)을 쫓아으니 배얼과 동일한 뜻을 취한 것이다.

성신(星辰)·숙(宿) 등의 어음(語音)이 모두 생(生)의 산과 그 음휘(音彙)가 같다. 신(神), 성(聖), 선상(仙上) 등 다수의 S행어음(行語音)이 고조선 이래 신(神), 선(仙) 혹은 종(種=씨) 등의 어휘와 공통(共通)되는 것은 학자의 주장이 일찍부터 있는 바이다. 음양(陰陽)이 역리작용(易理作用)의 중요한 기능으로 되거니와 음양(陰陽) 그것이 조선어로써 해석하여 더욱 명백하다. 음(陰)의 음이 빈(牝)[248]의 암, 모성(母性)의 엄과 동일하여 소위 음성(陰性)의 어의(語意)에 합치된다. 양(陽)은 이와 머나 이가 생명, 위(胃)가 이앙으로 생명정축(生命停蓄)의 고장이요, 심장(心臟)은 이엄으로 생명원류(生命源流)의 고장을 의미한다.

동방(東方)의 고문화(古文化)는 협서(陝西)·하남(河南)으로 동하(東下)한 한족(漢族)과 산동(山東)·하북(河北)·강소(江蘇) 방면으로 남하(南下)하던 조선계(朝鮮系)인 동이인(東夷人)의 창작과 합성에 의함임을 표명(表明)하는 한 증거로 되는 것이다. 서(西)에서 지나문화(支那文化)의 생장에 중요한 기여를 하고 동(東)으

---

248) 암컷.

로 일본문화(日本文化)에 근간적(根幹的) 요소(要素)를 만들은 것이 조선소(朝鮮素)이다(『조선일보』, 1930년 3월 30일, 4면).

○ 1930년 3월 31일 동방문화와 조선소

고대 동방문화는 중국과 조선계 동이족의 협력에서 성장했으며 일본문화에는 근간이 되어 기여했음을 밝히고 있다. 공자도 동이족의 혈통이며 예족도 일본 문화 발전에 토대를 놓았음을 강조하고 있다.

지나(支那) 상대(上代)에 있어 그들에게 두 은인(恩人)이 있었으니 사이팔만(四夷八蠻)과 융적(戎狄)의 세력(勢力)이 화하(華夏)를 침핍(侵逼)할 때 춘추(春秋)를 편찬하고 존화양이(尊華攘夷)의 대의명분(大義名分)을 확립(確立)하여 사상상의 일대 철칙(鐵則)을 세운 자는 공자(孔子)이다. 진병천하(秦並天下), 기회사이(其淮泗夷), 개산위민호(皆散爲民戶)라고 후한서(後漢書)의 동이전(東夷傳)이 대단락(大段落)을 지은 것과 같이 누천년래(累千年來) 중토(中土)에 반거(盤居)[249]하던 여러 민족을 때려 단일민족(單一民族)으로 주성(鑄成)하는 대철퇴(大鐵槌)를 내린 자는 진시황(秦始皇)이었다.

진시황(秦始皇)이 대성(大成)한 만리장성(萬里長城)은 확실히 북방의 흉노족(匈奴族)으로 남하의 운동을 단념하고 이리(伊犂)·신강(新疆)으로 천산(天山)의 북로(北路)를 우회(迂廻)하여 중앙아세아(中央亞細亞)로부터 구주(歐洲)에 침입하는 운동을 일으키매 전후 7~8세기를 격(隔)한 동안 구주(歐洲)로 하여금 민족대이동의 대활극을 일으키게 한 것이다.

어쨌든 진시황(秦始皇)의 대철퇴(大鐵槌)에 의하여 한종족(漢

---

249) 기반을 두고 살다.

種族)의 민족통일의 업(業)은 대반(大半)의 기초가 굳어진 것이었다. 그러나 그때까지 이전 지나(支那)의 사회상은 실로 여러 종족이 잡거(雜居)하는 상태를 이루었다. 황하(黃河)의 북방, 산서(山西)의 이동(以東)과 장강(長江)의 하류(下流), 안휘강소(安徽江蘇)의 지방까지는 동이적(東夷的)인 여러 종족(種族)의 부식(扶植)한 세력(勢力)과 한가지 그 문화(文化)의 창작성장(創作成長)에 심대(甚大)한 기여를 준 것이다. 치우(蚩尤)와 복희(伏羲) 이래 창고(蒼古)한 일로부터 주실(周室)의 성립에도 중요한 합작의 자취를 남겼다. 문왕(文王)은 견이계(畎夷系)인 동이(東夷)의 원조(援助)를 받기를 전후 유의(留意)하였다. 그의 군사(軍師)요 상부(尚父)인 강태공(姜太公)의 찬획(贊劃)으로 동이계(東夷系)의 힘을 빌린 바 중대하였다. 공자(孔子)는 지나(支那)의 최대성인이요 만세정법(萬世政法)의 사(師)로 되었다. 그러나 사가(史家)는 공자(孔子)조차 동이(東夷)의 혈통(血統)이 대량(大量)으로 부식(扶植)된 산동(山東)에서 탄생(誕生)한 동이인(東夷人)과의 혼혈아(混血兒)인 것을 추정(推定)한다.

　대륙에 득지(得志)하면 대륙으로 북진(北進)하니 치우(蚩尤) 이래 아득한 시대를 통하여 그러했다. 대륙의 풍진(風塵)이 바야흐로 급격하매 혹은 동북(東北)으로 장백산(長白山)의 곡지(谷地)에 서식(捿息)하여 그 세력을 잠축(潛蓄)하니 북부여(北夫餘)와 같은 것은 그러한 계통의 대표적인 자일 것이다. 혹은 해양만리를 회항(廻航)하여 새로운 안정지(安定地)를 개척하니 대륙 북진사상(北進思想)과 서로 진퇴(進退)하며 진인(震人)의 모든 역사상(歷史上)에 중요한 작용을 일으킨 것은 입해남천사상(入海南遷思想)이라할 것이다.

　지나(支那) 대륙의 동안(東岸)과 만한해안(滿韓海岸)의 동과 남에 불행히 인도네시아와 같은 대도서(大島嶼)들이 적었으니 입해남천(入海南遷)의 종족은 일본(日本)의 삼도(三島)로써 그 유일의 안정지(安定地)를 삼던 것이다. 이리하여 일본(日本)의 역내(域內)에는 그 최고(最古)한 선주민(先住民)으로 위노국(委奴國), 왜노국(倭奴國), 왜놈 등의 불명예적인 명칭을 머무른 아이누족(族)도 있고 진인(震人)의 방계혹(傍系) 혹은 그 정계(正系)를 이은 예종족(濊種族)을 필두로 한 그 근간인민(根幹人民)의 선조(先祖)도 있었다. 혹은 서남(西南)과 기타 해안에 표착 또는 이주한 인도지나족(印度支那族)과 인도네시안과 네그리트와 한종족(漢種族)의 사람들을 집합하여 일개의 혼혈민족(混血民族)을 성립하게 된 것이다.

그러나 한종족(漢種族)으로 자칭한 자도 대부분은 모두 진인(震人)인 조선 선민(先民)이었으니 왕인(王仁)이 순수 조선인인 것은 물론 한영제(漢靈帝)의 후예로 전하는 응신천황조(應神天皇朝)의 귀화인이란 아지사주(阿知使主)의 아치노오미(アチノォミ)는 성모(聖母)의 아지어머이 혹은 아직기(阿直岐)의 변형어이니 명명한 조선인일 것이다. 동양잠기직(同養蠶機織)의 기공(技工)을 맡은 진시황(秦始皇)의 후예 융통왕(融通王)의 혈손(血孫)이란 자도 조선인으로 진(秦)의 하다(ハタ)씨는 실상은 바듸 혹은 배틀의 전와(轉訛)로써 하다(ハタ)로 됨인 것이니 일본문화의 근저부(根底部)가 조선소(朝鮮素)로 된 것은 부인(否認)할 수가 없다(『조선일보』, 1930년 3월 31일, 4면).

○ 1930년 4월 1일 조선어와 일본어의 비교

조선어와 일본어의 가족, 의식주 관련 어휘의 비교를 통해 일본문화에 영향을 준 조선소의 영향 관계를 밝히고 있다.

태고(太古)의 원시인들은 최초로 자기인 사람과 식료와 의복·주거(住居)와 천지일월산야(天地日月山野) 등 자연계와 가족과 동류(同類)와 간소한 사단조직(社團組織)과 제전무축(祭典巫祝)

등 신사(神事)에 관련되는 일과 식료(食料)로 가장 많이 쓰는 식물(植物), 동물(動物), 축류(畜類)에 대한 명칭과 국가발생의 초기적 혹은 중도적(中途的)인 여러 계단(階段)에 관한 것과 원시적(原始的)인 수렵전투(狩獵戰鬪)의 수단으로서의 각종 무기(武器)와 상술한 각건(各件)의 동작운용(動作運用) 등에 관한 언어가 일정한 계단을 밟아 발달된 것이다.

이러한 점에 있어 일본어와 조선어의 비교연구는 실로 적지 않은 문화관계 사상의 가치를 측정하게 되는 것이다. 이제 특히 중요한 언어를 추리어 비교해 보건대 사람 혹은 인칭(人稱)에 관하야

조선어 이(人) : 일본어 イ オイ メイ
조선어 어이(親) : 일본어 オヤ
조선어 엄어이(母) : 일본어 アマ(牝·兒)

조선어 엄어이에 대한 일본어 アマ는 여성에 대한 최고형어(最古型語)로서 실상은 빈아(牝兒)의 암아이의 전와어(轉訛語)이다. 어전(御前)으로 쓰는 オマエ는 옴아이 그대로로써 오마니 혹은 오매 등과 동일어음(同一語音)이다. 그는 마치 여계(女系) 중심인 신대적(神代的)인 시대에 여성이 고귀한 지위를 독천(獨擅)하던 때에 기원되어 후대에는 이여(爾汝)와 동격으로 도태된 바일 것이다.

조선어 모슴아(山兒) : 일본어 オトコ

모슴아는 모슴아이로서 산아이의 산아(山兒)와 함께 남자의 생식기(生殖器)를 상징(象徵)으로 명명한 바이니 オトコ는 오독아이 즉 올아(兀兒)의 변형(變型)이다. アマ의 암아이도 옴옥한 아이라는 여자의 생식기를 상징(象徵)함인 것은 의심없다. 인칭

(人稱)과 가족과 의식주(衣食住) 등에 관하여

  조선어 울(共同家屋) : 일본어 ウチ
  조선어 우리(울이): 일본어 オレ マレ
  조선어 아지: 일본어 ウジ(氏)
  조선어 너: 일본어 ナンヂ
  조선어 누이: 일본어 ネ
  조선어 언니: 일본어 ニ
  조선어 동무(도음): 일본어 トモ

이것은 마치 일본(日本)에서 여계사회(女系社會)가 후대까지 존속하고 가장측(家長側)에 대하야 B행어(行語)가 붙게 되었던 형적(形迹)같으나 가볍게 판단할 바는 아니다.

  조선어 아버지: 일본어 オャジ, ジジ
  조선어 먹이: 일본어 メシ

먹이가 원시적인 통칭(通稱)으로 밥 등에 대한 전기어(前期語)일 것이다. 밥에대한 공통어(共通語)가 없으니 밥은 조선(朝鮮)에서 후생어(後生語)이다.

  조선어 고름: 일본어 コロモ(衣)
  조선어 누비: 일본어 メヒ
  조선어 바눌: 일본어 하리 ハリ
  조선어 몬(古語): 일본어 モノ(物)

원시적인 의식주(衣食住)에 관하여 공통어(共通語)를 가진 것이 표명된다. 자연계에 대하여 하늘(後生語) アメ(天), 어메 즉 모(母)의 전형어(轉型語)일 것이다. 이미 서술한 アジメ의 가사

(歌詞)는 성모(聖母)의 아지어의 사상(思想)으로 천주(天主)를 의미한 것은 オモシロイ의 면백전설(面白傳說)이 암스러이의 조선계어인 것과 같다. 천(天)에 관하여 전연히 다른 분화어(分化語)를 가진 것은 민족분화(民族分化) 이후의 일일 것이다.

조선어 들(古生語): 일본어 ツチ(壤)
조선어 따: 일본어 ダ(田)으로 변화
조선어 벌: 일본어 ハヲ

논(古語 低地?)과 노(ノ)(野) 등은 이미 언급한 바이다. 산(山), 수(水), 천(川), 강소(江沼), 호(湖), 천(泉), 도(島), 일(日), 월(月), 성(星), 운화(雲火) 등과 그 작용에 관하여 공통어(共通語)를 가졌고 다음에 채(菜), 근(根), 초(草), 과실(果實) 등과 그 중 각종명칭에 관하여 많은 전와어(轉訛語)를 가졌다. 어듬의 アツム, 가리(狩獵耕作)의 カリ, 끄슬의 クスブル, タク(焚)의 때와 ドル(取)는 덜(減), ヘル는 헐(毀), ノル(乘)는 널, ツム(積)는 둠, 부(富)의 トミ는 덤(益), マドマリ는 모듬어리, 그리고 マレ는 멀(遠), タマニ는 드문, フルイ는 버리(棄) 등의 전화 대신된 바가 이로 번거롭게 설명할 바아니다.

금축(禽畜)의 명칭은 가장 많이 공통되니 매거(枚擧)[250]치 말고 アミ의 얼미, ヅルギ의 둘르기, ヤリ의 열, ヤイパ(刃)의 얇, ホコ의 박 등처럼 고무기(古武器)에 있어서 공통된다. 인체에 있어 중요한 부분에 공통어가 있으되 가옥(家屋)의 중요부분에 동일명사(同一名詞)를 과(課)한 바 있어서 이 때문에 인체와 가옥과 우주에 대한 사상(思想)의 연결을 깨닫게 한다. 두부(頭部)의 アダマ는 으뜸으로 박 혹은 대갈이 천(天)을 의미함과 동일하다. 양(樑)의 ハリ는 필의 전와(轉訛)로 들보와 동일한 어의(語意)

---

250) 낱낱이 들어 말하다.

요, 주(柱)의 ハシラ는 바칠의 전와(轉訛)로 발에서 그 유운(遺韻)이 있고 동(棟)의 ムネ는 문의 전와(轉訛)이니 명문(命門)은 우합(偶合),[251] 꽁문은 흉(臀)의 고어(古語) 문으로 한마루의 마루와 동일한 뜻을 취한 것이니, 동(棟)이 흉골(臀骨) 즉 척추골(脊椎骨)에 비의(比擬)됨을 알 것이다. 연(椽)의 ユカリ는 섯가레의 변형(變型)으로 늑골(肋骨)의 가리와 공통되며 복(腹)의 ハキ는 배 혹은 밸의 전와(轉訛)로써 원야(原野)에 비의(比擬)됨을 알 것이다.

영쇄(零碎)한 대조(對照)에도 가옥(家屋)이 소우주(小宇宙), 우주(宇宙)는 대자아(大自我)로 지나(支那)에 있어 인신백체(人身百體)로써 천지만상(天地萬象)에 대비(對比)하는 도가사상(道家思想)과 공통되고 조선소(朝鮮素)로서는 지내천(地乃天)과 인내신(人乃神)적인 애니미즘으로부터 최고의 종교철학에까지 확충될 수 있는 특수한 문화체계를 이루는 것이다(『조선일보』, 1930년 4월 1일, 4면).

○ 1930년 4월 1일 대학구성론

조선에서 농민대학의 필요성을 강조하며 농림에 관한 지식과 기술, 실습교육을 역설하고 있다.

○기자: 대학 하나 쯤을 기어이 우리 손으로 가져야 하겠다는 것은 절대 필요한 일인 줄 압니다. 그러기에 7~8년 전에 우리 선도자(先導者)들 손으로 이 운동이 구체적으로 일어났던 것인 줄 압니다. 그러나 불행히도 부득이한 특수사정으로 일시 좌절이 되어 왔으나 이것은 하루 급히 완성시켜 놓아야 그

---

251) 우연히 맞음.

로부터 우리 신문화의 연구와 지도이론의 통일과 각 방면 우수한 인재의 양성을 꾀할 수 있어 건설사업이 바로 될 것인 줄 압니다. 선생의 이에 대한 견해는 어떠하십니까?

○안재홍: 민립대학 운동은 퍽은 좋습니다. 그러나 그의 실현은 매우 어렵습니다. 그의 어려운 사정은 경제적으로, 정치적으로 간단하지 아니합니다. 그러나 조선인이 그 자신으로 대학 하나를 가져야 좋은 일은 말하기를 기다릴 바가 아니니 꼭 하여야 하겠다면 범연(汎然)한[252] 민립대학보담도 조선농민대학을 하나 만들어야 할 줄 압니다. 신흥한 국가에서는 신흥 계획에 의한 특수대학을 가졌고 군정기에 있는 국민은 군관학교를 가진 것은 각각 그 특수한 정세에서 나온바라 하면 우리 사회는 마땅히 75%가 넘는 1,700만에 가까운 농촌의 농업민을 지도교양하기 위한 농민대학이 있어야 할 것입니다. 민립대학은 그 꾀하는 바가 매우 거창하지만 농민대학이야 그처럼 엄청난 경비가 필요하지 않고 실현될 가능성이 충분합니다.

○기자: 이제부터 선생이 세운 바 그 농민대학 건설의 프랜 중 조직론이라도 말씀해 주세요. 우선 명칭은 무엇이라고 붙이는 것이 좋겠습니까?

○안재홍: 농민대학을 건설하기로 하고 그 소요 전답(田畓)을 15정보(町步)로 하여 매평 70전 강(强)으로 3만 2천 원, 임야 10정보에 매평 15전 꼴로 4천5백 원 건설비로 3만원 같은 건설비로 1만원하면 합게 7만 7천5백 원이나 절약할 여지가 상당히 있을 것입니다. 그외 또 적립금으로 7만 2천 원이 요한다면 15만 원의 자금으로 우선 학교 하나가 될 수 있을 것입

---

252) 광범위한.

니다. 이것을 절약하자면 10만 원으로도 될 수 있으니 전답과 임야를 훨씬 줄이고 건물을 질소(質素)하게[253] 하면 될 것이다. 좀 유족하게 하자면 20만 원이면 족할 것입니다. 그러나 절약을 쫓아하는 것이 더 가능성이 있겠지요. 과목은 농림에 관한 지식과 기술 특히 그의 실습경험과 조선농업과 농민정세에 합치하기를 가장 유의해야 할 것입니다. 그리하여 그 의식적 계발뿐 아니라 기술적, 일상 처사적(處事的) 제방면에 걸쳐 선량한 동무가 될 인재를 양성하도록 힘써야 할 것입니다.

○기자: 되도록 적은 시간과 적은 경비로 다방면 인재를 많이 양성해 내는 것이 우리네 당면 목표일진대 대학설치하는데도 완급이 있어서 가향 의과·이과 같은 단과학부는 되도록 뒤미쳐 곧 한다든지, 공과·상과 같은 것도 한목끼어 설치를 한다든지 그에 대한 견해는 어떠하세요?

○안재홍: 다 좋지마는 농민대학 이상 단과대학 혹은 공과·상과는 결국 이상론이 될 것으로 봅니다.

○기자: 그 다음 직제는 어떻게 하겠습니까? 가령 총장제라면 총장에는 어떠한 인물을 추대하고 대학유지 경비를 내는 독지가는 어떻게 대우하며 교장과 이사와 평의원 등은 어떤 방면으로 끌어오고 외국인 교수의 초빙이나 대학교수 양성 등은 어떻게 할 것인가 윤곽만이라도 지적해 주세요.

○안재홍: 직제까지 말하는 것은 너무 치기가 많은 일입니다. 교장이건 학장이건 과장이건 그것은 오히려 형식문제이고 어떻게 조선인의 장래와 조선농민의 장래를 위하여 무명봉사자

---

[253] 소박함.

로 그의 동무가 되고 형제가 될 근실유의(謹實有爲)하고 순도적(殉道的)인 교원과 교수를 얻느냐가 문제일 것입니다. 농민대학보다 농민대학 선생 양성이 앞설 것입니다. 경비내는 독지가는 그 견식 여하에 따라서 학교수뇌자의 일원이 되어도 좋고 그렇지 않으면 영구히 기념할 어떠한 방식이든지 그것이 어렵지 않겠지요. 그리고 외국인 교수도 꼭 필요한 자리에는 초빙도 하려니와 교수양성은 외국에 파견유학자 또는 동지의 상호 마탁(磨琢)[254]으로 그 일정한 기풍, 정조를 양성하며 그 실제지식과 기술을 경험해서 얻는 것입니다.

○기자: 네, 알았습니다. 그러면 대학의 수업연한은? 그리고 그 중에서도 가장 주력을 넣을 학과 같은 것은?

○안재홍: 수학 연한은 3년, 2년 혹은 1년 등 농한기 이용 특설과 주력은 농민교도과(農民敎導科)로 하고 그들의 기술적 지도, 일상생활의 고문 및 의식의 개발, 따라서 장래의 진보를 위하여 그 양호한 소지(素地)를 만드는 것이어야 할 것입니다. 다만 무명봉사자가 되기를 목표로 너무 조급하게 서두르지 말아야 할 일입니다(『삼천리』 5호, 1930년 4월호).

○ 1930년 4월 2일 일선동조론(日鮮同祖論) 비판

지명의 비교를 통해 일본의 근간 민족은 조선계 인민이며, 그 문화의 기축은 조선소가 바탕이 되었음을 강조하고 일부 학자들이 곡학아세(曲學阿世)하는 일선동조론(日鮮同祖論)을 비판하고 있다.

---

254) 갈고 닦음.

신사(神事) 무축(巫祝)으로부터 고대 정법(政法)에 관련되는 많은 전와어(轉訛語)를 가진 것은 모든 일본의 근간민족(根幹民族)이 조선계(朝鮮系)의 인민이며, 그 문화의 기축(機軸)은 조선소(朝鮮素)로 된 것을 증명하는 바이다. 그러나 그족칭(族稱)을 조선어에서 그 예(例)에서 처럼 예계(濊系)의 인민이 대부(大部)로 이주한 것이다. 조선 옛지명에 어지탄(於支呑)이 익곡(翼谷), 수을탄(首乙呑)이 서곡(瑞谷), 매탄홀(買呑忽)이 수곡성(水谷城)인 등의 예에서 タニ의 곡(谷)이 예계(濊系)인 고구려어와 동일한 증거이다. 오사함달(烏斯含達)이 토산(兎山)이니 함달(含達)의 하다는 달(達)과 같이 산 혹은 고지(高地)이거니와 오사(烏斯)는 ウサギ의 토(兎)와 유사(類似)하고 십곡성(十谷城)의 덕돈홀(德頓忽)은 돈(頓)이 곡(谷)인채로 덕(德)은 십(十)의 ドウ와 유사하다.

옹천(甕遷)이 옹진(甕津)인 예(例)처럼 두미천(斗尾遷), 월계천(月溪遷)의 천(遷)은 ツ(津)의 일본어가 이에서 전와(轉訛)함을 알 것이다. 이 모든 점은 일본에 대하여 한계(韓系)의 인민도 태고로부터 이주하였고 추후로는 북방에서 대거 남하하기 시작한 북의 이름을 가지는 예(濊)의 인민들이 그의 군씨(君氏)을 아울러 대거 도항(渡航)하였다. 그리하여 그들의 선진적인 문화소(文化素)는 일본상대(上代) 국가 생활상에 중대한 계단(階段)을 이룸에 미쳤을 것이다.

신사(神事)와 제축(祭祝)을 비롯하여 존귀한 방면이 전혀 조선소(朝鮮素)로 형성된 것은 이제 더 긴 설명을 요하지 않는다. 그러나 무도(武道)를 중심으로 한 중요언어가 조선소(朝鮮素)이니 궁시(弓矢), 검(劍), 창(槍), 모(矛)의 명사가 조선계 언어인 것은 표명된 바이다. 무(武)의 ダケ가 딱딱(武猛)의 전와, 전투(戰鬪)의 タタカイ가 다닥을 어울의 전화(轉化)로서 종합어이다.

전술한 바에 의하여 신화, 전설, 신사(神事), 법속(法俗), 정치, 산업, 군사, 가족과 기타 옛문화의 기반 위에서 발전한 모든 것이 조선소(朝鮮素)로 된 바인 것은 드디어 의심할 바가 아니다. 그것이 대륙으로부터 해양에 진입하는 민족이동의 결과에 의해 일본의 전역이 그 정축(停滀), 취합(聚合)의 고장으로 되었던 것을 입증하는 것이다. 이에 그 이동의 유래와 그 문화성장의 일반(一斑)을 별견(瞥見)할 필요가 있다. 최근 소위 곡학아세(曲學阿世)의 어용학자(御用學者)들이 그 본말(本末)을 전도(顚倒)하고 흑백(黑白)을 혼효(混淆)하는 것은 대체로 결국 무용한 일일 것이다(『조선일보』, 1930년 4월 2일, 4면).

○ 1930년 4월 3일 동방문화와 조선소

고대에 바다를 통해 남해로 가는 3가지 길을 제시하고 조선민족이 3차례의 돈좌(頓挫), 즉 좌절을 겪었음을 밝히고 있다.

 창해국(蒼海國)으로 별칭(別稱)한 예(濊)가 훈춘(琿春) 방면으로 두만강 밖 해삼위(海蔘威)까지 가는 해안지방(海岸地方)에 있었다는 설(說)은 수긍할 수 없다. 강릉(江陵)을 중심으로 한 강원도 동안(東岸)에 있었다 하더라도 평양(平壤)방면의 위우거(衞右渠)의 세력을 배척은 할 수 있으나 거기서 태악준령(泰岳峻嶺) 천여 리의 이역(異域)을 지나서 요동(遼東)에 예(詣)[255]하여 내속(內屬)[256]한다는 것은 있기 어려운 일이다.
 그리고 서기 128년에 이 일이 있었다면 서기전 108년에 한(漢)의 침입군이 위우거(衞右渠)를 죽이고 사군(四郡)을 둘 때 보담 20년 먼저의 일인데 서기전 97년에 사기(史記)를 마친 사마천(司馬遷)이 어찌하여 예거남려내속(濊居南閭內屬) 사실과 창해군(蒼海郡) 설치의 전말(顚末)은 가리키지 않았을까?

---

255) 도달하다.
256) 어떤 대상에 딸림.

사마천(司馬遷)의 사기(史記)가 왕왕 소략한 바 있다 하더라도 쉽게 수긍(首)할 바가 아니다. 간관천리(間關千里) 중간에 적국(敵國)을 거저 넘어가서 요동(遼東)에 내속(內屬)한다는 것은 28만 인구를 가진 예군(濊君)으로서는 거의 있지 못 할 일이다. 만일 요동(遼東)을 가지 아니 않았으면 남녀(南閭)의 예국군민(濊國君民)은 어디로 갔을 것인가?

문제는 여기에 있다. 고대에 입해남천(入海南遷)의 길을 떠나는 동방 인민의 길이 셋이 있다. 하나는 조선의 동해안으로 남하하여 강릉(江陵)과 삼척(三陟) 방면으로 조류를 이용하여 울릉도(鬱陵島)의 남방으로 회항(廻航)하여 능등반도(能登半島)로 돈하(敦賀) 방면에 상륙하던 선로이다. 하나는 석탈해(昔脫解)가 취하였던 김해(金海) 방면까지 연안을 돌아 남해 노량(露梁) 부근으로 두슴(對島)를 지나 박다(博多)에 상륙하거나 또는 해협과 해안을 우회(迂廻)하여 남부 일본 방면에 이동하는 선이다. 또 하나는 지나(支那)의 산동(山東) 방면으로부터 발해(渤海)를 물고 마한(馬韓)의 서안(西岸)을 시처돌아 구사한국(狗邪韓國)을 왼쪽으로 바라보며 그대로 두슴을 지나 관문해협(關門海峽) 부근으로 일본 본주(本洲)의 남안(南岸)에 이동하는 선일 것이다. 지나해(支那海)의 풍력(風力)을 이용하여 복주(福州)와 항주(杭州) 방면으로 일본에 직항(直航)함과 같은 것은 쉽지 않은 대모험으로 거의 실하지 못한 일이었을 것이다.

그리하여 아세아(亞細亞) 동북부에 점거(占居)한 고진인(古震人)이 그의 대륙북진의 제1기에 복희시대(伏羲時代)를 이루었고 치우(蚩尤)의 때에서 한 돈좌(頓挫)[257]한 것이다. 하상주(夏商周)의 3대를 통하여 입거빈기(入居邠岐)로부터 '분천진대점거중사(分遷進岱漸居中士)'하여 서언왕(徐偃王)의 서지하상(西至河上)으로부터 해륙내조(海陸來朝) 36국을 통어(統御)[258]함이 일대북

---

257) 갑자기 꺾임.
258) 거느려서 제어함.

진(一大北進)이며 '진병천하(秦并天下)산위민호(散爲民戶)'하는 것이 2차 돈좌(頓挫)이다.

방사서시(方士徐市)(불)은 제인(齊人)이다. 일명(一名)은 복(福)이니 서불(徐市)의 서벌(徐伐)과 유사한 것이 한 착안점(着眼點)이다. 서언왕(徐偃王)의 대기업(大基業)이 무너진 후 그의 공자왕손(公子王孫)은 진시황(秦始皇)의 허탄(虛誕)한 구선벽(求仙癖)을 이용하여 대부(大部)의 산래민호(散萊民戶)된 후생(後生)들을 거느리고 등동주(登東州)로부터 발해(渤海)를 횡단(橫斷)하고 황해(黃海)의 동안(東岸)을 회항(回航)하고 구사한국(拘邪韓國)의 남안(南岸)을 거쳐 일찍부터 성식(聲息)[259]을 통하던 동남(東南)의 삼도(三島)로 영구(永久)한 신천지(新天地)를 찾았다.

한무제(漢武帝)때에 와서 진역(震域)의 사정이 그들에게 공개되자 그 진출의 세력이 더욱 맹렬하여 창해군(蒼海郡)이 언론(言論)될 만큼의 대재액(大災厄)이왔던 것은 제3차적인 대돈좌(大頓挫)라고 보아 반드시 기교(奇矯)[260]함이 아닐 것이다. 이때에 당하여 미미한 가운데 벌서 대륙북진(大陸北進)의 우익(羽翼)을 치면서 일어나는 것은 압록강(鴨綠江) 곡지(谷地)에서 세력(勢力)을 잠축(潛蓄)하는 고구려(高句麗) 인민이었을 것이다. 입해남천(入海南遷)의 길을 떠나는 것은 서시(徐市)과 기준(箕準)과 비슷한 동해지빈(東海之濱) 가섭원(迦葉原)을 근거로 하였던 남려(南閭)[261]의 예(濊)의 인민이었을 것이다.

(『조선일보』, 1930년 4월 3일, 4면).

---

259) 사람들의 입에 오르내리다.
260) 색다르고 이상함.
261) 남쪽 마을.

○ 1930년 4월 4일 남해 암각화의 의미

남해 암각화는 옛 진인(震人)이 남긴 회화 기록으로 일본 문화 발전에 기여했으며 조선민족은 4번째 좌절을 겪지만 조선소는 중국 문화 발전에도 큰 영향을 주었음을 강조하고 있다.

〈사진 6〉 동방문화와 조선소 (『조선일보』 1930. 4. 4)

남해암벽(南海岩壁)에 새긴 문자가 있다. 그것과 서불(徐市)의 입해사적(入海事蹟)이 조선(朝鮮)에서 흔히 연결되는 것은 흥미 있는 일이다. 혹은 만연(漫然)히 서불과차(徐市過此)라고 전(傳)하고 또는 서시초배일출(徐市超拜日出)이라는 고전문(古篆文)이라고 해석해낸 선유(先儒)가 있다. 그러나 오인(吾人)으로는 도저히 수긍할 바가 못되고 그는 결국 고진인(古震人)이 해도이주(海島移住)의 시기에 남겨두고 간 회화기록(繪畵記錄)에 부호기록

(符號記錄)을 가미한 암석기록(岩石記錄)에 지나지 않는 것이다.

원시인(原始人)의 표현본능은 상형문자의 선구(先驅)인 회화기록 혹은 부호기록에서 시작되어 현대사학(現代史學)의 최고한 배종(胚種)으로 되는 것이다. 이는 희랍인(希臘人)의 권투기술(拳鬪記述), 오스트레일리아인의 거수기술(巨獸記述), 묵서가(墨西哥)와 중남아메리카(中南亞米利加)의 암간(岩間)에 남아있는 회화기술(繪畫記述)이 모두 동일한 것이다. 북해도(北海道)의 암간(岩間)에는 고대 숙신인(肅慎人)의 침입전승(侵入戰勝)의 기록을 남겼으며 동옥저(東沃沮)의 장법(葬法)이 장십여장(長十餘丈)의 대목곽(大木槨)을 공동으로 사용하여 각목여생형(刻木如生形)이 엄연한 회화기록이다.

또 상형문자의 선구(先驅)이니 단군시대(檀君時代)에 신지씨(神誌氏)가 서계(書契)를 맡았다는 것은 그으, 긁, 그리고 글 등의 어의(語意)와 함께 자못 진적(真的)한 소식(消息)을 전한 바일 것이다. 남해의 암석문자(岩石文字)도 역시 그 편린(片鱗)이니 도(圖)의 좌단(左端)은 짐지고 딴짓하며 발뻗쳐 앞서가는 인물이다. 그 다음은 대생지형(對生枝形)으로 시자형(市字形) 비슷하게 한 것은 과지맥수(果枝麥穗) 등 농예작물(農藝作物)의 종자이며 그 다음은 두각(頭角)이 참연(嶄然)한 우필(牛匹)로 무슨 짐을 실은 것 같다. 그 다음은 최고(最古)부터 중요한 가축으로 그 가족의 일부처럼 되던 가견(家犬)의 따름이라고 해석할 수 있다.

곡종(穀種)과 가축을 가진 바에 그 안주할 땅을 찾아 해양천리(海洋千里) 새로운 나라로 이주함이 고대에 있어 감격(感激) 많은 일이었을 것이다. 이는 반드시 서불기배일출(徐巿起拜日出)의 해석을 빌리지 않더라도 반도(半島)의 동안(東岸)과 그의 남단(南端)까지 지나 창파천리(蒼波千里)를 달아나는 자의 감회(感懷) 많은 암석기록(岩石記錄)으로 된 바일 것이다. 이러한 것은 박연암(朴燕岩)의 허생부(許生傅)에서도 그 비슷한 소식(消息)을 찾을 수 있다.

조선어에 강해도과(江海渡過)하는 고장을 노들이니 나루의 한 변형(變型)일 것이다. 한역(漢譯)하야 노량(露梁)이 되니 강해각지(江海各地)에 지금도 산재(散在)한 지명이다. 일본에 능등반도(能登半島)가 있어 ノウトゥ로 일컬으니 한노들이오, 탄(灘)을 ナタ이니 현해탄(玄海灘)도 그 하나이며 박다(博多)의 이름이 탄진(灘津)으로 ナタツ이니 현해(玄海)를 건는 상륙지(上陸地)로 한 노들이다. 일본어의 어의(語意)는 육(陸)에서 멀고 물결이 거친 해로(海路)라 하나 그것이 한 노량(露梁)인 것은 부인할 바 아니다. 동해안의 삼척(三陟) 방면에서 떠나는자 능등(能登) 지방에 가니 천일창(天日槍)과 같은 이는 그 대표적인 인물로서 대국주명(大國主命)과 영지경쟁(領地競爭)함을 전하는 것이 하나이다.

혹은 운읍(員泣)(우눕=大關嶺)산의 동방(東方) 가슬라(迦瑟羅)의 강토(疆土)로부터 떠나 신라육부(新羅六部)에서 신건설(新建設)의 의도(意圖)도 들어내며 월성동용궁남(月城東龍宮南)에 가섭불(迦葉佛)의 연석(宴石)의 예처럼 남부 가섭원(迦葉原)의 기업(基業)도 개창(開創)하여 보며 혹은 연오랑(延烏郎)과 세오녀(細烏女)의 일정은현(日精隱現)의 전설(傳說)을 남긴 해막인 영일(迎日)로부터 남해의 도서(島嶼)를 헤치고 그늘에 풍랑을 피하면서 ナタツ인 노들에 배대이고 박다(博多)의 ハカダ로 지명을 붙이면서 ヒンカ의 일향(日向)에 가서 출항지(出航地)의 고음운(古音韻)을 추억(追憶)도 하였을 것이다.

대륙의 풍진(風塵)이 더욱 격심(激甚)할때 이러한 대이동은 형세(形勢)의 필연이었을 것이다. 대화(大和)가 ャマト이니 ャマゥド라는 산인(山人)의 음의(音意)가 있어 해국고도(海國孤島) 고유한 해양인에 대한 대륙의 산악민(山岳民)이라는 신주민(新住民)의 자부심(自負心)을 붙인듯도 보인다. ゥネビ의 동남(東南)이요 カシハヌ이요 또 아사달(阿斯達)(伐)의 범칭(汎稱)이 있고 고천원(高天原)의 신화(神話)에서 환국서자적(桓國庶子的) 전설(傳說)

의 고형(古型)을 머무르는 것은 역사의 대조(對照)가 흥미있다.

그는 어찌하였던지 정천(井泉), 가슬라(迦瑟羅), 실직(悉直), 음즙벌(音汁伐), 고이(古陁), 우산(于山), 압량(押梁), 대가라(大加羅), 사벌(沙伐), 일직(一直) 등 예한(濊韓) 여러 나라의 음운(音韻)은 비교지명학으로 중요한 의의(意義)를 가지는 자들이다. 이리하여 그들 문화의 본질이 조선소(朝鮮素)로 되었다. 추후로 고구려(高句麗)의 말년이 북진 제4차의 대돈좌(大頓挫)로 되며 혹은 사비성(泗沘城)의 몰락이 백제인(百濟人)의 종국의식(宗國意識)으로 산통해참(山痛海慘)의 불타는 분한(憤恨)을 일으킬 때에도 그 이주민이 가지고 간 문화는 항상 그들에게 다소의 기여를 준 바일 것이다. 그들의 문화는 조선소(朝鮮素)로써 본질을 이루고 당송(唐宋)의 염료(染料)로 윤색(潤色)되고 태서(泰西)[262]의 문화로써 대성(大成)하는 도중에 있는 것이라고 하겠다.

그러나 그들은 선주민(先住民)인 아이누가 본주방면(本州方面)에 번식(繁殖)하였고 인도지나인(印度支那人)과 인도네시안과 네그리트의 여러 종족이 취합(聚合)되었다. 또 다수의 한족(漢族)이 혼혈되었으며 천일창계(天日槍系)와 남녀계(南閭系)의 한예(韓濊) 여러민족이 그 근간수뇌(根幹首腦)의 부(部)를 형성하였을 것이다. 앵글로 색슨의 영국인이 같은 튜튼족인 독일(獨逸)과 적대하고 동일한 슬라브에 불가리아와 유고가 빙탄(氷炭)같이 지내는 것은 인세(人世)의 악착함이 원래 이와 같다(『조선일보』, 1930년 4월 4일, 4면).

○ 1930년 4월 5일 조선사 구명의 가치

조선상고의 역사는 세계사적 보편성에 따라 성모시대(聖母時代)와 단군시대(檀君時代)가 존재했으며 이후 기아리 시대를 거치면서

---

262) 서양(西洋).

겨레와 국가의 형성을 통해 동방문화 발전에 기여했음을 강조하고 있다. 또한 기자동래교화설(殷箕子東來敎化說)과 일선동조론도 비판했다.

  오인(吾人)은 이상 역론(歷論)한 바에 의하여 말하려 하던 바를 대체로 말한줄로 믿는다. 또 이것은 다소의 사력(砂礫)[263]도 그 사이에 섞였을망정 일정한 보옥(寶玉)이 이 속에 있는 것을 믿는다. 아득한 원시시대(原生地)로 믿던 고장의 혈족사회의 소박한 생활로부터 비롯하여 여계(女系) 중심의 성모시대(聖母時代)로부터 신정본위(神政本位)와 병교혼합(兵敎混合)의 시대인 단군시대(檀君時代)를 지나 그의 역사의 태(胎)속에서 자라나서 부족으로부터 민족의 결성을 나타내고 겨레 즉 민족의 어룬인 해씨(解氏)로 칭하는 일자시대(日子時代) 즉 기아리의 시대를 거쳐 통치자로서는 걸인 임검의 출현을 보고 고을의 정치는 드디어 나라 조직의 출현을 보게까지 된 사정을 표시하게 되었다.
  나라도 날아이의 촉음(促音)인 날아로써 일자사상(日子思想)의 한 이형(異型)으로 된 바임은 부인(否認)할 수가 없게 되었다. 그리고 성(性)을 중심으로 한 혈족사회에서 비롯한 조선 선민(先民)의 역사가 수집경제(蒐集經濟)와 수렵경제(狩獵經濟) 시대로부터 목축농업의 차제(次第)로 발달함을 만나 필경은 사재산제(私財産制)의 성립, 영토관념의 확정과 걸, 굿간, 어라하, 머리간 등의 제왕을 의미하는 집정자(執政者)의 출현으로써 근대식 민족국가의 완성을 보기까지 사회진화의 제계단를 검토 천명하고 겸하여 진인(震人)의 생활을 통하여서만 볼 수 있는 특수문화의 종종상(種種相)과 비슷한 것이다.
  그러나 이러한 특수문화의 종종상(種種相)과 한가지 비교적 뚜렷하게 나타나는 것은 허구한 연대를 통하여 점층적 진보를

---

263) 모래와 자갈.

이룬 사회진화의 제단계이다. 그리고 이 조선 상대사(上代史)를 통하여 전세계 인류 문화사의 진상(眞相)이 얼마큼 그 매몰(埋沒)되었던 일면상(一面相)을 이 동방의 인민에게도 나타나게 된 것이다. 흩어져있는 조선의 문헌과 조야(粗野)한 오인(吾人)의 견식으로는 거의 불가능의 일이나 세계의 사회발달사상의 유일한 전형으로 된 희랍상대사(希臘上代史)의 면목을 조선상고사(朝鮮上古史)에서도 60~70% 그려낼 수 있는 것은 부인할 바가 못 된다. 그리고 이로써 가장 명백하여진 것은 성모시대(聖母時代)의 존재, 단군시대(檀君時代)의 확고한 과학적 단정(斷定)은 은기자동래교화설(殷箕子東來敎化說)의 파괴(破壞)요, 해씨조선(解氏朝鮮)의 출현과 그 활동은 조선특수문화의 창성과정(創成過程)으로써 가장 민족 고유적(固有的) 색채(色彩)와 정취(情趣)와 그 본질을 표하는 것으로 조선의 문화와 그 역사를 발생 초기부터 그 전생명(全生命)에 관하여 대부(大部)를 지나문화(支那文化)에 부용(附庸)[264]시키려는 절대적 오류를 파쇄(破碎)하고 도리어 조선선민이 동방문화의 창성(創成)과 발육의 도정에 매우 존귀한 기여가 있는 것을 천명(闡明)하게 되는 것이다.

이것은 과거(過去)의 일인 채 실상은 현대 민중생활(現代民衆生活)에도 중대한 영향을 미치는 것이다. 또 하나는 조선과 일본의 전대(前代) 관계사에 있어 항상 그 본말(本末)을 전도(顚倒)하는 바 있고 심하면 학구적 양심을 교란(攪亂)케하는 곡필(曲筆)을 밟는 바 있는 있는 터이다. 이러한 것은 대체로 그 진적(眞的)한 소식만이라도 비슷하고 무계(無稽)한 두찬(杜撰)[265]과 허구(虛構) 등이 쓸모없는 것임을 깨닫게 하는 바라고 믿는다. 더욱이 조선과 일본의 긴밀한 혈연관계의 표명은 현하에 있어 반갑지 않은 일로 해석된다.

혹은 그 결과에 있어 예상 이외의 방면으로 이용되는 바 있

---

264) 남의 문화에 기대어 따로 서지 못함.
265) 출처가 확실하지 않음.

을 것을 기우(杞憂)할 편도 없지 아니하며 이는 매우 무용(無用)한 일일 것이다. 현재에도 금택(金澤) 박사의 『일선동조론(日鮮同祖論)』의 출판을 비롯하여 저네들의 어떠한 기획적인 저술은 금후 끊일새 없을 것이다. 성대학파(城大學派)라고 명명될 경성제대(京城帝大)의 학자들을 중심으로 조선학(朝鮮學)에 관한 학구적 혹은 정략적(政畧的) 연구와 발표, 그 주장이 멀지않은 장래에 내외의 학계를 풍미(風靡)하려는 바 있는 사정에 돌아보면 사학(斯學)에 유의하는 학도들은 실로 자자(孜孜)한 구명(究明)과 열열한 주장으로 무용(無用)한 애체(碍滯)[266]에 국척(跼蹐)[267] 하지 말아야 할 것이다. 이는 지나(支那)와 일본에 걸쳐 그 자유(自由)인 검토(檢討)를 시도하여 고기(顧忌)[268]가 필요하지 않다.

요컨대 조선사의 구명(究明)에 인하여 동양 역사상 조선민족이 극히 중요한 지위에 있는 것과 그의 문화에 대한 존귀한 기여가 있는 것과 극동 여러 나라 사이에 있어 조선인에 대한 인식과 그 정치문화적 여러 관계가 당연히 환신(換新)[269]되어야 할 역사적 한 출발점이 되는 것이며 세계문화(世界文化) 사상(史上)에 었어서도 동일한 인식과 그 인과(因果)를 가져와야 할 것이다.

끝으로 부기(附記)할 것은 본 관견(管見)을 서술하는 동안은 예상 이상의 속무(俗務)의 분망(奔忙)으로 항상 심소잔등(深宵殘燈)[270]에서 그 공총(倥偬)[271]한 집필을 하였다. 더구나 전편(全篇)을 통독하고 교정(校整)하는 겨를이 없었기에 문의(文意)의 고삽(苦澁)[272]하고 잡박(雜駁)[273]함과 또는 소루당착(疎漏撞

---

266) 걸려서 막힘.
267) 두려워서 삼가다.
268) 꺼림.
269) 새롭게 바뀌다.
270) 깊은 밤 희미한 등불.
271) 바쁜.
272) 매끄럽지 않다.
273) 뒤섞임.

着)²⁷⁴⁾의 점이 적지 아니하였다. 이는 앞으로 수교정정(修校訂正)의 날이 있기를 기약하는 바이다. 특히 독자제씨에게 사고(謝告)²⁷⁵⁾하노라(『조선일보』, 1930년 4월 5일, 4면).

○ 1930년 4월 22일 근우회 전국대회 역사 강연

근우회 전국대회에서 역사 강연을 했다.

근우회(槿友會) 전국대회를 오는 19일, 20일 양일간 천도교 기념관에서 열고 근우회 본부에서는 목하(目下) 준비에 심히 분망(奔忙) 중인 바 동 대회에 제출할 지방지회의 건의안과 대의원 씨명 같은 것은 속히 본부로 송치하여 주기를 바란다 하며 대회가 끝난 뒤에는 22일부터 제2회 부인강좌(婦人講座)를 개강할 작정인데 장소는 수표정 조선교육협회(朝鮮敎育協會)요 강사 씨명은 아래와 같다.

조선역사 안재홍 통속법률 김병로 논리학 서춘 경제학 홍성하
조선어철자법 신명균 국제정세 이여성 사회학 김현준 부인문제 배성룡
(『조선일보』, 1930년 4월 6일, 2면).

○ 1930년 4월 24일 제3회 조선물산바자대회

조선물산 바자대회에 참석해서 축사를 했다.

---

274) 거칠고 앞뒤가 맞지 않음.
275) 감사하다.

바야흐로 인기는 이에 집중하였고 일반은 그 개막을 손꼽아 고대하던 제3회 조선물산(朝鮮物産) 바자대회는 드디어 24일 오전 10시부터 열리게 되었다. 세계적 긴축시대(緊縮時代)는 닥쳐왔다. 우리의 경제력은 우리의 힘으로! 그리하여 조선의 물산을 이 천만 동포는 사용하자!라는 의미심장한 표어로 조선중앙기독교청년회(朝鮮中央基督敎靑年會) 주최 아래 조선물산장려회(朝鮮物産獎勵會) 협찬과 중앙번영회와 본사의 후원으로 개회되는 제3회 물산 바자대회는 24일부터 3일간 시내 종로 중앙청년회관(中央靑年會舘)에서 개막하게 되었는 바 금년에는 작년에 열렸던 대회에 비하여는 더욱 진보적(進步的) 색채(色彩)가 현저하여 참가한 점수로만도 숫자적으로 10여 점이 증가하였다 한다. 해마다 잘 나가는 이 대회의 넓은 회장 안에 진열(陳列)된 우리의 물산은 과연 얼마마한 발전을 하고 있는가? 이에서만 엿볼 수 있는 절호한 기회라 하겠다.

　짧지 않은 오랜 역사(歷史)와 동서에 찬란한 조선 고유의 물산만 넓은 대회장 안에 가지각색으로 정연하게 진열(陳列)된 금번 대회는 작년에 비하여서 더욱 양(量)으로나 질로 진전하고 있는 것은 누구나 한 번 보아두지 않을 수 없을 것이다. 더구나 모든 것이 비약한 우리의 처지에서 해마다 경제적으로 몰락 과정을 밟아가는 우리 산업과 기계공업이 발달되지 못한 조선에서 이 대회가 과연 해마다 얼마나 발전하는가? 또 어떠한 물산이 관람자의 눈앞에 전개되는가 함은 실로 흥미 있는 문제 일 뿐만 아니라 조선의 물산을 연구하고 그를 상려하는 의미에서도 적지 않은 큰 수확이 있을 것이라 한다. 그리하여 빛나는 우리 물산을 일반 민중적으로 소개하기 위하여 참관료(參觀料)는 10전 평균으로 정하고 학생과 단체에 한하여는 그 경우에 따라 적당한 요금으로 할인하리라는 바 특히 일반 남녀 학생이 많이 참관하기를 바란다 한다.

개회식 순서

금번 제3회 전조선물산장려바자대회 개회식은 24일 오전 중에 윤치호 씨 사회와 신흥우 씨 개회사로 김인석(金麟錫) 씨가 독창을 하고 내빈으로 이종린(李鍾麟), 박승직(朴承稷), 안재홍 씨의 축사가 있으리라 한다.

(『조선일보』, 1930년 4월 24일, 2면).

○ 1930년 4월 26일 언론 집회는 완화되지 않는가

보안법과 집회 취체령 등에 의해 언론활동과 집회가 제약을 받는 현실을 비판하고 있다.

조선에 있어 당면한 요구로 언론·집회·출판·결사의 자유를 구한다. 이것은 실로 일반 민중의 절실한 요구이고, 움직여서 멈추지 않는 사회의 정세가 그것을 요구한다. 그러나 작년 겨울 이래 학생의 동요를 중심으로 시국에 상당한 파문이 있어온 이후 언론·집회 등에 관하여 얼마큼 그 반발적 간섭이 있는 것은 부인할 수 없다. 경향 각지의 신간회(新幹會)·근우회(槿友會)·청맹(靑盟)·노총(勞總)·농총(農總) 등에 관하여 대체로 그 집회 금지의 방침을 일관하고 혹은 부분적으로 개최되는 기자단의 집회에도 동일한 방침을 적용하는 형편이며 물산장려의 선전행렬도 또 동일운명을 만나게 되었다. 무릇 일정한 동요가 있은 후 그러한 반발적 간섭이 오는 것은 물리(物理)[276]의 상정이라고 하겠으나 그러나 조선의 문제는 반드시 현명한 고려가 있어야 할 줄 생각된다.

언론집회의 억압이 사회진화에 큰 장해되는 것은 일반적으로

---

276) 모든 사물의 이치.

아는 바이다. 다만 그를 억압하는 이들이 어떠한 특수한 정책, 사상의 수립과 침점(浸漸)을 위하여 그 억압을 합리화하고 시대민도(時代民度)의 고저를 운위하여 언론과 집회의 정책을 변호하는 바이다. 그러나 권병(權柄)을 잡은 편의 견해는 항상 어떠한 선입관적인 편견에 입각하여 시대와 민중의 정태(情態)를 바르게 보는 것을 결하는 때가 퍽은 많다. 그리하여 백보를 물러와 비판한다 할지라도 항상 소의 뿔을 고치기에 소를 죽이는 과오에 빠지는 수가 많다.

오늘날 조선은 벌써 갑신정변과 같은 인민 자각의 발자국을 내디디기 시작한 이래 40여 년을 지났고 경술변국을 지난 지 20여 년에 이미 운동과 작년 이래의 사건을 치르고 중간 대소의 여러 사건을 겪어와서 회전(回傳)하여야 할 시국을 앞에 놓고 이미 적지 않은 사려와 경험을 가지고 있다. 이러한 조선사회에 대하여 오직 일관하는 간섭과 억압으로 하여 사회의 암류(暗流)[277]가 이면에 잠행하고 왕왕히 발로되니 중대한 형태에 달아나게 하는 것은 위정자 측으로 보아서도 무엇이 득책(得策)[278]일가 판단할 수 없는 바이다

오인은 이제 최근에 금알(禁遏)[279]을 만난 모든 사실이나 또는 현하 조선이 아니고서는 볼 수 없는 법익의 침해 받고 있는 모든 사실을 여기에서 더 열거하려 하지 아니한다. 그러나 조선의 정세가 일률적 억압으로 누구에게나 아무 수확이 있기는 커녕 오직 비상한 근심과 고통만이 이 조선사회에 자라나감을 아는 바이다. 오인은 런던의 공원이나 뉴욕의 거리에서 온갖의 주장을 마음대로 외치는 저들 영미류의 언론·집회의 자유가 조속히 실현되리라는 믿음의 너무 우원(迂遠)한 것은 차라리 잘 아는 바이다.

그러나 조선과 같이 심한 집회·언론의 정책은 그 실례가 드문

---

277) 겉으로 드러나지 않은 불온한 움직임.
278) 훌륭한 계책.
279) 억눌러 막음.

바인 것을 부인할 수 없다. 오늘날의 조선 식자는 이미 합법이냐 비합법이냐를 그 운동의 수단으로 공연히 토의하려 하는 도정에까지 왔다. 그럼에 불계하고 문제되는 집회취체령(取締令)과 보안법 등 비법적인 법례에 기대여서 오직 표면의 무사만을 유지하려는 것은 실로 그 병폐의 근원이 되는 것이다. 최근 수년 역전하는 조선의 시국을 목격하면서 오인은 그 광명을 못보는 사회의 장래를 퍽은 우려·암시하고 차라리 수탄(愁嘆)[280]하고 고사(苦思)[281]하였다. 그러나 작금 이래 오히려 그 전환됨을 볼 수 없는 것은 위하여 은우(隱憂)[282]를 풀지 못할 바이다(『조선일보』, 1930년 4월 26일, 1면).

○ 1930년 4월 29일 『조선 최근세사』 권두사 (1)

이선근이 쓴 『조선 최근세사』에 서문을 썼다. 성모시대와 단군시대, 기·지·치의 도시국가, 삼국과 발해 시대에 대해 서술하고 있다.

조선민족은 동방문화 창시자의 하나이다. 역대의 화란(禍亂)이 그 문헌의 산일(散逸)[283]을 이룬 바가 많으나 그 족제(族制)·민속에 남은 바와 단간구비(斷簡口碑)로 전하는 것에서도 오히려 반만 년 선민생활의 뚜렷한 자취를 찾아낼 수 있다. 아득한 태고 여계 중심의 원시적인 시대를 성모시대라하여 소박한 신사(神事)중심인 혈족사회의 생활양식을 방불케 하니 아진의선(阿珍義先)이 석탈해(昔脫解)를 보육하고 선도성모(仙桃聖母)가 혁거세(赫居世)왕을 잉양(孕養)하였다는 것은 이를 이름이다.

---

280) 근심과 탄식.
281) 괴롭게 생각함.
282) 깊은 근심이나 걱정.
283) 흩어져 일부가 빠져 없어짐.

아사달과 음즙벌(音汁伐)의 지명·국명이 모두 그 여운을 전함이다. 사회가 남계 중심으로 전환되고 병교혼합(兵敎混合)이 차차 진보된 생활양식이 형성되니 원생양(原生壤)이요, 또 천평(天坪)으로서의 배어들의 사회가 형성하게 되니 덩걸-왕검은 단군왕검을 의미하는 바로서 이 시대의 군장이요, 백아강(白牙岡)과 태백산·평양·부여로부터 패하(浿河)·비류(沸流)의 모든 명칭이 모두 단군시대의 문헌으로 가치있는 바이다.

단군시대는 남계중심으로 족장정치가 행하던 시대이다. 중앙에 대백산(大白山)을 기대어 당시 정치의 총연원을 지었으니 붉따-왕검으로도 설명되는 단군이 천제요 탈해대감(脫解大監)에서도 징빙(徵憑)되는[284] 따감은 지방수장이다. 이 시대가 자못 유구하여 천수백 년에 뻗치니 사회 민도가 서서히 앙진(昂進)하는 바 있었다. 씨족의 장으로부터 부족의 수장으로 되고 필경은 민족집단의 군장에까지 생장된 것은 기, 지 혹은 치의 활동이 사회의 중추기능을 장악하였기 때문이다.

기의 장상(長上)으로 된 자 해씨(解氏) 왕조를 처세(處歲)에 건설하여 후세 소위 기자조선(箕子朝鮮)의 신시대를 지었으니 일자 왕권이 인민 통솔의 합리화를 변호하던 시대이다. 천자의 존호가 흘로 한토(漢土)에만 빛날 바 아니었다. 여기에서 은(殷)나라 기자동래 교화설은 전연 말살되는 바이다. 부여와 고구려 상대(上代)의 모든 역사는 이를 징(徵)하기에 족하다.

단기 이전 수천백 년의 역사는 그 문헌이 너무 간솔하나 원생지로 든 곳에서의 원시적인 사단(社團)의 생활로부터 촌락정치를 겪고 군(郡)정치를 지나서 원시적인 공산사회가 종언을 고하고 사유재산과 영토와 주권등 근대 국가의 삼요소가 성립됨에 미친 것은 명백한 사리(事理)[285]이다. 이 근대국가 성립의 선개(先開)를 이룬 것은 만주의 평야, 송화강의 곡지에 그 근거를 잡

---

284) 증명하는 재료.
285) 일이 이치.

은 부여였다. 그에서 분해된 고구려의 성장을 필두로 백제와 신라가 차제로 건국되어 이에서 삼국의 시대를 출현케 한 것이다. 고구려의 5부제는 비록 군국전진적(軍國戰陣的) 조직이나 부족연합의 생성된 과정을 여실하게 보이는 것이다. 백제의 5부제는 고구려와 동질의 것이며 신라 6부의 민주적이던 회의의 정치는 모두 다 역사사회의 전형적인 발전과정을 설명함이다.

삼국시대의 대체의 형세를 일별하건대 만주와 한반도의 대륙에 걸쳐 동명성제(東明聖帝)의 대통을 이으며 연호를 세우고 강병을 길러서 북방 열국을 연맹하므로 한토의 국가와 각축한 고구려는 국풍을 숭상하며 자존(自尊) 적극주의를 대표하는 자이었다. 동남의 일각에 국척(跼蹐)하여 만사가 저절로 후진적이매 특수한 국속을 보유하면서도 어느덧 한화적 경향을 농후하게 되었던 신라는 일종의 소국 안분주의(安分主義)를 대표한 것이었다. 전자에 있어 태조대왕·광개토왕·을지문덕·연개소문 등이 얼마큼이나 자존파적이며, 후자에 있어 태종왕·김유신과 더욱이 최치원·설총 등이 어떻게나 한화파적이던 것은 적사자가(蹟史子) 반드시 공인할 바이다. 그러나 연북남하(聯北南下) 정책으로 동방에 웅비하려던 고구려가 필경 도궤(倒潰)[286]되어 그의 만한 통일대국가건설의 운동은 드디어 대돈좌(大頓挫)[287]를 이루고 원교근공(遠交近攻)의 약삭빠른 정책으로 연당통삼(聯唐統三)의 기도에 부심하던 신라의 운동은 결국 발육불량의 필연의 길을 밟았으니 고구려의 몰락과 그의 50만 인민의 참화는 실로 조선민족사상의 최대 액운으로 진인(震人)의 통일 대운동이 천재에 회복되지 않는 대지장을 오게한 것이다. 백제가 먼저 넘어지고 고구려도 뒤쫓아 무너진 후 신라의 통삼운동(統三運動)이 이미 발육불량의 상태에 빠졌는데 대륙의 우환이 더욱 크고 해양의 세력은 또 생장되게 된 것이다.

---

286) 넘어짐.
287) 사업이나 기세가 꺾임.

발해가 다시 만주에 일어나매 우선 남부해안권 요지를 많이 잃어 벌써 고구려 당년과 비교할 바가 아니었고 하물며 신라와의 관계는 드디어 건너설 수 없는 역사적 구거(溝渠)로 되어 만한 분열의 경향이 고정되었고 발해까지 몰락함에 이르러서는 민족적 대손실이 영원한 결정적으로 되었던 것이다(『조선일보』, 1930년 4월 29일, 4면 1단).

○ 1930년 4월 30일 조선 최근세사 권두에 서함 (2)

이선근이 쓴 『조선 최근세사』에 서문을 썼다. 고려시대 자주파와 한화파의 갈등을 언급하고 조선시대에 대해 비판적으로 서술하고 있다.

만주와 조선은 서로 떨어질 수 없는 형세이다. 만주와 조선에 걸터 앉은 때 천하의 풍운을 휘두를 것이요, 둘이 서로 떨어지매 조선은 드디어 천하의 풍운에 휘들릴 것이다. 고구려의 만한통일 대국가건설운동의 대돈좌는 실로 조선전대사상 최대한 사변으로 발해 태조가 그의 300만의 인민을 다시 규합하여 5경 16부 62주의 대기업을 일으켰으나 2백 년이 다 못 되어 드디어 몰락을 이룬 것은 비통한 필연이라할 것이다.
고려 태조 신라의 말년에 일어나 후백제를 아우르고 신라를 합하여 통삼의 극이 재연되매 대륙 북진 적극의 경륜을 품어 평양 천도의 계획도 세우고 30만의 광군(光軍)을 편성하여 고구려의 대기업을 극복하고 조선 만세의 장책을 거의하려는 바 있었으니 거란이 대병으로 침입할 때 강조가 30만의 웅병으로 통주에서 맞이하여 격퇴할 때 병거(兵車)의 풍성을 극하였고 강감찬의 귀주대첩에도 군용(軍容)[288]의 성함이 근대의 희유(稀有)한 바이었다.

윤관(尹瓘)·오연총(吳延寵)의 북방경략에는 17만의 병원을 출동한 바 있었으니 그 국력의 일반을 엿볼 것이다. 그리하여 고려의 대를 통하여는 고구려와 신라로 대표되던 것과 같은 자존 적극파와 한화안분파의 대립과 힐항(頡頏)을 보게 되었다. 묘청(妙淸)·윤언이(尹彥頤) 등 국풍파적인 인물들이 평양 천도와 칭제자존을 고조함에 반하여 김부식을 수령으로 한 한화파의 인물들이 경알배격(傾軋排擊)으로 필경 서경의 난을 격성(激成)하고[289] 서경이 패하는 날에 자존파운동에 돈좌를 생겼으며 몽고 백년의 화액은 전대미문의 사건이다. 20년의 방어전에는 무려 50만의 인민을 잃었으며 소위 난류역당(亂類逆黨)이 그동안에 누출하여 조선사상 희유한 괴란시대를 출현하였다. 회고(懷古) 세력이 드디어 꺾이매 자존 적극 대륙북진의 운동을 대표하는 자는 최영과 그의 일파이었다. 한화와 소국안분의주의를 대표하는 자는 이성계와 그 추수의 일파이다. 요동평장(遼東平章) 왕익(王益)의 조선 귀부(歸附)도 한 장 삽화이었고 최영의 요동극복 운동도 허사가 되어 최영이 넘어지고 정몽주도 죽어 이성계가 한양조의 기업(基業)을 개창하매 소국안분주의는 그대로 고정되었다. 그들은 대외 경쟁을 단념하여 친명의 정책이 전혀 굴종적으로 되매 거국일치의 종국의식은 소마(消磨)되고[290] 산업을 국내에 일으키어 주차(舟車)가 해외에 항통(航通)하는 국민적 기풍은 좌절되고 유교 편중의 교화정책은 국풍의 경폐(輕廢)외 한 가지로 숭외한화(崇外漢化)의 경향을 촉급(促急)하게 했다.

도학 편중의 결과로 과학기술과 산업생리의 도를 전혀 천시하게 되어 저하(低下)하는 형세가 일찍이 만회되는 바 없던 것이

---

288) 군의 상태.
289) 세차게 일어남.
290) 사라짐.

다. 밖으로 한사숭경(漢士崇敬)의 정책을 국가 만년의 안전한 장책(長策)으로, 안으로 구안(苟安)한[291] 생활이 드디어 사회적인 중심으로 되니 봉건쇄국의 필연적 부산물은 그 소농 본위의 분산적인 경제적 조건과 함께 가계 본위적인 사쟁적 당쟁이 거의 그 최대한 관심사로 되었다. 지방주의적인 산만한 의식이 인민의 혈관에 침점(侵漸)[292]하게 되어 세계에 있어서는 국제적 색맹화하고 역내에 있어서는 가족지상적인 소시민화한 것이 한양조 전시기를 통하여 일치된 대세였다.

대륙의 세력이 이미 호대(浩大)하게 되었거늘 해양의 세력이 또 암연히 생장하니 삼국의 시대에도 전혀 경철(輕徹)한 바 아니었다. 고려의 말엽에는 자못 심상치 아니하였으며 임진의 역은 그의 일대 발월(發越)이다. 국제적 색맹일새 그를 선견선처(先見善處)[293]하지 못 하였고 구안(苟安)의 기습(氣習)[294]은 조총(鳥銃)을 군창(軍倉)에 던져두다 다년에 그 군국적 활용을 책(策)한 바 없었다. 임진 일역이 중대한 역사적 전기인 것을 국민적으로 각성치 못한 것이 일대재액(災厄)이다. 병자의 역[295]에는 오직 그 전철을 거푸한데 지나지 않는 것이다. 병자 이후 국민적 분분(忿憤)[296]의 기세가 저으기 높고 영조·정조의 대에 문예부흥을 일컫는 신기운이 몰아 조선아(朝鮮我)에 눈뜨고 민중적 자위를 기도하는 기풍이 생동 되었으나 적폐(積弊)의 나머지가 대성(大成)하기에는 오히려 고뇌였다. 여기에 있어 홍경래(洪景來)가 관서(關西)에서 반란하고 삼정의 난이란 것이 남북 각지를 소연(騷然)[297]하게 한 것은 시대의 변동이 이미 단순한 바 아니다.

---

291) 한 때의 편안을 꾀함.
292) 침투하여 스며듦.
293) 먼저 보고 잘 대처함.
294) 기풍과 습성.
295) 병자호란.
296) 분노.
297) 시끄러움.

전통의 권력은 그 경중을 알아보게 된 바이며 밖에 있어 태서(泰西)[298]자본주의의 신문명이 동점의 바퀴를 세게 몰아 오백년래 굳게 닫힌 허술한 문호를 사납게 두드리는 자 있었으니 남동의 해상에는 이양선의 출몰이 신흥한 해양세력과 한 가지 정체를 모를 일대불안으로 된 것이다. 북으로 두만강 밖 연해 지방에는 청안자수(靑眼紫鬚)[299]의 사람들이 코사크의 철기(鐵騎)에 채질하여 내륙통상의 강요를 하는 것이 모두 다 미지의 위하(威嚇)[300]로만 되었던 것이다(『조선일보』, 1930년 4월 30일, 4면 1단).

○ 1930년 5월 1일 조선 최근세사 권두사 (3)

이선근이 쓴 『조선 최근세사』에 서문을 썼다. 개항 이후 일본의 발전과 조선의 소극적인 대응과 좌절 과정에 대해 비판적으로 서술하고 있다.

행운인 자 있고 비운인 자 있으니 한 개인에게 그러하고 한 민족에게도 그러한 바이다. 조선이 극동의 동부에 위치하여 상하 반만년에 자못 풍운변환의 곡절 많은 역사를 가졌으니 민물교통의 충(衝)에 있어 동방문화 창시자의 하나로서 중요한 역사적 기여를 한 것은 그 행운을 말함이다. 만몽의 대륙이 중국의 은부(殷富)함과 연접하여 굴강걸오(倔强桀驁)한 자 그 사이에 일어나니 조선이 첫머리로 그 화란을 겪는 것은 비운의 큰 자이었다. 또 일본은 해양의 나라이다. '해도묘망(海島渺茫) 굴혈심원(窟穴深遠)'이라고 고대의 배외학자(排外學者)들의 일컬음과 같이 전

---

298) 서양(西洋).
299) 푸른 눈에 붉은 머리털.
300) 위협.

대(前代)에 있어서는 초연히 해도(海島)의 속에 전거(奠居)[301]하여 영맹한 대륙의 풍진도 소문으로만 듣고 앉아서 그 정력(精力)을 잠축(潛蓄)하는 별천지를 이루었다. 서양세력이 동점(東漸)함에 미쳐서 유럽과 미국의 함대가 일찍부터 사면의 해문(海門)을 건드려 임신역의 이전 벌써 태서문화의 영향을 받았으니 전대에 있어서는 견당사(遣唐史)의 두절이 스스로 국민문학과 종국의식을 함양하게 하여 자존의 정신이 그 기반을 굳혔다.

후대에 있어서는 덕천(德川) 삼백 년의 쇄국에도 오히려 무비(武備)[302]를 갖추고 산업을 권장하며 잠추묵이(潛趨默移)하는 신문화의 맥동(脈動)이 그윽히 명치유신의 역사적 소지(素地)[303]를 주비(籌備)[304]하고 있었다. 조선이 서북에 대륙이 막히고 동남에 도국(島國)으로 가리워 스스로 적극 진출함이 아니고서는 천성(天性)한 은자국(隱者國)으로 될 밖에 없음에 비하여 일단 행운의 나라임을 시인하지 아니할 수 없는 바이다. 1864년은 19세기의 하반기에 속하여 동서열국이 모두 다사한 추이였으니 철종(哲宗)왕의 뒤를 이어 고종제대(高宗帝大) 통(統)을 잇고 대원왕이 그 집정의 국면에 당하던 것이 이 해이다.

중국은 아편전역과 영불과의 전쟁을 지내고 홍수전(洪秀全)의 태평천국(太平天國)도 종언(終焉)을 고하던 때이다. 일본에 있어서는 구미와의 수교가 열리는 한편 영불미란(英佛米蘭)의 함대는 장주번(長州藩)을 교공(交攻)하던 즈음이었다. 대원왕이 강과영민(剛果英敏)한 자질로 다시 국태(國太)의 존(尊)[305]을 자(藉)[306]하여 누세적폐(累世積弊)의 정국에 임하니 이것이 조선

---

301) 머물러 삶.
302) 군비.
303) 밑바탕이 됨.
304) 어떤 일을 미리 계획하고 준비함.
305) 높임.
306) 의지하다.

최근세사의 개막이요, 반만년 역사가 흥체(興替)³⁰⁷⁾의 관령(關嶺)이다.

안으로 훈척의 발호를 꺾고 토호완유(土豪頑儒)의 방사(放肆)³⁰⁸⁾함을 물리치며 재정을 이정(釐正)³⁰⁹⁾하고 군대를 혁신하여 국위의 선양함을 실현하니 그는 근대 한출(罕出)의 영걸(英傑)이다. 집정 10년의 역사가 파란중첩 풍운전변의 국면이었고 동양의 정국이 또한 장래 비상한 변국을 배태(胚胎)하는 제회이었다. 고종 3년 프랑스 함대의 내침에 조선 상하로 하여금 밝게 세국(世局)의 격변함을 깨닫고 진작부터 개국 진취와 특립자강(特立自强)의 기를 삼았던들 금일의 조선은 전연 판이한 지위에 있었을 것이다. 그도 이미 불능하였고 쇄국양이(鎖國攘夷)의 고루한 정책이 가국(家國)을 그르쳤으니 오호 누백년래의 골병에 든 병폐이어니 어찌 창졸(倉猝)³¹⁰⁾의 대회전을 기하랴?

서양의 노도(怒濤)가 도도히 해빈에 부딛히거늘 노(老) 대제국의 기울어가는 타력(惰力)³¹¹⁾이 오히려 이 반도의 생장의 병을 이고 신흥해양의 세력은 기화가조(奇貨可措)³¹²⁾의 책동을 부렸다. 이 뒤로부터 고종 13년 조일수호조약은 조선에 있어 아무 개국진취의 실(實)을 나타내지 못하였고 21년, 1884년 갑신정변(甲申政變)이란 자 또 봉건층의 사람들의 음모적인 개혁극(改革劇)의 비애한 장면으로 되었으므로 31년(1894년) 갑오동학란이 민중항쟁의 동란의 국면으로 되어 드디어 일청전역(日淸戰役)의 대사변으로 되매 극동의 국면이 전도 변환함에 처하여 조선은 다만 그 엄엄(晻晻)한 기식(氣息)³¹³⁾을 토하게 되었으므로

---

307) 성쇠(盛衰).
308) 방자(放恣)하다.
309) 바로 잡음.
310) 갑자기.
311) 버릇이나 습관이나 힘.
312) 뜻밖의 이익을 얻을 좋은 기회.
313) 기운.

일로의 역이 세계를 시끄럽게 함에 미처 결정적인 형세는 드디어 만회할 수 없게 되 것이다.

낭자(曩者)[314] 삼국 시대에 고구려는 그 정통의 세력을 포용하고 다시 한토와 서역의 문화를 섭취하여 그 부강한 무위의 힘과 한 가지 진인(震人) 특유의 웅려한 문명을 건설하는 도중에 있었더니 그가 문득 무너졌다. 발해 2백 년의 빛나던 꽃도 필경 지하에 묻혔으며 신라와 고려의 수려하던 문화는 오직 천박한 실천도덕의 사도(使徒) 한화종(漢化宗)의 소정치가들에 의하여 점차 그 종적을 감추었다. 세종대왕의 문교상의 위업과 영종·정조의 대의 조선학의 발흥도 미처 그 대성을 보기 전에 일진풍뢰(一陣風雷)가 그 번복의 자취를 씻어 지나가게 된 것이다. 우주가 원래 무정(無情)하여 조선에게 백 년의 딴 기한을 빌리지 아니 하니 오호 이 후진(後進)의 건과(愆過)[315]를 말함이다. 그러나 이 역사에서 오는 사실을 정관(正觀)하고 세국의 추이를 엄찰(嚴察)하여 스스로 그 다난한 관애(關隘)[316]에 행진하는 것이 조선청년의 천연한 약속일 것이다. 이선근씨는 신진의 사(士)이다. 일찍 해외에 나가 사학을 공하고 돌아와 붓을 조선일보에 잡으매 공총(倥傯)[317]한 틈을 타서 조선 최근세사를 저술하니 대원왕 집정 10년 간의 파란 많은 사안을 소개하고 비판함이다. 그 고거(考據)[318]가 자못 해박하고 논단이 또한 긍경(肯綮)[319]에 맞으니 크게 사계의 양저(良著)임을 추천한다. 이제 그 간행함에 임하여 일필로 그 권두에 첨하는 바이다. 그러나 이 책을 읽는자 반드시 그 깊은 관감(觀感)[320]이 없을 수 없을 것이다.

---

314) 지난 번.
315) 허물.
316) 곤궁함.
317) 매우 바쁨.
318) 참고하여 근거로 삼음.
319) 사물의 가장 긴요한 곳.
320) 눈으로 보고 마음으로 느낌.

1930년 4월 회일(晦日)[321] 조선일보 누상(樓上)에서 민세학인 기(記)

(『조선일보』, 1930년 5월 1일, 4면 1단).

○ 1930년 5월 1일 삼천리 설문조사

잡지 『삼천리』의 3가지 질문에 답을 했다.

제씨(諸氏)의 성명(聲明)
1. 선생은 민족사회주의자(民族社會主義者)입니까?
2. 선생은 실행가(實行家)·학자(學者)가 되겠습니까?
3. 선생은 사상상 누구의 영향을 가장 많이 받았습니까?
경성 평동(平洞) 안재홍

1. 나는 한 주의자로 자신을 국한하는 것은 즐기지 않는 일입니다. 원래 기분으로는 역사와 연쇄와 사회의 정세에 굳건히 입각한 일개의 인생상도를 언제나 최선한 태도로 걸어 나가자는 일종의 생활 원의(原義)를 가지고 있습니다. 그러한 의미에서 만근(輓近)[322]에 걷고 있는 길은 계급적 처지를 가까이 바라보는 일개의 민족주의자입니다. 아마 이 경향은 상당히 자리잡힌 경향이라고 믿습니다.
2. 학구가 될는지 실제 운동가가 될는지는 나 자신으로 결정할 수 없습니다. 현재와 같아서는 학구로서 시국에 대한 일정한 이론의 근거와 체계를 세우는 것이 필요할 것 같습니다. 그러나 언제고 꼭 학구로만 그치겠다고 결심하였거나 또는 결심할 생각은 없습니다. 다만 실제 운동을 하게 되더

---

321) 그믐날.
322) 최근에. 근래에.

라도 학구적인 진지한 이론의 근거를 떠나고 싶지는 않습니다.
3. 근자에 어느 개인에게 큰 감화를 받은 것은 없습니다. 그러나 일생을 일관한 실제투쟁가요 우월한 이론적 지도자로된 민중의 선구자가 제일 많이 나를 감화시킬 것입니다(『삼천리』6호, 1930년 5월).

○ 1930년 5월 1일 세가지 큰 병통

 유교의 3가지 병폐를 언급했다. 사대에 빠지고 조선에 대한 자부심이 부족했으며 과학과 기술을 천시하고 당쟁에 몰두했다고 비판했다.

 한양조 오백 년 동안 유교를 숭배한 나머지 시방 들추어 말할 것은 그다지 좋은 것이 없다고 생각합니다. 간단히 잘라 말하면 삼국 말년부터 시작한 유교사상이 고려에 와서는 드디어 조선에 있어오던 조선마음과 조선생각을 대신하여 정치상의 권리를 잡게 되었습니다. 쉽게 말하자면 유교를 숭배하는 패가 곧 조선의 권리를 잡고 꼰대짓을 하게 된 것입니다. 그리하여 그들은 남의 나라와 맞결어서 벗고서 새워나아가는 기운이 꺾이자 이 유교를 다리 놓아 중국을 터무니없이 숭배하고 겁을 내었으며 한편으로 조선에 내려오던 모든 생각과 풍속을 함부로 바꾸기만 하고 같은 종교라는 데 있어서도 유교만을 주장삼아 다른 모든 종교와 사상과 학설을 모두 누르고 막고 구박을 준 까닭에 일반 생각은 그대로 시들고 잦아져버려 활발한 기상은 머리를 쳐들지 못하게 되었으며 유교의 한 실천하는 조건인 부모에게 효도, 임금에게 충성한다는 껍데기 도덕만을 너무 치우치도록 숭상한 탓과 벼슬하는 것만이 존귀하고 재주를 내어 일한다든지 무엇을 만드는 과학과 기술과 사무를 보는 것 같은 것은 모두 다 천하고 나쁘게 대접하는 버릇이 박혔기에 그들의 정치상 실수와 아울러서 과학과 기술과 무슨 공업의 발달 같은 것이 많이 멈추어지게 되었습니다. 그리고 무엇보다 가장 큰 손해로 말하자면 이렇게 남의 나라와 겨뤄서 시새워하는 것을 다 버리고 온갖 사상을 막아서 홀로 세력을 차지하고 모든 재주와 일하는 것을 천대하며 혼자 갸륵한 체 하는 지위를 오래 가진 탓으로 얼마 아니가서 큰 근심을 놓아 잗달은[323] 명리를 다투고 사회 백성 민중을 시달리게하면서 하찮은 당파싸움에 골이 빠지게 된 것입니다.

　이것을 줄여 알기쉽게 말하자면 첫째, 남의 나라만 대단한 줄 알고 조선이 장하다는 생각을 업신여겼습니다. 둘째, 너무 모든 사상을 막고 과학과 기술을 천대하여 정신상으로나 물질상으로 사회문화의 자라나는 기운을 시들고 꺾이게 한 것입니다. 셋째, 그렇게 밖으로 남의 나라와 시새고 근심하는 일이 없고 안에서는 모든 사상을 막아버리어 홀로 날뛰게 된 결과 마음 놓고 앉아 쓸떼 없는 잗달은 당파싸움에만 골병을 들이게 된 것입니다. 이 모든 것은 온 조선사람이 한가지 생각을 하고 한가지 길을 뚫고 나가려고 애를 태우며 힘껏 일하고 재주를 내어서 피땀을 흘려 살아나가는 동안 언제인지 그것이 다 없어지고 고쳐진 것을 깨닫게 될 것입니다(『조선농민』 43호, 1930년 5월호).

○ 1930년 5월 1일 명사기벽전람회(名士奇癖展覽會)

안재홍의 글쓰기 버릇을 소개하고 있다.

　안재홍씨가 무슨 말을 할 때에 어―소리를 잘하는 것도 요전에 본지에 잠깐 소개하였지만 그는 글을 쓸때에 이상한 기벽(奇癖)

---

323) 아니꼽고 좀스럽다.

이 있다. 원고지를 펴놓고 먼저 필점(筆占)하는 사람 모양으로 무슨 글자이던지 생각나는대로 써서 그 글자가 좋은 자가 나오면 그대로 쓰고 만일 부자(不字)나 물자(勿字) 또는 아닐 비(非)자같은 무슨 부정적인 글자가 나오면 그만 원고지를 찢어 버리고 붓을 던졌다가 시간을 기다려 다시 시작한다고 한다(『별건곤』 28호, 1930년 5월호).

○ 1930년 5월 1일 농민대중에 대한 기대와 희망

농민에 대한 3가지 기대와 희망을 언급하고 있다. 허욕을 내지 말고, 배우기에 힘쓰며 단결이 필요함을 역설하고 있다.

조선농민 여러분에 게나로서 말하고 싶은 것이 몇가지 있습니다. 아마 이 글이 실리는 『농민』을 손에 들게되시는 분은 조선농민중에는 아주 가장 막막하신 분들이 이니겠기에 더욱이 말하고 싶은 것을 말하려고 합니다. 싱거운 듯 매우 필요한 일이라고 생각하는 몇가지입니다.
　첫째는 농민 여러분이 너무 바쁜 생각으로 어떠한 허욕을 내어서는 아니되겠습니다. "우리네는 농민이니까" 하고 너무 자기를 업수히 여기고 온갖 것을 희망 밖으로 생각하는 이는 아주 문제가 될 수 있으니 그런 분은 더욱 사람으로서 이른바 새시대의 주인공이 될 농민대중의 한사람이라고 크게 자각하시는 것이 좋겠습니다. 그 밖에 내가 가만히 보고 듣는 것은 농민들 중에 조금 귀와 눈이 열린 분들 중에는 어서 바삐 자기도 돈을 많이 벌고 호강하고 지내는 사람이 되려고 그야말로 자기의 힘으로 벌고 자기들의 길에서 어긋나는 짓을 하는 수가 많습니다. 이것은 조선농민이 결단하는 많은 원인 가운데 중요한 원인이 될 것입니다. 그러므로 어려운 농민으로 된 것을 한동안 급작스러이 억지로 면할수 없는 일인 줄로 미리 알아차리고 우선 순직하고 부지런히 농민으로 고생의 고개를 순히 당하기로 하고 거기에서 모을 수 있는 대로 푼푼히 모아보려 하고 배울 대로 조금씩 배우기로 하고 단결할 대로 자꾸 단결해 나아가야 할 것입니다. 이것은 첫째 자기가 가지고 있는 처지를 두루두루 잘 자각하여서 동떼게 바쁜 짓을 하지 말고 떳떳한 길을 나아가라고 하는 것입니다.

둘째는 배울대로 배우기에 힘쓰라는 것입니다. 첫째 위에서 이미 말하였지만 배운다는 것은 반드시 깊이 명심할 것입니다. 학사나 박사와 동갑되는 많은 지식을 가져야 비로소 사람노릇을 하는 것이 아니요, 진실하고 정직하고 서로 도와 배반하지 말고 무슨 일에든지 크게 상식에 버스러지지 않도록 몸과 마음을 가져서 천하에 번드한 일이 있을 때 홀로 꾀 피우지 않고 나아가는 꿋꿋한 용기가 있는 이면 그것이 곧 많이 배우고 많이 아는 분일 것입니다. 그러나 그렇게 되기에는 쉴새없이 글자도 배우고 잡지나 책도 얻어보고 남의 말도 귀담아 듣고 마음에 새겨 판단해 보는 정성의 공부가 있어야 할 것입니다. 바쁘게도 날뛰지 말고 내가 무엇을 하랴하고 스스로 업신여기는 것은 천만 번 당치 않습니다. 여러분이 꾸준히 일하고 틈틈이 배우고 닥쳐오는 고생과 싸워 나가는 동안 언제인지 여러분이 기다리고 있는 그날은 여러분 앞에 찾아올 것입니다.

셋째는 단결입니다. 농민 서로서로 진실하고 정직하게 속임없고 의심없는 이들의 단결이 필요합니다. 남들이 다하니까 나도 단결하여야겠다 함이 아니요, 참으로 날마다 보고 듣고 당하고 하는 일은 단결만이 여러분의 앞길을 열어주는 것이라고 외쳐 일러주고 있습니다. 단결이 필요한 것은 더 말하지 말고 단결이 기초로 경제실력을 만들어야겠습니다. 경제의 실력이라고 하니 무슨 큰 은행·회사의 힘을 겨루거나 어떤 나라의 경제의 힘과 맞설 만큼 큰 그렇게 크고 엄청나는 힘을 만들자는 것이 아닙니다. 아무렴 그런 힘을 만들어있다면 작히 좋겠습니다만 그것은 결국 꿈이겠지요. 오직 여러분이 그 고단하고 잔약한 혼자의 힘보담은 몇백 배 만 배 될 수 있는 얼마쯤의 힘을 모으라는 것입니다.

이를테면 소비조합 같은 것은 여러분 중에 믿을 만한 몇 사람이 있어 그 방법대로 어려움을 무릅쓰고 힘써하여 나갈 것 같으면 일 년이나 해 지는 동안 언제인지 여러분의 하지 않은 힘도 티끌 모아 태산으로 제법 쓸만한 힘이 될 것입니다. 무슨 일이고 오 년이나 십 년이 되는 세월을 표준으로 하고 좀 꾸준히 나아가야 되고 안되는 일이 있는 것이지 일 년에 이태에 벌써 되고 안되는 것을 바쁘게 생각하랴 하면 까닭없이 쪼들리기나 했지 그런 짧은 동안에 무엇이 될 까닭이 없습니다. 그런고로 오 년이고 십 년이고 기한이 되기를 기다리면서 먼저 경제적으로 기초를 세워가면서 그것을 중심으로 잡아 한 걸음씩 단결하여 나아가는 공부를 하여야 할 것입니다. 여러분의 조합에 저축 되는 것이 있고 단결이 과히 낭패되지 않게 되어 가거든 그때에는 확실히 여러분의 앞길에 광명이 다가오는 것이라고 믿고 기뻐하실 것입니다. 요컨대 너무 바빠 말으시오. 바쁘기로 걸어갈 길을 뛰어만 가는 것은 아닙니다. 뛰어야 할 날은 따로이 오겠지요. 배울대로 배워가면서 언제나 그날이 마음 있는 여러분 앞에 올 것을 믿으시오. 단결하여야 합니다. 미리 왁자지껄 하시지 말고 되도록 경제의 기초를 만들어 가시오. 조합 이야기는 따로이 듣기로 하시오.(『농민』 1호, 1930년 5월).

○ 1930년 5월 2일 정주기행

남강(南崗) 이승훈(李承薰)의 동상제막식을 위해 최두선, 조만식 등과 함께 정주 오산학교를 방문해서 제막식에 참석했다.

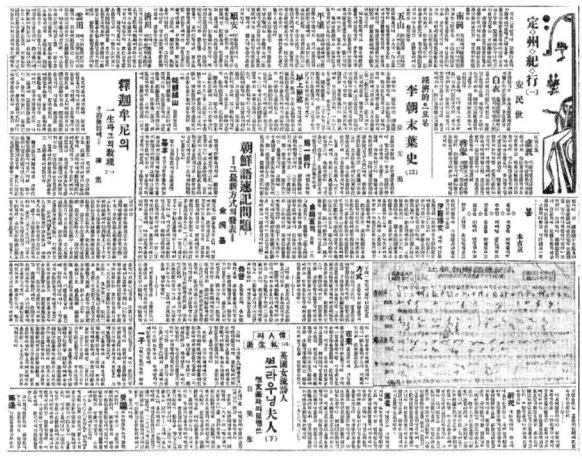

〈사진 7〉 정주기행 (『조선일보』 1930. 5. 2)

　5월 2일 밤이다. 정주(定州)행을 하기 위하여 트렁크에 옷을 담아들고 경성역을 향하여 떠난다. 5월 3일 오후 정주라면 누구나 한 가지로 생각하는 오산학교 교정에서 남강(南崗) 이승훈(李承薰) 씨의 동상제막식을 거행하게 되는 바 동교 교우회원의 희망도 있고 더욱이 평소 경모하는 남강선생에게 경의를 표하며 언제나 한번 가보았으면 하던 오산의 학원도 방문할 겸 오늘로써 이 길을 떠나기로 작정한 것이다. 정거장에 가니 이번에 동도(東途)키로 된 각천(覺泉) 최두선(崔斗善) 씨와 오산 교우이신 백봉제 씨 외 수씨가 대합실에 있다. 추후로 김지환 씨가 일부러 제절(第節)[324]를 거치어 나오셨고 출발할 때에는 김도태, 조진섭 등 오산 교우로서 경성각계에 재직하시는 세사람과 각천과 나 5인이 일행으로 되었다. 밤 열한 시 차이므로 들어가자 곳 취침키로 한다. 각천과 나만이 객례로써 예우하는 교우 제씨의 호의로 침대에서 안면하게 된 것이다. 명일에 건쾌(健快)를 즐기기로 하였다.

---

324) 남을 높여 그 집안 사람들의 형편을 말함.

쿵쿵대는 차소리와 함께 신막(新幕)을 왔다는 여객계의 말을 잠깐 들었고 밝는 새벽에 깨여보니 벌써 중화평야이다. 일어나 세수하고 양각도(兩角島) 위로 걸쳐있는 대동강 철교를 건너 평양역을 떠날 때에는 조만식, 김동원, 박치종 외 평양에서 타시는 제씨와 황해도 방면에서 오시는 안악의 김선양 씨와 신천농민학교의 경영자이신 이계천 씨 등 기타 진남포 방면에서도 오는 교육계와 도규계(刀圭界)[325]에 노력하시는 교우 제씨까지 합하여 안주행을 하는 분이 수십 인이 넘는다. 조선식 건물로 된 서평양역을 지날 무렵에는 소강(小岡)[326]의 위에 일파장림(一派長林)이 덥히고 장림의 밑창으로 고보교에 가는 형제인 것 같은 학동들의 맵시가 교외의 아침 손을 반기게 한다.

순안평야를 지나니 길에는 역시 남녀의 소학동들이 줄 나란히 서서 가는데 촌락에는 홍매화가 한참 붉었고 들판에는 백의의 농군들이 밭을 갈며 씨를 뿌리고 있다. 대체 백의를 숭상하는 것은 인습에 박힌 것이어서 넓은벌 많은 사람들이 모두 백두루미 본으로 히끗히끗 넘놀고 있다. 임진역(壬辰役)이란 독서자에게는 더욱 깊은 인상이 박혀서 중화일세 순안일세 그 당시에 관계 많던 지역을 지나려면 반드시 그 추억이 살아난다. 이윽고 안주평야를 꾀어갈 때 징철(澄澈)하여진 청천강에 한 범풍을 배불리 받으면서 목선타고 거슬러 올라가는 백의의 사람들은 이 대전장의 여겁(餘刼)에도 아주 무심하게 스스로 화중인(畵中人)을 이루고 있다. 게서 지나 한참 가니 회색의 흐린 물이 뿌듯이 흘러예는 대령강(大寧江)을 수도(水道)로 삼어 이 일대의 산하가 일층 대륙적 호막미(浩漠味)[327]를 돋아준다. 북서로 바라보매 영변(寧邊)·가천(价川) 일경 묘향산맥(妙香山脈)을 주축으로 한 줄기찬 산휘(山彙)가 형세의 웅장함을 수긍케 한다.

---

325) 의술 분야.
326) 작은 산등성이.
327) 넓은.

운전(雲田)에 가서 둘러보니 청천·대령 양강이 합류하여 황해에 조종(祖宗)하는 강구(江口)와 해만(海灣)의 왕양(汪洋)[328]하고도 표묘(縹緲)한[329] 경광이 더욱 웅대해보인다. 가고 갈수록 평야의 바깥으로 일망천리의 통창(通暢)한[330] 안계가 백만경적(百萬勁敵)[331] 도통으로 삼키면서 대륙북진 적극 활동하던 고구려인의 무대되기에 걸맞음을 알겠다. 역의 구내에는 양복에 배낭 지고 장화 신고 뛰는 일본인의 학동들이 저절로 군국적 무장미를 표시하는데 가는 이들은 바지 저고리의 학생 떼와 좋은 대조이다. 소농 본위로 된 촌락의 왜소한 초옥들과 후줄근한 백의를 펄덕펄덕 휘젓고다니는 이 땅의 인민들은 어찌한지 현대에 뒤진 산만한 생활양식을 또렷이 그려내는 것이어서 한정한 시취(詩趣)를 말하기보다 차라리 비수(悲愁)조차 자아내려 한다.

넓은 들에 이따금씩 콩크리트의 수문 장치가 있고 보기 좋게 쌓아놓은 관수(灌水)하는 또랑이 마른 논 사이를 누비어 나갔다. 듣건대 여기는 동인수리조합(同仁水利組合)의 몽리구역(蒙利區域)으로 관개(灌漑) 시설이 생긴 이후 농작이 편리하고 또 풍산(豊産)이어서 주민들의 생활이 저으기 윤택하고 시간의 여유가 많아졌다고 한다. 남는 시간을 무엇에 이용하는 가고 물으니 하는 것도 없이 놀고 보낸다고 한다. 시간은 이용하지 아니하면 반드시 악용되는 것이다. 이러한 데에는 영쇄한 자금이나마 세웠으면 농민들로 모두 일정한 부업이나 기타 산업을 위하여 정진하고 농촌계몽 운동도 그에 동무하게 함이 퍽은 필요하겠다. 소비조합이나 협동조합운동은 이런 지방에서는 맞춤일 것이다(『조선일보』, 1930년 5월 8일, 4면).

---

328) 바다가 끝없이 넓음.
329) 아득한.
330) 환한.
331) 강한 적수.

○ 1930년 5월 2일 오산의 교정

오산학교의 전경과 인상에 대해 쓰고 있다.

    칠악산(七岳山)의 다닥다닥 붙은 시꺼먼 바위 돌을 바라보며 얼마 안가서 고읍역(古邑驛)에 내리니 마침 고읍 장날로 장꾼들이 한참 모여든다. 실한 능선하나 등지고 그럴듯이 포치(布置)된[332] 오산학원(五山學園)의 크고 작은 집을 서로 바라보며 마중 나온 몇 분을 뒤따라서 허튼이야기로 뎅걸대며 논으로 둘린 길을 걸어간다. 봄비가 잦아서 수점 평호(平湖)같이 물이 실린 축동 쌓은 논뚝 위에는 땅속에서 패어낸 이탄(泥炭)의 검은덤이가 군대군대 널려 있다. 교회당이 있고 중간의 조그만 언덕 위에 하얀 벽이 산뜻한 병원이 섰는데 그의 오른편으로 저지(低地)에는 하숙촌이 새부락으로 발전되고 학교용품과 기타 일용품의 상점이 또 소부락을 이루고 있다. 회색의 교복 입은 학생들이 집집 마당마당에 웅긋증긋하는 것이 학교촌다운 기분이다. 이 하숙과 상점이 섞여있는 부락을 누비어 북으로 넓은 그라운드 위에 굿득하게 늘어선 8~9채의 절충식 건물 앞으로 들어서니 남강선생 동상기념회 엽서를 발매하는 고로 우선 한 벌 사고 콩크리트로 된 층계를 밟아 향도(嚮導)[333]되는 강당으로 들어갔다.
    교정에는 학생과 졸업생들의 애교심의 결정인 갖가지의 수목과 화훼(花卉)가 어리게 식재되었고 한□□ 홍□화가 불 붓는 듯이 피어올라 가장 강렬한 색채를 자랑하고 있다. 많은 내빈들과 담화를 주고받는 동안 남강 선생이 와서 인사하신다. 곽삭(钁鑠)하신[334] 기품에 인애 소탈한 성격 그대로를 표상하시는 그

---

332) 넓게 늘어 놓음.
333) 길을 인도함.
334) 굳세고 정정한.

풍봉(風丰)³³⁵⁾은 언제 보든지 퍽은 친애와 존경이 우러나는 정을 일으키게 한다. 임시로 정한 처소에서 한동안 휴게키로 하는데 이 지방에 이분이 계시다는 치당(恥堂) 백이행(白彝行) 노인이 88세라는 고령이심에 불계(不計)하고 학발창안(鶴髮蒼顔)의 고괴(古怪)해지시는 풍봉(風丰)으로 서울 안 소식도 물으시고 지명하는 인사들의 동정도 물으시고 해외의 정황도 듣고자 하시고 90년 생애에 하도 많은 진세열역(塵世閱歷)의 회구담(懷舊談)과 변국 전후 수십년래에 체험·목도하신 창상(滄桑)³³⁶⁾의 자취를 이야기하시면서 백성이요, 백발이요, 백의로써 비켜설 수 없는 조선의 백산족(白山族)이라고 정취 깊은 해학을 섞으시며 이 첫 대면의 속사(俗士)들을 놓아주지 않으신다.

운암(雲菴) 박문일(朴文一)씨의 문인으로 이름 높은 유자(儒子)이셨고 변국(變局)이래에는 일심으로 기독교에 귀의하여 오늘까지 오셨으며 □호(湖)라는 30리가 까운 시골에서 왕왕히 저 근이로 부르시는 남강 동상제막식에 참석하고자 도보로 오신 것이다. 왕년 나주에 갔을 때³³⁷⁾에 칠관백의(漆冠白衣)에다 지팡이 짚으신 7~8인 노선배들이 학발(鶴髮)을 나부끼며 격려와 부탁을 정녕(丁寧)히³³⁸⁾ 하시던 바에도 왕왕히 책임감을 느끼는 터인데 이제 이 노선생의 은근하신 담화는 어디인지 기픅한 감회를 자아내는 바 있다.

이윽고 점심하고 나서서 욕장과 이발관이 한 집으로 설비된 하숙촌의 한 중간을 빠져나와 다시 교정에 들어서니 넓은 그라운드의 한 귀퉁이에 자리 잡아 천막치고 탁자 놓고 제복·제모에 남색 휘장 달고 내빈과 교우들을 구별하여 홍색과 남색 휘장도 꽂아주며 순서지 쥐여주고 각각 작정된 휴게실로 향도해 보내는 청소년

---

335) 풍모(風貌).
336) 상전벽해(桑田碧海). 커다란 변화.
337) 1927년 9월 25일 신간회(新幹會) 나주지회 설립대회 참석 당시를 말함.
338) 간곡하게.

의인 학생 제군들은 일층의 생신(生新)한 활기를 풍겨준다.

　오후 1시 정각이 되어 종소리 울려나며 식장에 들어가니 교정의 한 모퉁이 두드륵 솟은 비탈을 다듬어 동상을 세우고 둘레에 가느다란 철선 금줄을 둘렀으며 밑창으로 정면 교정에는 정방형의 큰 식장을 벌였다. 500명의 고보생과 400명의 보통생을 중앙 평지로 앉히고 삼면에 내빈석은 각지로부터 내참한 기백 내빈의 좌석이다. 그밖에는 각처에서 이 희유(稀有)한 성사를 보려고 모여들은 남녀노유의 관중들이 무려 수천으로 희고 해사한 백의인(白衣人)의 대총림을 이루었다.

　서쪽으로 제석산과 남으로 남산과 동북으로 사인산(舍仁山)의 가깝고 먼 산이 파랗게 물든 첫 여름의 진한 놀에 그림같이 윤곽이 으스레한데 가벼운 볕바람에 보드러이 나부끼는 만국기의 작은 기발들의 그늘에서 이 극적인 광경은 그윽히 전개되는 것이었다. 교우 제씨로 까아놓은 식의 순서를 지내어 남강 영손(令孫)의 제막으로 모두 박수하여 경의를 표하고 기념사의 뒤를 이어 많은 분들의 축사가 끝났다. 간단한 식탁을 대한 후 핍류(逼留)하여서는 폐가 된다고 대부의 내빈들은 차시간 마쳐 떠나간다. 각천(覺泉)과 나도 떠내려는 참에 남강 선생이 만류도 하시고 오산의 학원을 모처럼 찾은 우리로서 그대로 훌쩍 가는 것이 경의도 아니라고 이날은 특히 남강 사제(私第)[339]에 투숙하여 일석청회(一夕淸誨)[340]를 듣기로 하였다. 각천과 함께 남강선생을 따라 용동(龍洞)고개를 넘고 즐비하게 들어선 교원 사택촌을 지나, 다시 논을 하나를 건너고 조그만 재를 넘어 앞이 멀직이 터진 촌락의 남강택에 들어갔다(『조선일보』, 1930년 5월 9일, 4면 1단).

---

339) 개인 집. 사택(私宅).
340) 하루 아침의 귀한 가르침.

○ 1930년 5월 4일 오산의 교정

어려운 여건속에서 청년 인재 육성에 힘쓰는 오산학교와 남강 이승훈 등의 노력에 대해 예찬하고 있다.

　5월 4일의 새벽이다. 묽어가는 잠질에 창이 이미 휘어 밝은 줄을 알겠는데 멀리 들리던 개구리 소리도 사라진 대신에 밖에서는 새 노래가 무르녹고 내정(內庭)에서는 닭 잡는 소리가 새어나온다. 게을러진 몸이 한숨 더 자고 일어나서 수세(漱洗)한 후 닭국과 고기 반찬으로 선생의 관대에 배불리 먹고 찾아오신 치당노인(耻堂老人)의 말씀을 더 듣다가 각천은 남양동으로 소성(小星) 현상윤(玄相允) 씨를 찾기로 하여, 말에 부담지어 타고 동자로 견마 잡히며 "말탄네 끗덕" 하는 어린이때 유희본으로 숲밖에 길을 나서 간댕간댕 달아나는 때 나는 정주성을 찾아 홍경래의 혈전지를 답사키로 하고 찻시간이 아직 남았으므로 조금 뒤쳐져 있는 것이다.

　다시 보기를 기할 수 없노라고 감개 깊은 작별하시는 치당노인께 오랫만에 본촌 가시는 길을 잠깐 전송하고 행장을 챙기고 옷 갈아입고 나와 촌락을 돌아본다. 남강택에서 백여 보 앞에 주위가 20여 척되는 대남수(大楠樹)[341]가 있어 누백년 수령을 가진 것이라는데 비전(祕傳)에는 남산산맥의 저 밖에 있는 해곡(海曲)의 물이 예까지 들어와서 이 나무 가지에 배를 매었다는 전설이 있다.

　서해퇴거삼백리(西海退去三百里)인지 삼만리인지 하며 정감록(鄭鑑錄)적인 전설이 서해부터 다니거니와 동편에 척량산맥(脊梁山脈)을 가진 조선(朝鮮)의 사해안(四海岸)은 하류(河流)와 요수(遼水)가 규사(圭沙)를 몰아다가 곡지를 매꾸고 해안을 돌아

---

341) 큰 녹나무.

서 물러나는 해안이 적지않은 충적토층(冲積土層)을 이루는 것이니 이러한 이야기는 흥미 있는 바이다.

남강선생과 작반(作伴)[342]하여 다시 오산의 교정에 넘어가니 이날은 일요이라 수많은 학생들은 백토로 줄 그리어 축구에 열중하는 자, 농구에 시새는 자, 철봉에 매달리어 일차이차 넘다가 그대로 달려있는 자, 활기가 우정과 함께 솟고 평화가 용장(勇壯)을 싸고 돈다. 저편 높은터의 강당에서 약간의 학생들을 모아 놓고 어느 분이 열심으로 강설하므로 무슨 일요강단이라도 있으려나 믿었더니 물어보니 그는 보결생들을 위하여 수학의 보강을 하는 것이라고 한다. 학교의 건물은 8~9채나 되는데 높은 언덕에 대강당이 있고 그 다음으로 각교실이 있으며 화학교실의 설비는 경성에서도 거의 예가 드물만큼 장치가 완전하다. 교원이고 학생이고 나가서 갈 곳이 없으므로 이처럼 학교에 모여 놀고 혹은 밥을 싸서 등산도 하며 학력(學力)이 부치는 학생에게는 그와 같이 보습을 시키는 것이라 한다.

제석산을 주산으로 남산과 사인산의 모든 산이 사위에 둘러섰는데 중간에 평야가 벌어지고 부근에 평강눈록(平岡嫩麓)이 삼면으로 돌아서 더부룩한 어린 송림이 귀인 있게 덥혔으며 동으로 고읍역에 통하는 평야부에는 통창한 기색이 훨쩍 터졌으니 이 고장이 천성한 학원지로 되었다. 정주(定州)는 관서(關西)의 문화향(文化鄕)이다. 예전에는 경의소(經義所) 들여 두고 경의과(經義科)를 보이든 고장이니, 교정의 서북 모퉁이 창연한 고건물은 즉 경의소 이래의 묵은 집으로 금후에는 강서실(岡書室)로 만들어 영구히 보전키로 할 방침이라 한다. 이곳은 원래 한촌(寒村)[343]이다. 그러다 남강선생의 반생의 분투가 오늘날의 번영한 학원지로 변화하게 된 것이다.

순종(純宗) 융희(隆熙) 원년에 개연 감오(感悟)한 바이어 경의

---

342) 길동무로 삼아.
343) 가난하고 쓸쓸한 마을.

소의 옛집에 8인의 유발생(有髮生)을 모아 가르진 것이 오늘날 대소 8~9동의 건물에다 1천에 가까운 학생을 수용하였고 9백여 인의 고보와 보통과의 졸업생을 내어 사회 각계에 봉사하게 된 것이다. 융희 이래 수년에 문득 경수변국을 치르고 고심분투 24년에 기미운동과 같은 때에는 교사가 전부 잿더미로 되었으되 남강씨의 일관하는 열성과 부근 인사들의 공명하는 노력이 드디어 오늘날의 성운을 개척하게 된 것이라 한다.

학교를 중심으로 소비조합이 있고 병원이 있고 욕장과 이발관이 있고 교회당이 있고 교원의 사택촌이 있다. 학생의 하숙촌이 번창해지고 학교용품의 상점이 늘어가며 이 부근에 다니는 자 남녀노유로부터 교류하는 중국 상민까지 길에서 남강선생을 예하니 이 학원을 중심으로 일개의 전원도시를 건설할 수 있게 된 물적발전과 한 가지 남강씨의 인격적 인상과 그의 노력의 자취는 영구히 슬어지지 아니할 향토사로 될 것이다.

오산 일대가 일부 남강촌으로 된 것을 수긍하겠다. 그리고 오산의 학원을 찾으니 삼난(三難)이 있음을 깨닫겠으니 남강씨의 칠전팔기하는 대노력이 세간의 어려운 바이라 일난(一難)이요 남강씨의 성곤(誠悃)[344]이 이미 출류(出類)[345]의 찬탄에 걸맞거늘 그 의기에 서로 감(感)하여 사재를 기울이어 이 사업을 완성케 한 다수의 독지가가 또 일반으로 어려운 바이니 이난(二難)이다. 이제 오산재단의 전무로 계신 김기홍씨와 같은 분은 그 독지가 중의 하나다. 셋째로는 다년간 곤란한 상황에서 경향 각지 식자·교육자들이 각각 다소의 세월을 이 학원의 생장을 위하여 봉사·노력한 바 있으니 그는 삼난(三難)이오 평양의 조만식(曺晚植) 씨 같은 분도 그 중에 굴지할 제일인이라고 한다(『조선일보』, 1930년 5월 10일, 4면 1단).

---

344) 정성. 거짓이 없는 마음.
345) 같은 무리에서 뛰어남.

○ 1930년 5월 4일 어린이날 행사 고문

어린이날 행사에 신석우, 윤치호, 한기악 등과 함께 고문을 맡았다.

　　대회의 임원과 분담은 다음과 같은바 임원 된 이는 휘장을 반드시 달고 오전 8시 이내로 운동장으로 오기를 바라며 총무부와 경기부 소집원은 상오 6시 30분에 광화문통 광장에 모여 행렬을 인솔하게 되었다.

　　회장: 박승직
　　고문: 신석우 안재홍 윤치호
　　총무부: 양재창 윤우식 최남 한기악 이승복 송재영
　　시상부: 홍순비 홍태현 김규원 장두현 신태화 예종석 전성욱
　　　　　　홍은주 태응선 김성집 이규원

　　심판부
　　심판장: 박창하 출발 이병삼 심판원 현정주 한진희 강악원
　　　　　　김수기 서상천 김동형 이규현 박천병 김석진 김보영
　　경기부
　　소집계: 최등만 김규면 장권 김진수 김동식 김종연
　　설비계: 거관호 이상의 정인창 김종원 김동철 심상복
　　기록계: 박영진 이원용 이길용 고영한 홍종인
　　경호부: 정성판 노량진소년군 홍제소년군 청구소년군 조선소
　　　　　　년군
　　구호부: 주영진 방규환 조한성 김교패 윤희식 이형호 적십자
　　　　　　간호부
　　접대부: 양재창 윤우식 백낙중 최상인 홍병록 김용관 허택
　　　　　　노익향 현석주 이기세 송동수 민대호 백경화 조준환
　　　　　　박유진 조인섭 장영석 손종수 한윤호 조선용 한장우

유해창 장희원 박돈서 김웅구 이종태 양정식
향응부: 양세진 이두연 장기조 김정렬 김세탁 허훈 이응선
(『조선일보』, 1930년 5월 4일, 2면).

○ 1930년 5월 11일 남강(南岡) 선생을 조(弔)함

5월 9일 급서한 이승훈의 영전에 바치는 조문을 썼다.

  1930년 5월 9일에 남강 이승훈씨 돌연 장서한 보도에 접하였다. 선생 심혈의 결정인 정주(定州) 오산의 학원 청신한 교정에서 그의 문인·지우들의 성심과 우정으로 나온 동상의 제막식이 거행된 지 겨우 1주간에 그 익장(益壯)하신 기품으로 활보하시던 풍봉(風丰)이 아직 명료하여 흐려지지 않았거늘 돌연한 변보는 거연히 믿고 싶지 않다. 그러나 인생 생사가 원래 떳떳함이 없는지라 이 일편 비보가 드디어 부정할 수 없음을 슬퍼하지 아니할 수 없다.
  선생은 정주 한미(寒微)한[346] 가문의 출신이다. 어려서 이미 호시(怙恃)[347]를 잃고 영정(零丁) 고고(孤苦)한 일신으로 갖추어 세간의 풍상을 겪었으되 강직불기(剛直不羈)의 질은 벌써 그 두각을 드러내었고 그의 빈곤함이 젊어서 시정(市井)의 사이에 투신하되 일찍 속진(俗塵)에 점염(點染)[348]치 아니하였다.
  누년(累年) 축적(蓄積)한 공(功)으로 해외의 무천(貿遷)을 일삼아 문득 누만(累萬)[349]의 자(資)를 탕실하고 적수(赤手)가 씻음과 같되 안여(晏如)하여 거리낌이 없었으니 성패궁통(成敗窮通)

---

346) 가난하고 지체가 변변하지 못함.
347) 믿고 의지하는 부모.
348) 조금씩 물들어 감.
349) 아주 많은.

에 스스로 초월한 뇌락(磊落)한[350] 심경을 인함이다. 이러한 기우(氣宇)[351]는 저절로 일반 외경(畏敬)의 염(念)을 일으키니 향당(鄕黨)[352]의 자산가로 결연히 거자(巨資)를 던져 그 운주(運籌)[353]에 맡겼고 탕실(蕩失)[354]의 나머지에 도리어 거대한 교역의 기회를 잡았던 것이다. 그러나 상판흥리(商販興利)의 술(術)이 원래 선생의 뛰어난 바 아니오 뇌락강직(磊落剛直)하신 천품은 드디어 시국다난한데 감(感)하는 바 없을 수 없었던 것이다.

순종(純宗) 정미년(丁未年)는 한말 다사한 때였고 근역(槿域)의 민중 스스로 시국의 동요에 앙양하던 즈음이다. 거리에 외치는 선구자의 정열에 공명(共鳴)함이 있어 개연히 시사(時事)에 헌신키를 결(決)하니 선생의 광채병연(光彩炳然)하던 후반의 생애는 실로 이에 비롯 함이다. 정주(定州)는 관서문화의 시골이요, 유림보수의 기풍이 용이히 전환될 바 아니거늘 선생의 강직은 그의 자산을 끌어 학원를 경기(經紀)하매 신문화의 운동이 그 싹을 트게 되었고 보수·자유의 외(聵)□함이 도(度)하기 어려움에 미쳐서 번연히 그 자(資)[355]하던 바를 던지고 따로이 진취할 길을 개척하니 인인(因人)의 성사(成事)는 원사록녹(元事碌碌)[356]을 일컬음에 인함이다. 이래 20이요, 또 4년에 경술변국을 만나 문득 제주의 유배로되고 정천(亭川)의 옥사(獄事)로 되고 지리한 10년 다시 기미(己未)의 시국으로 되어 봄은 세 번재 영어(囹圄)에 들었으며 신산(辛酸)은 개척자의 주위를 떠날 줄이 없었으니 상하천재(上下千載) 거푸오는 역사의 노도(怒濤)가 벗지 못할 필연의 곤과(困果)를 우리 근역 민생에게 주며 저주(咀

---

350) 거리낌이 없음.
351) 기개와 도량.
352) 자신이 사는 시골마을.
353) 주판을 놓듯이 이리저리 꾀를 냄.
354) 망하여 없어지고 잃어버림.
355) 투자하다.
356) 근본이 되는 일을 꾸준히 함.

呪)의 올미가 그의 선구자에게 임하거니 혈성(血性)의 사람 누가 그 면치 못할 잔을 순수치 아니할 자이뇨? 형문(刑問)의 찬 밤에서 선생의 꿈이 부질없이 잦아갈 때 오산의 학원은 하릴 없이 초토(焦土)에 부쳤으니 오호 축융(祝融)[357]이 원래 무정하여 스스로 그 거취를 정하는 자 아닌지라 누가 또 축융(祝融)의 무정을 허물할 자이뇨?

이제 오산의 학원은 선생 심혼의 표상이라. 향당주리(鄕黨州里) 서로 의기에 감하는 자 즐기어 사재를 기울이어 그 사업의 완성을 획찬(劃贊)하니 선생의 위대한 성곤(誠悃)이 범품(凡品)의 추종할 바 아니거니와 향당의 사군자(士君子) 동인협진(同寅協進)함이 또 세간 한유(罕有)[358]의 일이다. 공고(鞏固)하는 학원의 기초 바야흐로 그 석과(碩果)를 거두려 하는 때에 선생 만연히 장서(長逝)[359]하심은 이 무슨 운명의 기교이냐?

생각건대 선생의 대원(大願)은 따로 있는 바로 세국(世局)의 광구(匡救)가 그 잊을 수 없는 바이었을 것이다. 그러나 그 최대의 원이 차질악착(蹉跌齷齪)의 바퀴를 떠날 수 없었으니 대국의 현세 어찌할 수 없음이요, 육영(育英)의 업은 그 최소의 원이었을 것이로되 선생 최대의 노력은 그 성공의 날을 가져오게 된 것이니 봄이 한번 오산의 땅에 들어가는 자 반드시 감(感)이 깊을 것이다. 선생이 이제 가시니 사회는 다시 그 원로를 잃고 후진의 도(徒) 더욱 낙막(落寞)[360]을 걱정할 것이다. 오호 광명한 아침볕 제제(濟濟)히[361] 뛰는 오산의 학도들을 볼 때 선생은 또한 그 명(瞑)하실[362] 지어다. 감히 무사(蕪辭)[363]를 베풀어 선생의 영령을

---

357) 불을 맡은 신. 화재(火災).
358) 드물다.
359) 영원히 가고 돌아오지 않음.
360) 마음이 쓸쓸함.
361) 많고 성함.
362) 눈을 감다.
363) 난잡하게 늘어놓은 변변치 못한 말.

조(弔)하나이다(『조선일보』, 1930년 5월 11일, 1면 4단).

○ 1930년 5월 16일 남강 이승훈 장례식 장의위원

사회장으로 열리는 남강 이승훈의 장례식에 신석우, 민강, 이극로, 정인보 등과 함께 장의위원을 맡았다.

고(故) 남강(南岡) 이승훈(李昇薰) 영결식(永訣式)을 경성에서 거행하기로 예정하였던 바 위원회에서는 부득이한 사정으로 인하여 이를 중지하기로 하고 다만 정주에서 거행할 사회장의 절차와 장의위원을 아래와 같이 증선하였고 그 증선된 위원 중에서 최창학·장지영 두 사람을 정주에 파견하여 사회장에 참여하게 하였다 한다

○ 사회장의 절차
16일 오전 7시 자택 발인
16일 오전 8시 영결식(식장: 정주 오산고등보통학교 운동장)
개식 조악
식사 장의위원장
조문 장의위원장
애사 각단체대표
조전낭독
묵상 삼분간
폐회

○ 증선(增選)된 장의위원
최창학 백관수 유인원 남궁훈 김계수 강낙원 신석우 장두현 장권 안재홍 금려식 김규면 이승복 김명학 이호연 이상협

김지환 김윤수 민태원 김동혁 유창환 최두선 서춘 이윤주 이길용 최등만 박승빈 김동진 몀니콜라옙스크 유억겸 송운 김정식 유홍종 박승봉 이희석 김응집 이중건 김창준 이극로 정근 이윤재 한진희 정인보 이재갑 민강 유성준 박준호 이광수 최정익 장지영 김활란 류영모 유각경 김영섭 김진호 최우동 (『조선일보』, 1930년 5월 14일, 2면).

○ 1930년 5월 16일 남강 이승훈 선생 조사(弔辭)

남강 이승훈을 추모하는 조사를 썼다

    1930년 5월 9일에 남강 이승훈 선생이 몰하니 경향 각지 다방면의 사녀(士女) 모두 비도(悲悼)[364]의 정을 표하고 사회장의 성의로 선생 최종의 길을 전하게 되었다. 16일 정오 선생 심혈을 경주하시던 최애(最愛)의 땅인 정주 오산학교의 교정에서 사회 각방면 사녀들의 경건과 애도를 모은 엄숙한 영결식이 거행되고 유해로 도규(刀圭)에 부쳐 백골이 진토될 때까지 영구히 후진 자제 오산의 학사들을 대하리라는 선생 유훈을 쫓으려고 일로(一路)[365] 정숙하게 경성에 운구하게되니 국수(國手)[366]의 거완(巨腕)이 아니고서는 선생의 유해에 소홀히 손댈 수 없음에 인함이다. 17일 이른 아침 영구가 경성역에 도착하여 일반의 조체(弔體)[367]를 받고 문득 최종의 길에 취하게 되는 것이다. 살아서 그 성(誠)을 다하고 돌아가 해(骸)로써 후생에 임함은 인세(人世) 한 유(罕有)한 일이요, 선생의 면목이 약여(躍如)[368]하는 바이다.

---

364) 사람의 죽음을 몹시 슬퍼함.
365) 한 방향으로.
366) 이름난 의사.
367) 조문(弔問).
368) 생기있게 뛰어노는 모양.

아아 선생이 졸연히 가시니 아연히 놀라지 아니할 수 없었고 이제 그 영령을 영결함에 임하여 참연한 슬품을 금할 수 없도다. 선생의 향년이 67세라 아직 고희(古稀)에 달하시지 못하였고 익장(益壯)하신 기품이 장자(壯者)를 누르니 오히려 사회후생을 위하여 그 융숭하신 성곤(誠悃)을 기우리실지라. 이제 거연히 종천(終天)의 길을 떠나시게 함은 천의인사(天意人事)가 어찌 서로 어그러지기 쉬움이냐? 선생은 한문(寒門)에서 나셨으되 어려서 이미 호시(怙恃)를 잃었고 고고한 반생으로 널리 인간의 풍진을 겪으시되 강직하신 천질과 뇌락(磊落)하신 금도(襟度)[369]가 멀리 범속에 뛰어나셨으니 그 위(位)가 아니면 그 정(政)을 모(謨)치 않았다.
　선생은 울지 않고 날지 않는 침묵의 대붕(大鵬)이시었다. 시국이 크게 기울고 민생이 대난(大難)에 빠져서 필부 또한 책임을 지게 되매 의인과 지사 분기(奮起)하지 아니할 수 없었다. 맹연히 결심하신 선생은 스스로 위난한 속에 종횡하지 아니할 수 없으셨다. 그러므로 식산흥업(殖産興業)이 경국리민(經國利民)의 상도(常道)로되 그를 버리어 헌신 같이 하였고 항쟁의 국에는 몸소 그 선구가 되기로 한 바이다. 그러나 대하(大廈)[370]가 이미 무너진지라 나무 한 개로 버틸 바가 아니요, 광란(狂瀾)은 도도(滔滔)하게 말리는지라 거스르는 자 편벽되이 그 화액을 당하는 것이니 천하의 변국에는 통한(痛恨)이 가장 크셨고 인인(仁人)이 수난할제 고초로 지호되던 것이었다.
　북만(北滿)의 벌이 헛되이 건아(健兒)를 기대릴 때 제주의 바다는 쓸쓸하게 배소(配所)[371]의 달만 잠겼고 관서(關西)의 노유(老幼)들이 시변의 엄청남에 하염없는 긴 한숨을 토할 때에 대구(大邱)의 산천은 영어(囹圄) 속의 선배들을 근심으로 품었던 것

---

369)　남을 포용할 만한 도량.
370)　큰집.
371)　유배지.

이다. 선생의 원하시는 바 큰지라 대국의 광정(匡正)이 그 최대의 목표이었고 기획하시는 바 중원(重遠)한지라 후진의 양성이 그 심혈을 들어 붓는 길이었다. 그리하여 봄은 시국의 광정에로 내달리되 일은 학원(學園)의 경기(經紀)에 앙장(鞅掌)되던 바이니 천하의 위재(偉材)도 모두 교단의 사이에 흘흘(仡仡)하던 시대라 오산의 학원이 할계(割鷄)를 탄(嘆)할 바가 아니다.

무오(戊午)·경신(庚申)의 사이에 대조류는 세계를 휩쓸고 홍수가 동방에 진탕하니 앙양하는 기세가 회전하는 시국을 만들었고 선생은 홍류(洪流)를 발방(發放)하는 거장이시었다. 한성의 옥속에 선생 오히려 호연(浩然)한 기우(氣宇)[372]를 빛낼 때에 축융(祝融)의 혀는 오산의 학원을 핥았으며 연진(煙塵)이 어두운 곳에 한심함이 천리에 뻗쳤다. 오호 천하가 어려운지라 선생이 편할 줄이 없었고 민생이 비통한지라 선생이 앞서서 그 첨단에 서셨던 것이다.

그러나 불굴의 기(氣)가 백절(百折)에 시들 줄이 없었고 십기(十起)의 정성과 열정은 구전(九顚)[373]에 식을 바 아니니 선생 건건노노(蹇蹇勞勞) 하시는 정(情)이 상인(常人)으로 그 진경(眞境)[374]을 측도(測度)할 바 아니다. 시류가 탕탕(蕩蕩)하여[375] 제애(際涯)가 없는데 선생이 그 선두에서 격려하심은 오히려 그날을 기약할지라. 이제 합연(溘然)히[376] 가셔서 머물르지 아니 하시니 선생이 다행히 이 시대에 나셨거늘 시대가 불행하여 선생을 잃은 것이로다. 오호 제석산(帝釋山)에 구름이 오락가락, 남산의 달이 만고에 밝았으니 선생의 영풍(英風)[377]이 기리 잦으심이 진진(振振)한 후생(後生)을 고동하게 하고 사회민중을 격려하

---

372) 기개와 도량.
373) 아홉 번째 넘어짐.
374) 참다운 경지.
375) 아득하다.
376) 갑자기.
377) 영걸스러운 풍채.

게 하소서. 감히 무사(蕪辭)[378]를 베풀어 영령의 앞에 드리나이다(『조선일보』, 1930년 5월 16일, 1면).

○ 1930년 5월 16일 조선일보 주최
제2회 경향 유치원 연합대원유회

제2회 경향 유치원 행사에 사회를 봤다.

　　본사 주최인 제2회 경향 유치원연합대 원유회는 예정과 같이 16일 오전 10시부터 신록의 향기가 무르녹은 시내 장충단(獎忠壇) 공원에서 열렸다. 천기(天氣)조차 청명한 이날 이른 아침부터 꽃같이 어여쁜 시내 17개소의 유치원 어린이들은 각각 다 그 보모와 자모들의 보호 아래 쌍쌍히 열을 지어 회장에 모여들기 시작하여 장충단 일대는 양춘(陽春)의 신록과 함께 어엿비 단장한 어린이들로 인하여 완연한 화원(花園)을 이루었다. 또 한편 광장에는 사랑하는 자녀들의 유희하는 귀여운 양을 보려고 모여온 남녀 부형을 비롯하여 일반 관중이 정각 전부터 무려 수천 명에 달하여 실로 예상 이상의 대성황을 이루었다.
　　정각이 되자 본사 부사장 안재홍 씨의 간단한 사회가 있은 후 유려한 주악을 신호로 일반이 고대하고 있던 제2회 유치원 연합대원유회는 시작되어 순서를 따라 각 유치원 원아들의 가지가지 유희가 진행되어 각 지도자들의 심혈을 자아낸 형형색색의 재미있는 여러 가지 유희는 종목마다 일반의 갈채가 끊일 새 없어 천사 같은 어린이들의 천진난만한 자태는 일반에게 다시 없는 감흥을 주어 장충단 일대는 실로 웃음이 끈일 새 없는 평화의 별유천지(別有天地)를 이루었다(『조선일보』, 1930년 5월 17일, 5면).

---

378) 변변치 못한 말.

○ 1930년 5월 17일 남강 이승훈 영구차 경성도착 운구 참석

남강 이승훈의 유해가 경성역에 도착해서 운구를 했다.

〈사진 8〉 남강 이승훈 유해 경성 도착 (『조선일보』 1930. 5. 17)

　남강(南岡) 이승훈(李昇薰)선생은 한 많은 이 세상을 떠나 어느덧 무언의 영구(靈柩)로 애도 넘치는 연도의 인사와 다수 동지의 더운 눈물과 엄숙한 호위로 17일 오전 7시에 경성역두에 도착하자 시내 각 방면 대표와 학교, 기타 교회를 비롯하여 고난을 같이 하든 감회 깊은 친지와 학생 5백여 명의 출영으로 효두(曉頭)[379]에 경성역은 비장한 분위기로 가득하였다.
　영구차에는 안재홍(安在鴻)·박희도(朴熙道) 등 제씨의 삼가한 운구 하차로 영구 자동차에 옮기고 상주와 그 가족에 대하여 일

---

379) 먼동이 틀 무렵의 이른 새벽.

일이 조의를 표하고 경성대학병원으로 향하여 자동차가 행렬을 지어 떠나게 되었다.

　엄중히 경계 유해는 해부실에 이날 아침 영구가 도착되는 경성역두에는 각 경찰서의 경관이 이른 아침부터 다수 출동하여 만일을 경계하였고 영구 자동차가 대학병원을 향하는 연도에는 영구 자동차를 전후로 경관실은 자동차가 수종하였다. 유해는 7시 40분 대학병원 마지막 동문을 들어가 해부학 분실 앞에 자동차를 멈추고 유족의 애끓는 눈물을 마지막 흘리며 이 자리에서도 경찰의 간섭으로 별다른 의식을 영전에서 거행치 못하고 다만 개인의 엄숙한 조례로 애도의 뜻을 표하고 해부담임 교수 금촌(今村) 박사의 안내로 영구는 동 8시 정각에 해부학 실습교실로 옮기게 되었다.

　옛날을 사모하는 유족과 따라온 수백 인사의 애도가 더욱 새로운 이날 아침은 대학 의학부(醫學部) 조선 사람 학생도 추도와 뜻을 표하기 위하여 이른 아침부터 교정에 모여 해부복을 차리고 영구 앞에 삼가 조례를 마쳤는데 이번 해부를 담임하게 된 금촌(今村) 박사는 선생의 유해는 차차 관을 열어보기 전에는 어떻게 진행할 것이라고 말씀할 수 없다고 말하였다(『조선일보』, 1930년 5월 18일, 2면).

○ 1930년 6월 1일 오늘의 비판(批判)
: 관용(寬容)·진지(眞摯)·침용(沈勇)

　작금의 조선 현실에서 관용(寬容)·진지(眞摯)·침용(沈勇)의 자세가 중요함을 강조하고 있다.

　금일의 비판이라 하니 무엇을 비판합니까? 어려운 것, 하기싫은 것, 다 그만두고 무슨 비판을 하여야할 지 흥미(興味)가 적습니다. 하여야 하겠으면 일종의 도덕론(道德論)으로 나아가지요. 그러나 이것이 아주 한가한 제목은 결코 아닙니다. 조선인은 관용성(寬容性)이 부족한 것 같습니다. 줄잡아 만근(輓近) 500년간 실제에 나타난 경력으로도 그러하였거니와 지금 당장 사회에 나타나는 현상으로 보아 꼭 그렇습니다. 일론일동(一論一動)으로도 과대한 훼예(毁譽)380)를 붙여서 그로써 한 개인이나 한 단체의 모든 가치를 판정하려는 경향이 있으니 그것은 사회적 불관용(不寬容)이요, 정견정책(政見政策)에 었어서도 혹은 시기를 따라 일진일퇴(一進一退)함도 있을 수 있고 각 선이 있어 갑진을퇴(甲進乙退)를 급완(緩急)의 정책을 분담 병행할 수도 있는 것인데 여기에 관하여 너무 고지식하고 빡빡하게 굴어 피아(彼我)의 제휴와 협동으로 그 당면당면(當面當面)을 통과하려는 정책적 냉정과 역사적 굴요(屈撓)의 지량(持倆)을 가지지 못하는것같습니다.

 물론 그렇다고 물덤벙술덤벙의 아무 지조와 지개(志槪)도 없이 정치적·사회적 주의(主義)의 계선(界線)을 툭터놓고 그야말로 어중이 떠중이가 국사(國士)와 선구자(先驅者)로 뒤범벅이 되는 근자(近者)의 괴현상(怪現象)을 의식적으로 시인하자는 것은 결코 아닙니다. 그 점으로는 도리어 숙청쇄신(肅淸刷新)하여 일반으로 하여금 판단에 어리석지 않도록 하는 것이 가장 필요하다고 믿지마는 기타 동지적 견지-자못 광의적(廣義的)으로-에서는 반드시 좀더 정치적 관용성을 가져서 이를테면 무슨 주의(主義) 무슨(主義)로 병립(並立)하느냐 대립(對立)하느냐 하고 내외에서 문제 삼는 점에도 그러하고 또는 동일한 주의라는 방면(方面)에서도 그 완(緩)과 급(急)이 과정적(過程的)으로라도 관용(寬容)과 신뢰(信賴)로 협진병진(協進並進)을 꾀함이 좋다고 나는 봅니다. 어려운 일에 자기 몸과 마음이 저리도록 겪어나온 성의있는 사람들은 아마 동감(同感)이리라고 생각됩니다.

---

380) 명예를 훼손함.

그 다음으로는 현대의 조선인은 어찌한지 진지성(眞摯性)을 결(缺)한 경향이 많다고 보입니다. 정치상 관용(寬容)·불관용(不寬容)의 문제에도 실상은 진지(眞摯) 문제가 붙습니다. 전국(全局)[381]으로보아 어떠한 진로가 따로이 필요하다고하면 자기의 주의(主義)와 입각지(立脚地)는 그대로 지키면서 유연(類緣)이 가까운 다른 선로(線路)에 나아가는 자들에 대해서도 동지적(同志的)인 신뢰관용(信賴寬容)으로 해야겠고 급조(急燥)한 상호배격(相互排擊)과 그로인한 총역량의 자기저해(自己沮害)를 범(犯)하는 것은 불가(不可)합니다. 하물며 다소의 사견(私見) 혹은 사리(私利)와 한껏하여 자기표준(自己標準)으로 본 한 기관 그룹의 사견을 위하여 왕왕이 전연 무계(無稽)한 선전(宣傳)과 참무(讒誣)[382]를 행하고 결국 남의 좋은 일 시켜주고마는 것은 우리들 전체의 이해 휴척(休戚)[383]에 관하여 뼈저린 생각이 있도록 생존의 앞길에 진지(眞摯)한 이들로서는 피하여야 할 줄 압니다. 무슨 일에든지 다른 이의 힘잡기와 배격(排擊)하기에만 바빠하거나 더욱이 저급의 취미에 끌리고 또 저급한 취미에 영합(迎合)하기 위하여 사회와 기관과 인물에 무용한 저해(沮害)를 가하게 하는 행위는 삼가야 할 줄 압니다. 진지한 선구자들이 우선 자기의 힘이 자기의 앞길을 개척해 나가기에 발 벗어야 할 것입니다.

최종으로 조선 현하(現下)의 식자(識者)와 일부 선구자들이 대체로 보아 용기가 부족하고 어느 정도까지 대담(大膽)하지 못합니다. 자기의 주의(主義)이고 정견정책(政見政策)에 관하여 각각 당당하게 공개성명(公開聲名)하여서 자기도 비판하고 남더러도 비판하라고 할 것입니다. 그것이 선악(善惡)의 문제로서는 아니요, 가부(可否)의 문제로 비판하는 정견정책이어야 할 것입니다. 실제의 운동이 전개되지 못하는 오늘날 우리에게 그런 것을 발

---

381) 전체 판국.
382) 남을 헐뜯거나 저주함.
383) 평안과 근심.

표한다는 것도 도리어 우습다고 할 법 하지마는 그러나 오늘날 우리의 정세는 좌(左)한다거나 우(右)하겠다거나 우선 그 의견을 발표하여 소위 이론을 전개시키고 그리고 그 입각지(立脚地)를 선명(鮮明)하게 하고서 협진병진(協進並進)의 길을 찾을 것이라고 믿습니다. 이를테면 누가 이제까지 주장하던 바와 퍽다른 의견을 가졌다면 반드시 한 번 혹은 몇 번이라도 발표하여 훼예찬부(毀譽贊否)가 오연(囂然)한[384] 가운데에서 나의 입각지를 선명히 하고 그 분야의 분해(分解)를 촉성(促成)하여 그러한 후의 갑과 을로서 협진병진할 것이다고 주장하는 것입니다.

　이 갑과 을이 만년토록 갑과 을로서 협진(協進)할는지 을도 드디어 갑이었던 것을 발견하고 갑을합체(甲乙合體)가 될 날이 멀지않아 있을는지 혹은 또 갑은 갑대로 을은 을대로 하나가 하나를 극복흡취(克服吸取)해버리게 될 것인지는 미래의 문제로 하고서라도 각각 그 태도를 선명히 하고 그러한 입각지(立脚地)에서 양해(諒解)하여 좋으면 양해도 하고 병진(竝進)이 좋으면 병진하고 진전되는 과정이 필경 배격(排擊)하여야 하겠으면 배격이라도 할 심잡고 어찌했든 대담한 선명(鮮明)의 태도로 나아가는 것은 좋다고 주장합니다. 요컨대 금일 조선인에게 필요한 것은 관용(寬容)·진지(眞摯)·침용(沈勇)[385] 그것으로 좀더 적극적으로 사회에 나아가는 것이 좋을 것입니다(『신생』 21호, 1930년 6월호).

○ 1930년 6월 1일
현하 조선 농촌구제(農村救濟)의 3대 긴급책

　농촌 구제를 위해 소작권 확립, 농촌 금융의 완화, 농민 문맹의 퇴치가 시급함을 역설하고 있다.

---

384)　시끄러운.
385)　침착하고 용맹스러운.

1. 현하 조선의 소작권 확립책(確立策)
2. 농촌금융의 완화책(緩和策)
3. 농민문맹퇴치책(農民文盲退治策)

조선일보 사장 안재홍

1. 다수를 표준으로 보면 토지소출 밖에 별것이 거의 없으니 아직은 턱없이 깎아내려서는 어려울 줄압니다. 그러므로 소작료는 평균 병작을 반씩 가르기로 하고(五割制) 씨나락은 적어도 반은 지주가 물고 곡초라고 하는 집은 소작인이 전부 차지하게 하고 지세는 물론 지주가 물도록 하면 우선 불공평하다고는 못할 것입니다. 만일 여름에 두벌농사(二毛作)하는 땅에 보리나 콩농사는 소작인을 왼통 주는 것을 원칙으로 하고 너무 울궈먹어서 벼농사가 덜 될 경우에 만일 정할 소작료-이를테면 곡식으로만 이할(二割) 지나지 않는 범위로 받아도 좋을 것입니다. 그러나 소작료가 싸지 않더라도 소작인이 어렵기는 마찬가지이니 거기에는 부업장려(副業獎勵)가 필요할 것입니다.

2. 농촌금융은 말로는 쉬우나 여간 어렵지않습니다. 우리 마음대로 한 다할지라도 재정문제가 앞서는 것이니까 얼른 잘 될 것은 아니요. 더욱이 희망으로만 말했지 별 수가 없을 것입니다. 시골금융조합이 농촌금융을 많은 것이라고 하겠지만 그것은 조선서는 꽤 잘 산다는 중산계급(中産階級)이나 되는 사람들의 금융기관이었지 어려운 농민들에게는 아무 인연조차 아니 닿는 모양이니 농촌금융을 다만 얼마라도 자기들 힘으로 만들어 나아갈 도리를 하자면 소비조합(消費組合)부터 시작해서 약간의 저축이라도 만들어 서로 돈을 돌려쓰고 비싸지 않은 변리(利子)를 보태 들여놓아야 할 것입니다.

3. 농민문맹퇴치(文盲退治)-까막눈이가 없도록 글을 배워서 무식을 면하게 하려면 각 시골에서 청년들이 농촌야학을 힘쓸 일, 농민사 같은 기관에서 그 사업을 힘써할 일, 또는 여름과 겨울에 시골 가는 학생들이 각각 자기 시골의 어른 아이 할 것 없이 무식한 이들을 언문부터 가르쳐 배우게 하도록 하는 것이 제일 좋은 것입니다. 이것은 모두 쉽고도 어려우니 하는 이가 장사지요(『농민』 2호, 1930년 6월호).

○ 1930년 6월 6일 남강유해(南岡遺骸)

남강 이승훈의 유해가 고인의 뜻에 따라 오산학원으로 돌아가도록 해야함을 촉구하고 있다.

남강 이승훈씨의 유해를 표본으로 하여 재세(在世)[386]하는 동안 최애(最愛)의 땅인 정주 오산고등보통학교 교실에 보관할 것은 남강씨 임종의 유언으로 이미 경성제대병원에 위촉하여 표본으로 하는 중에 있었다. 여기에 대하여 경무당국으로부터 간섭이 있다는 것은 일찍 들은 바이거니와 그것이 필경 노골화하게 되었다. 평북의 도경찰부에서는 유해의 매장을 권고하여 교실에 보관할 것을 금지하는 태도를 표시하였고 경무국에서도 이 유해를 맡아서 표본으로 하는 금촌박사(今村)에게 대하여 작업의 중지와 유족에게 유해 인도를 권고한 바 있었다 한다. 이러한 일은 당국 무용(無用)의 다심(多心)[387]한 일로 구태여 그리할 필요가 없는 것이다.

평북의 경찰부 당국은 남강씨의 유해를 학교에 보관함은 보안법에 걸린다는 의미의 말을 하였다 하나 이는 해석할 수 없는 바

---

386) 세상에 살아있는 동안.
387) 걱정이 많은.

이니 그가 형옥에 걸렸던 것은 벌써 10년 이전의 일로 임종 전후에 아무 관계가 없었으니 법에 구속될 바 아니다. 하물며 그 유해는 자기가 일생 심혈을 기울이던 오산의 학원 고요한 교실 안에 보관하는 것이어서 큰길에서 많은 사람들의 시첨(視瞻)[388]을 끌게 하는 터도 아니니 이에 대하여 많은 간섭을 하는 것이 안 되었을 뿐이다. 오인의 본 바로는 고인의 유지를 존중하여 평정한 속에 그 원하는 학원에 돌아가게 함이 마땅할 것이다(『조선일보』, 1930년 6월 6일, 1면 1단).

○ 1930년 6월 7일 여자정구대회 참석 축사

여자정구대회에 참석해서 축사를 했다.

〈사진 9〉 여자정구대회 (『조선일보』, 1930. 6. 8)

---

388) 이리저리 둘러봄.

초여름날 아침 빛이 선명하게 비친 경성운동장에는 이른 아침부터 뒤를 이어 몰려드는 관중으로 말미암아 공전(空前)[389]의 활기를 띠었다. 8시가 지나서 숙명여고보(淑明女高普) 선수들이 눈빛 같이 흰 운동복에 같은 빛깔 리본을 머리에 둘러 매고 입장하기 시작했다. 이화고보(梨花高普) 선수들도 백색 유니폼에 연두빛깔 리본으로 머리를 장식하고 규율이 정연하게 입장한 다음에 실천여학교(實踐女學校), 여자상업, 백웅클럽, 진명여자학교(進明女子學校), 여자미술학교(女子美術學校) 선수들이 속속 코트에 들어와서 싸우기 전 연습을 개시하였다. 코트 전면을 내리쪼이는 햇빛은 원기 씩씩한 선수들의 기상과 아울러 보는 사람까지 심신이 상쾌하였다.

오전 10시 30분에 출전 학교인 실천여자미술, 이화(梨花), 여자상업, 숙명, 진명, 백웅클럽의 순서로 50여 명의 소녀 선수들이 보무당당하게 입장식을 거행하여 대회 본부 앞에 질서 있게 정렬한 후 본사 부사장 안재홍(安在鴻) 씨의 개회사가 있은 다음에 심판원 김영식 씨의 심판에 관한 주의 사항 설명이 끝나자 바로 진명여고보(進明女高普) 원귀동·박필순 조와 여자미술 윤순남·김여옥 조의 이번 대회 처음을 장식하는 장쾌한 경기의 막은 주심 양승탁(梁承鐸) 씨, 부심 배상하(裵相河), 선심 김효진(金孝鎭)·김영식(金永植) 씨 심판 하에 열리기 시작하였다. 대회장 중천에 날리는 우승기는 우승자만 기다리고 가벼운 바람에 나부끼고 있었다. 대회장 주위에는 숙명 응원단 4백 명을 위시하여 진명·이화 학생들의 고운 음성으로 자기 학교 선수의 원기를 돕는 응원 소리와 박수소리는 장내를 진동시키며 일반 군중은 수천 명에 달하여 문자 그대로 입추의 여지가 없을 만치 경성운동장 개시 이래로 희유한 대성황을 이뤘다. 진명의 원귀동 조가 4:0으로 이기자 진명 응원대는 열광하여 그칠줄 모르고 관중의

---

389) 비교할 만한 것이 이전에 없음.

심리는 더욱더욱 긴장됨에 따라서 대회 공기는 점차 백열화하여 가는 중이다(『조선일보』, 1930년 6월 8일, 2면 1단).

○ 1930년 6월 14일 제2회 전조선여자농구대회 참석

제2회 전조선여자농구대회에 참석해서 축사를 했다.

〈사진 10〉 전조선여자농구대회 (『조선일보』 1930. 6. 15)

전 조선 여자 농배구계에 패권을 좌우하는 본사 주최 제2회 여자농배구대회(女子籠排球大會)는 돌아왔다. 대회 인기는 벌써부터 자못 긴장되어 오늘이 돌아오기를 손을 꼽아가며 기다리는데 대회는 바야흐로 녹음이 무르녹은 성동원 입구 경성운동장에서 전개되었다. 아침부터 비가 오락가락 하였으나 이것을 관계하지 않고 원기 왕성힌 선수들은 숙명여고보(淑明女高普) 선수 50여 명을 필두로 개성 호수돈(好壽敦)여고보, 동덕여고보고(同德女高보普), 실천여학교(實踐女學校) 순서로 입장하여 넓은 코트에서 마음껏 뛰놀기 시작하였다.

정각인 12시가 되자 참가 선수 백여 명의 장쾌한 입장식이 있었고 작년 우승교 숙명여고보 선수 안재영(安在英) 양의 우승기 반환식이 있은 후 본사 부사장 안재홍 씨의 개회사와 심판원 장권씨의 심판에 관한 주의사항 설명이 있은 다음에 용장한 경기의 막은 주심 장권·김종만 씨 심판 하에 숙명여고보와 개성 호수돈과의 장쾌한 대전으로 열렸다. 승리의 월계관은 어디로 돌아갈지!(『조선일보』, 1930년 6월 15일, 2면 1단)

『민족지도자 안재홍 연보 4』 요약

○ 1930년 1월 1일 조선일보 사설「수도병진의 신일년」집필.
○ 1930년 1월 2일 조선일보 시평「국제정세대관」집필.
○ 1930년 1월 29일 조선일보에「조선상고사 관견」연재.
○ 1930년 2월 28일 조선일보에「최근 조선문학사 서문」연재.
○ 1930년 4월 5일 조선일보에「조선상고사 관견」연재 종료.
○ 1930년 4월 22일 근우회 전국대회 역사강연.
○ 1930년 4월 24일 조선물산 바자대회 참석 축사.
○ 1930년 4월 29일 조선일보에「조선 최근세사 권두사」연재.
○ 1930년 5월 2일 조선일보에「정주기행」연재.
○ 1930년 5월 4일 어린이날 행사 고문 참여.
○ 1930년 5월 11일 조선일보에「남강 선생을 조함」집필.
○ 1930년 5월 16일 남강 이승훈 장례식 장의위원 선임.
○ 1930년 6월 7일 여자정구대회 참석 축사.
○ 1930년 6월 14일 제2회 전조선여자농구대회 참석 축사.

_____ 참고문헌

1. 신문자료

『조선일보』, 1930년 1월 1일, 1면 3단.
『조선일보』, 1930년 1월 1일, 6면.
『조선일보』, 1930년 1월 2일, 1면.
『조선일보』, 1930년 1월 3일, 1면.
『조선일보』, 1930년 1월 5일, 1면.
『조선일보』, 1930년 1월 6일, 1면.
『조선일보』, 1930년 1월 7일, 1면.
『조선일보』, 1930년 1월 8일, 1면.
『조선일보』, 1930년 1월 9일, 1면.
『조선일보』, 1930년 1월 10일, 1면.
『조선일보』, 1930년 1월 11일, 1면.
『조선일보』, 1930년 1월 19일, 1면 1단.
『조선일보』, 1930년 1월 29일, 4면 1단.
『조선일보』, 1930년 1월 30일, 4면 1단.
『조선일보』, 1930년 1월 31일, 4면 1단.
『조선일보』, 1930년 2월 1일, 4면, 1단.
『조선일보』, 1930년 2월 2일, 4면 1단.
『조선일보』, 1930년 2월 3일, 4면 1단.
『조선일보』, 1930년 2월 4일, 4면 1단.
『조선일보』, 1930년 2월 5일, 4면 1단.
『조선일보』, 1930년 2월 6일, 4면 1단.
『조선일보』, 1930년 2월 7일, 4면 1단.
『조선일보』, 1930년 2월 8일, 4면 1단.
『조선일보』, 1930년 2월 9일, 4면 1단.

『조선일보』, 1930년 2월 11일, 4면 1단.
『조선일보』, 1930년 2월 12일, 4면.
『조선일보』, 1930년 2월 13일, 4면.
『조선일보』, 1930년 2월 14일, 1면 4단.
『조선일보』, 1930년 2월 14일, 4면.
『조선일보』, 1930년 2월 15일, 4면.
『조선일보』, 1930년 2월 16일, 4면.
『조선일보』, 1930년 2월 18일, 4면.
『조선일보』, 1930년 2월 19일, 4면.
『조선일보』, 1930년 2월 20일, 4면.
『조선일보』, 1930년 2월 21일, 4면.
『조선일보』, 1930년 2월 22일, 4면.
『조선일보』, 1930년 2월 23일, 4면.
『조선일보』, 1930년 2월 25일, 4면.
『조선일보』, 1930년 2월 26일, 4면.
『조선일보』, 1930년 2월 27일, 4면.
『조선일보』, 1930년 2월 28일, 4면.
『조선일보』, 1930년 3월 4일, 4면.
『조선일보』, 1930년 3월 5일, 1면 1단.
『조선일보』, 1930년 3월 5일, 4면.
『조선일보』, 1930년 3월 6일, 4면.
『조선일보』, 1930년 3월 7일, 4면.
『조선일보』, 1930년 3월 8일, 4면.
『조선일보』, 1930년 3월 9일, 4면.
『조선일보』, 1930년 3월 11일, 4면.
『조선일보』, 1930년 3월 12일, 4면.
『조선일보』, 1930년 3월 13일, 4면.
『조선일보』, 1930년 3월 14일, 4면.
『조선일보』, 1930년 3월 15일, 4면.
『조선일보』, 1930년 3월 16일, 1면 1단.

『조선일보』, 1930년 3월 16일, 4면.
『조선일보』, 1930년 3월 17일, 4면.
『조선일보』, 1930년 3월 18일, 4면.
『조선일보』, 1930년 3월 19일, 4면.
『조선일보』, 1930년 3월 20일, 4면.
『조선일보』, 1930년 3월 21일, 4면.
『조선일보』, 1930년 3월 22일, 4면.
『조선일보』, 1930년 3월 23일, 4면.
『조선일보』, 1930년 3월 25일, 4면.
『조선일보』, 1930년 3월 26일, 4면.
『조선일보』, 1930년 3월 27일, 4면.
『조선일보』, 1930년 3월 28일, 4면.
『조선일보』, 1930년 3월 29일, 4면.
『조선일보』, 1930년 3월 30일, 4면.
『조선일보』, 1930년 3월 31일, 4면.
『조선일보』, 1930년 4월 1일, 4면.
『조선일보』, 1930년 4월 2일, 4면.
『조선일보』, 1930년 4월 3일, 4면
『조선일보』, 1930년 4월 4일, 4면.
『조선일보』, 1930년 4월 5일, 4면.
『조선일보』, 1930년 4월 6일, 2면.
『조선일보』, 1930년 4월 24일, 2면.
『조선일보』, 1930년 4월 26일, 1면.
『조선일보』, 1930년 4월 29일, 4면 1단.
『조선일보』, 1930년 4월 30일, 4면 1단.
『조선일보』, 1930년 5월 1일, 4면 1단.
『조선일보』, 1930년 5월 4일, 2면.
『조선일보』, 1930년 5월 8일, 4면.
『조선일보』, 1930년 5월 9일, 4면 1단.
『조선일보』, 1930년 5월 10일, 4면 1단.

『조선일보』, 1930년 5월 11일, 1면 4단.
『조선일보』, 1930년 5월 14일, 2면.
『조선일보』, 1930년 5월 16일, 1면.
『조선일보』, 1930년 5월 17일, 5면.
『조선일보』, 1930년 5월 18일, 2면.
『조선일보』, 1930년 6월 6일, 1면 1단.
『조선일보』, 1930년 6월 8일, 2면 1단.
『조선일보』, 1930년 6월 15일, 2면 1단.

2. 잡지자료

『농민』 1호, 1930년 5월호.
『농민』 2호, 1930년 6월호.
『별건곤』 26호, 1930년 2월호.
『별건곤』 27호, 1930년 3월호.
『별건곤』 28호, 1930년 5월호.
『삼천리』 4호, 1930년 1월, 2권 1호.
『삼천리』 5호, 1930년 4월호.
『삼천리』 6호, 1930년 5월호.
『신생』 21호, 1930년 6월호.
『조선농민』 43호, 1930년 5월호.

찾아보기

ㄱ

가곡리 141, 142
거서간 97, 181, 186, 187, 189, 190, 191
걸 72, 74, 79, 80, 81, 82, 83, 98, 114, 118, 135, 153, 165, 167, 170, 188, 196, 222
겨레 89, 90, 98, 112, 114, 222
계루지 141, 142, 143, 146, 148, 149, 150, 154
고구려 66, 70, 82, 84, 87, 108, 110, 115, 117, 124, 125, 130, 131, 138, 139, 150, 151, 152, 153, 156, 157, 158, 159, 160, 161, 164, 165, 166, 167, 169, 170, 171, 172, 173, 174, 177, 181, 185, 199, 203, 217, 221, 230, 231, 232, 238, 247
고대사회 55, 57, 60, 186, 191, 193, 196, 197, 199
고성산 144, 146, 155
고을 65, 66, 74, 79, 80, 81, 82, 87, 98, 108, 111, 128, 131, 161, 165, 172
공자 204, 205
구월산 66, 72, 81, 82, 83, 111, 165
군무수장 97, 118, 185, 186, 187, 189, 191, 193, 194, 196, 197, 199
군축 29, 31, 32, 33, 34, 36, 37, 40, 42
굿실 85, 86, 89, 103, 112, 179
근우회 13, 24, 225, 227
금마저 56, 136, 138, 139, 140, 151, 156
기 74, 83, 85, 90, 91, 97, 98, 100, 102, 103, 104, 105, 108, 109, 112, 113, 114, 116, 117, 126, 139, 141, 158, 166, 170, 171, 184, 197, 229, 230
기벽 241
기아리 60, 83, 96, 98, 99, 100, 101, 103, 106, 107, 108, 109, 110, 111, 113, 114, 115, 119, 127, 128, 136, 139, 150, 151, 152, 153, 154, 156, 159, 160, 168, 171, 221
기자 98, 107, 108, 119
김기림 120
김부식 77, 84, 120, 124, 138, 159, 233
김알지 102, 158, 183, 197, 198
꼬지 97, 104, 105, 186, 187, 188, 189, 191, 196, 199

ㄴ

낙랑군 151
농구 14, 252, 272
농민 14, 25, 49, 210, 211, 212, 242, 243, 246, 247, 267, 268

ㄷ

단군 13, 56, 64, 66, 67, 68, 70, 71, 72, 74, 75, 76, 82, 83, 84, 85, 86, 87, 91, 93, 97, 98, 111, 128, 157, 158, 164, 167, 169, 174, 181, 194, 219, 221, 222, 223, 229, 230
당걸 69, 78, 79, 80, 81, 157
대학 210, 211, 212, 213, 264
동방문화 121, 125, 199, 200, 201, 202, 204, 215, 222, 223, 229, 235
동이 57, 119, 157, 168, 200, 202, 205

ㄹ

러시아 31, 32, 33, 40, 46, 47, 48, 50

ㅁ

마을 62, 63, 74, 80, 89, 129, 131, 132, 135, 136, 138, 140, 142, 143, 144, 150, 161, 178
마한 56, 59, 73, 75, 89, 108, 110, 113, 114, 119, 120, 129, 132, 134, 135, 136, 137, 138, 139, 140, 144, 145, 146, 147, 149, 150, 152, 153, 154, 156, 160, 171, 172, 176, 178, 182, 216
말갈 115, 159, 167, 169, 171, 178
묘청 84, 124, 233
미국 27, 29, 30, 31, 32, 33, 34, 35, 36, 37, 38, 39, 40, 43, 50, 236
민세 13, 22, 23, 62, 127

ㅂ

박팔양 25, 120, 125
박혁거세 97, 116, 158, 159, 180, 181, 183, 184, 186, 187, 189, 190, 191, 194, 197, 198, 199
밝 75, 76, 118, 129, 167, 182, 187
붉 137, 141, 156, 230
배달사회 99, 100, 128
배어실 86, 89, 179
백두산 68, 70, 71, 72, 75, 100, 108
변한 75, 129, 134, 135, 149, 154, 190
복희씨 201
부여 61, 67, 69, 75, 84, 87, 110, 117, 138, 152, 153, 156, 157, 158, 159, 160, 164, 165, 167,

169, 172, 175, 177, 201, 203, 205, 230, 231
불악산 141, 142, 146

ㅅ

사로 177, 178, 179, 180, 188
삼국유사 69, 72
삼천리 20, 22, 23, 239
서울 74, 75, 86, 140, 249
서정리 142, 143, 146, 155
성모 60, 85, 97, 106, 107, 108, 128, 185, 193, 206, 209, 221, 222, 223, 229
소말 74, 129, 138, 140, 152
소불 74, 118, 129, 183, 184, 185, 193, 194, 195, 198
소실 74, 129, 131, 149, 155
신간회 13, 23, 24, 227
신라 61, 67, 69, 80, 85, 91, 93, 101, 102, 115, 116, 117, 121, 122, 124, 125, 130, 131, 135, 138, 139, 140, 153, 156, 157, 158, 160, 161, 164, 166, 167, 170, 171, 173, 177, 178, 179, 180, 181, 182, 183, 184, 187, 191, 193, 194, 195, 196, 198, 199, 231, 232, 233, 238

ㅇ

아사달 66, 71, 72, 74, 76, 83, 97, 130, 220, 230
아산만 147, 148, 149
아지엄어어 60
아호 22
암각화 218
압록강 87, 94, 109, 111, 114, 115, 130, 167, 169, 170, 173, 175, 217
어린이날 14, 254
언론 13, 27, 188, 189, 217, 227, 228
영국 29, 30, 31, 32, 33, 34, 35, 36, 37, 38, 40, 43, 44, 47, 48, 50, 221
영조 122, 234
예맥 157, 180, 182
오산 149, 154, 155, 244, 245, 248, 250, 251, 252, 253, 255, 257, 259, 261, 269, 270
왕검 71, 74, 75, 76, 77, 78, 79, 81, 83, 86, 89, 90, 91, 99, 100, 103, 172, 230
원탁회의 23, 24, 25, 27
위례성 75, 136, 137, 139, 173, 174
유치원 262
율포 143, 144, 145, 147, 149
은기자 56, 96, 108, 109, 111, 115, 117, 118, 119, 161

이선근 13, 25, 229, 232, 235, 238
이승훈 14, 244, 245, 251, 255, 258, 259, 263, 269
이종린 24, 61, 227
익산 136, 138, 139, 140
인도 30, 42, 43, 44, 45, 46
일본 27, 28, 29, 33, 34, 35, 38, 39, 40, 43, 46, 47, 50, 51, 52, 56, 58, 64, 69, 73, 88, 89, 118, 121, 124, 131, 135, 140, 167, 169, 170, 172, 173, 181, 190, 200, 202, 204, 205, 206, 208, 213, 214, 215, 216, 218, 220, 223, 224, 235, 236, 247
일본어 57, 58, 59, 62, 63, 65, 73, 78, 174, 176, 188, 200, 201, 203, 206, 207, 208, 209, 220
일선동조론 213, 222, 224

ㅈ

장당경 97
장호천 149
전도지 113, 114, 137, 141, 142, 144, 146, 196, 199
정구 14, 270
정조 117, 122, 213, 234, 238
정주 14, 244, 245, 251, 252, 255, 256, 258, 259, 269
조만식 244, 246, 253
조선 18, 21, 22, 25, 26, 27, 28, 51, 52, 53, 54, 55, 56, 57, 60, 62, 64, 67, 73, 74, 75, 77, 80, 84, 85, 86, 87, 91, 94, 96, 97, 101, 108, 109, 110, 111, 114, 118, 119, 120, 121, 122, 124, 125, 127, 129, 130, 131, 136, 140, 149, 151, 157, 162, 167, 168, 177, 181, 189, 196, 200, 206, 208, 210, 214, 216, 218, 223, 226, 227, 228, 232, 233, 235, 236, 237, 240, 241, 249, 251, 264, 266, 268, 272
조선문학사 120, 125
조선물산 225, 226, 227
조선사 53, 54, 55, 56, 224
조선상고사 60, 74, 106, 156, 193, 223
조선소 56, 87, 119, 200, 204, 206, 210, 213, 214, 218, 221
조선일보 13, 14, 17, 21, 23, 24, 26, 27, 31, 34, 36, 53, 125, 126, 127, 238, 239, 245, 268
주몽 150, 160, 166
중국 32, 45, 46, 47, 48, 50, 56, 87, 88, 94, 98, 110, 111, 119, 121, 172, 200, 202, 204, 218, 235, 236, 240, 253
지나 67, 200, 202, 203, 204, 205, 210, 216, 224
지양 74, 86, 91, 93, 96, 104, 105, 113, 114, 116, 117, 118, 142,

찾아보기 **285**

149, 195, 197
직산 75, 136, 137
진위 23, 59, 113, 114, 136, 138, 139, 140, 141, 142, 144, 146, 147, 148, 149, 150, 153, 176
진한 129, 134, 135, 161, 168, 177, 178, 180, 188, 250

ㅊ

촌락정치 64, 66, 80, 91, 131, 134, 135, 178, 185, 230
최근세사 14, 229, 232, 235, 237, 238
최남선 59, 60, 63, 86
최두선 244, 245, 259
치우 93, 200, 201, 205, 216

ㅌ

태백 75, 76, 77, 84, 88, 89, 230

ㅍ

패수 173, 175
평양 60, 67, 71, 72, 73, 75, 76, 77, 83, 85, 108, 110, 114, 115, 119, 124, 130, 151, 156, 157, 164, 172, 173, 175, 176, 185, 215, 230, 232, 233, 246, 253

ㅎ

해부루 158, 159
화랑도 77

안재홍 (1891~1965)

민족운동가 · 언론인 · 사학자 · 정치가 · 교육자

호는 민세(民世). 1891년 경기도 평택에서 태어났다. 황성기독교청년회 학관을 마치고 일본 동경 와세다 대학을 졸업했다. 유학 후 돌아와 중앙학교 학감과 서울 중앙YMCA 간사를 지냈다. 일제 강점기에 언론 필화와 대한민국청년외교단·신간회 민중대회·군관학교·조선어학회 사건 등으로 9번에 걸쳐 7년 3개월간 옥고를 겪었다. 시대일보 논설기자, 조선일보 주필·사장을 지내며 언론을 통해 민족계몽에 힘썼으며 식민사관에 맞서 한국 고대사 연구에 몰두했다. 조선학운동을 주도하며 정인보와 함께 다산 정약용의 문집 『여유당전서』도 교열·간행했다. 1945년 8월 16일 국내민족지도자를 대표해 최초 해방연설을 했다. 건국준비위원회 부위원장, 국민당 당수, 한성일보 사장, 한독당 중앙상무위원, 좌우합작위원회 우측 대표, 미 군정청 민정장관, 서울중앙농림대학 학장, 대한올림픽후원회 회장, 초대 대한적십자사 부총재, 2대 국회의원 등으로 통일 민족국가 수립에 헌신했다. 1947년 8월 울릉도·독도에 학술조사대를 파견 독도수호에도 크게 기여했다. 1950년 6·25 때 북한군에 납북되어 1965년 3월 1일 평양에서 별세했다. 1989년 대한민국 건국훈장 대통령장이 추서됐다. 저서로『백두산등척기』,『중국의 금일과 극동의 장래』,『조선상고사감』,『신민족주의와 신민주주의』,『한민족의 기본진로』등이 있다.

엮은이 황 우 갑

민세아카데미 대표

경기도 평택에서 태어나 고려대 국문학과를 졸업하고 성공회대 문화대학원에서 문화예술경영학 석사, 숭실대 대학원에서 안재홍의 성인교육 연구로 교육학 박사학위를 받았다. 현재 민세아카데미 대표, 민세안재홍기념사업회·신간회기념사업회 사무국장, 한경국립대 백두산연구센터 운영위원으로 활동하고 있다. 저서로는『한국근대 성인교육자의 온정적 합리주의 리더십』(공저),『평생교육론』(공저),『성인교육자 민세안재홍』,『안재홍 기념관 연구』, 엮은책으로『안재홍 연보 1』,『안재홍 연보 2』,『안재홍 연보 3』,『민족지도자 안재홍 공식화보집』등이 있다.